세계 · 지방화시대의 한국학 5

표면에서 내면으로

세계 · 지방화시대의 한국학 5

표면에서 내면으로

조 동 일

계명대학교 출판부

머 리 말

또 한 학기가 끝나 이룬 바를 거두어들인다. 세계・지방화 시대의 한국학을 어떻게 할 것인지 묻고 따지면서 열 번 하는 강의 다섯 번째 순서에서 얻은 결과를 내놓는다. 전체 계획을 제시하면 다음과 같다.

1 길을 찾으면서 (2004년 2학기 강의, 2005년 3월 출간)
2 경계 넘어서기 (2005년 1학기 강의, 2005년 9월 출간)
3 국내외 학문의 만남 (2005년 2학기 강의, 2006년 3월 출간)
4 고금학문 합동작전 (2006년 1학기 강의, 2006년 9월 출간)
5 표면에서 내면으로 (2006년 2학기 강의, 2007년 3월 출간)
6 비교연구의 방법 (2007년 1학기 강의, 2007년 9월 출간 예정)
7 일반이론 정립 (2007년 2학기 강의, 2008년 3월 출간예정)
8 학자의 생애 (2008년 1학기 강의, 2008년 9월 출간예정)
9 학문의 정책과 제도 (2008년 2학기 강의, 2009년 3월 출간예정)
10 학문하는 보람 (2009년 1학기 강의, 2009년 9월 출간예정)

1권부터 3권까지에서 학문 안으로 들어섰다. 4권부터 7권까지 진행되는 학문 내부의 논란 두 번째 작업이 이 책을 이룬다. 표면에서 내면으로, 사실에서 원리로, 이성에서 통찰로 나아가는 길을 찾는다. 실증주의 넘어서기에서 시작해 깨달음을 얻는 비약에 이른다. 여기서 얻은 성과를 활용해 비교연구도 하고, 일반이론을 정립하기도 한다. 8권부터 10권까지에서 학문 밖으로 나가면 계획한 작업이 끝난다.

이번에도 전과 같은 방법으로 강의를 했다. 원고를 홈페이지에 올린 다음, 누구나 청강하고 토론할 수 있는 공개강의를 하고, 강의가 끝나면 원고를 수정하고 토론에서 오고간 말을 정리해 첨부했다. 멀리서도 와서 참여한 분들에게 많이 배워 훨씬 나은 결과를 얻었음을 밝히고 거듭 감사한다.

2006년 12월 7일

다섯째 학기를 마치면서

조 동 일

제1강 실증주의 넘어서기

방향 찾기

학문을 어떻게 할 것인가에 관해 모두 열 번 하는 강의의 다섯 번째 순서를 시작한다. 표면에서 내면으로 가는 길을 찾는 것을 과제로 삼아, 학문을 어떻게 할 것인가 하는 의문에 대답하고자 한다. 그릇된 학문을 고쳐놓고 바르게 나아가려고 한바탕 논란을 벌인다.

제목에서 내세운 '표면'과 '내면'에 대해 해명한다. '표리'와 '내외'는 유사한 개념이지만, 강한 것들을 먼저 들어 순서가 반대이다. 표리에서는 '표'를, 내외에서는 '내'를 가져와 '표면'과 '내면'을 짝지운다. 표면은 이면 때문에 흔들리기는 해도 없어지지는 않는다. 표면이 있어야 이면도 있는 의존의 관계를 이면이 부정하지 못한다. 외면을 떠나 내면으로 가면 외면은 잊히고 사라진다. 내면은 독립해서 존재하는 실체여서 외면을 전제조건으로 삼지 않는다. "표면에서 내면으로"라고 해서 강자를 맞붙여야 싸움이 심각하게 진행되고 힘들게 해결된다.

표면에 나타나 있는 사물은 한자를 사용해 설명하자면 '視'할 대상이다. 눈이 좋고, 측정 기구가 정확하면 자세하게 視할 수 있다. 위의 단락에서 표리와 내외를 논한 내용은 視할 수 없고 '見'해야 한다. 視는 '보다'로, 見은 '알아보다'로 일컫기로 한다. "표면에서 내면으로"는 "보기에서 알아보기로"이다. 표면 보기에서 내면 알아보기로 나아가야 학문을 제대로 한다.

보는 것만 소중하게 여기고 알아볼 필요는 없다고 하지 말아야 한다. 표리와 내외에 관한 논의는 공리공론이고 말장난이라고 하면서 배격하는 것은 어리석다. 눈 좋은 것보다 생각 깊은 것이 더욱 소중하다. 눈 좋은 학문에서 생각 깊은 학문으로 나아가는 길을 찾고자 한다. 표면을 자세하게 보는 학문에서 내면을 깊이 있게 알아보는 학문으로 나아가고자 한다.

표면에 나타난 것을 보는 대상으로 삼아야 객관적이고 합리적인 연구를 할 수 있다는 주장에 반론을 제기하고 내면으로 향하는 길을 열고자 한다. 사실에서 원리로, 이성에서 통찰로 나아가, 학문은 과학이어야 한다는 주장을 넘어서서 학문이 깨달음이게 하려고 한다. 근대를 넘어서서 다음 시대를 만드는 학문을 이룩하고자 한다.

표면에 나타난 사실을 과학적으로 연구해야 한다는 실증주의부터 문제 삼는다. 실증주의는 근대학문의 주역이다. 실증주의가 이루어지자 근대학문은 중세학문과 구별되는 독자적인 노선을 분명하게 했다. 실증주의는 과거의 모든 학문은 허위라고 선언했다. 그 위세가 아직 지속되어 우상 노릇을 한다. 실증주의의 우상을 타파해야 근대를 극복하는 다음 시대의 학문을 할 수 있다.

실증주의에 대한 불만을 토로하기는 쉬우며, 비판하는 것도 가능하다. 대안이 되는 새로운 방법을 제시하는 것은 무척 힘들다. 이미 나타난 여러 시도를 검토하기로 하고, 더 나은 것을 찾기 위해 분투하기로 한다. 어느 한 가지 해답을 기대할 수는 없다. 다양한 시도를 예측불허의 방식으로 하면서 서로 다른 글을 분량이 일정하지 않게 쓴다. 학문의 한계를 넘어선 것 같은 파격적인 시도까지 한다. 깨달음을 얻는 비약을 도달점으로 한다.

실증주의의 위상

실증주의는 갑자기 나타나지 않았다. 중세에서 근대로의 이행기에 중세학문에서 벗어나 근대학문을 이룩하고자 하는 시도가 나타나 실증주의의 선행형태를 보여주었다. 중국이나 한국의 고증학은 그런 것들 가운데 특히 앞서는 방법을 갖추고 주목할 만한 업적을 이룩했다. 氣철학이 성장해 사상의 근본을 바꾸어놓을 준비를 진행한 것은 더욱 높이 평가해야 한다.

그러나 유럽이 근대학문 만들기에서 다른 어느 문명권보다 앞섰다. 중세에서 근대로의 이행기를 끝내고 근대로 들어서는 역사적 전환을 유럽이 먼저 이룩하면서 근대학문의 방법을 실증주의로 정립하고 학문의 모든 영역을 혁신했다. 그것은 학문의 역사를 근본적으로 바꾸어놓은 획기적인 사건이고, 유럽의 위세 입증에 결정적인 기여를 했다.

유럽에서 먼저 이룩한 근대화가 널리 전파되면서 근대학문 이식도 함께 이루어졌다. 유럽의 실증주의를 다른 여러 문명권에서 받아들이면서 근대학문을 이루려고 독자적으로 노력한 내력은 잊혀졌다. 이와 함께 유럽의 우위가 결정되었다. 유럽이 아닌 다른 곳에서는 창조학은 가능하지 않다고 여기고 수입학을 하는 데 힘쓰기만 해서 선진과 후진의 격차를 줄이지 못했다. 후진의 범위 안에서 남들보다 앞서고자 하는 기이한 경쟁이 나타났다.

실증주의는 절대강자가 아니다. 근대학문이 실증주의만은 아니다. 실증주의는 내세우는 목표를 실현하지 못하고 갖가지 결함을 나타냈다. 실증주의에 대해서 불만을 가지고 다른 길을 찾고자 하는 시도가 계속되었다. 그러나 그 어느 것도 실증주의와 대등하게 경쟁하지 못했다. 실증주의를 청산할 만한 대안은 되지 못하고, 부분적인 보완작용을 하는 데 그쳤다.

실증주의는 귀납과 이성을 내세운다. 개별적인 사실을 하나씩 검증해서 얻은 성과를 모으는 귀납법을 타당성을 보장할 수 있는 논증방법으로 삼는다. 연역법도 함께 사용하지만 연역의 출발점이 되는 전제는 신뢰하기 어려워 귀납법만한 의의가 없다고 여긴다. 신앙이나 신념은 멀리 하고 이성을 가지고 사실을 판단하는 작업을 귀납법을 사용해서 한다. 이성이 아닌 것은 감성이거나 미신이어서 가치가 떨어진다고 한다. 귀납법으로 무장된 이성의 학문을 과학이라고 한다. 과학의 요건을 철저하게 갖추지 못한 학문은 타당성이 모자란다고 폄하한다.

귀납은 취급하는 사안이 많을수록 타당성이 더 커진다. 취급하는 사안을 무한히 늘이지는 못하므로 전체를 말할 수 없는 한계가 있다. 이성이 대단하다고 하지만 감성이나 상상이 하는 일은 감당하지 못한다. 이성, 감성, 상상 등을 모두 포괄한 총체적인 인식은 통찰이라고 해야 한다. 통찰의 깨달음을 갖춘 학문이 가능하다면 이성의 학문보다 상위이다.

방향을 이렇게 정하면 학문을 잘 할 수 있는 것은 아니다. 바로 건너뛸 수는 없으며 필요한 단계를 거쳐야 한다. 먼저 실증주의의 내력과 실상에 대해서 알아야 한다. 실증주의가 어떻게 들어와 무엇을 어떻게 했는지 밝혀 논해야 한다. 실증주의를 극복하기 위해서 본바닥에서는 어떤 시도가 있었는지 확인하고 우리에게 무엇을 말해주는지 살펴야 한다. 따분하다고 생각될 수 있는 논의를 한동안 벌이지 않을 수 없다.

유럽의 실증주의

실증주의를 근대학문의 방법으로 정립하는 작업은 프랑스에서 선도했다. 그 경과를 말하면 콩트(August Comte, 1798-1857)가 창안자 노릇을 하고, 르낭(Ernest Renan, 1823-1892)이 뒤를 이었다. 두 사람이 무엇을 했는지 알아보자.

콩트는 1830년에서 1842년 사이에 『실증철학 강의』(*Cours de philosophie positiviste*)라고 총칭되는 일련의 저작에서 새로운 학문을 해야 한다고 주장했다. (김진석 역, 『실증주의 서설』, 한길사, 2001에서 그 첫 권을 번역했다.) 신학에서 형이상학으로 넘어온 학문이 실증주의에 이르는 것이 학문 발전의 과정이라고 했다. 신학을 거부하고, 그 대신 신을 떠난 형이상학을 하는 데 그치는 것도 마땅하지 않다고 했다. 기존 학문의 소중한 성과인 스피노자의 자연, 데카르트의 기하학적 신(Dieu géomètre), 디드로의 물질, 계몽주의자들의 이성마저 모두 형이상학을 청산하지 못해 받아들일 수 없다고 했다. 자기는 형이상학을 과학으로 바꾸어놓는 실증주의 학문을 이룩해 새로운 단계의 진보가 가능하게 하겠다고 자부했다.

형이상학이라고 한 것들은 중세 학문의 유산을 근대적인 사고에 맞게 바꾼 중간물이고, 검증 가능한 영역을 넘어서 있다고 할 수 있다. 중세에서 근대로의 이행기 학문과는 다른 근대학문의 새로운 강령이 그런 잔재를 청산한 실증주의였다. 종교의 구속이 줄어들고, 시민혁명이 진행되어 사상의 자유가 어느 정도 확보되고, 과학의 발전으로 세계 인식이 달라지는 시대의 새로운 학문을 실증주의에서 이룩했다.

형이상학 단계의 학문에도 아직 남아 있는 선험적인 원리를 배격하고, 사실에 대한 경험적이고 과학적인 인식만 진실을 보장해준다는 것이 실증주의의 기본 주장이다. 최초의 원인이니 궁극적인 도달점이니 하는 것들을 찾는 공허한 노력은 그만두고, 모든 현상에서 작용하고 있는 최소한의 자연적인 법칙을 찾아내는 것을 목표로 삼아야 한다고 했다. 사회 현상을 대상으로 삼아 그 작업을 하는데 특히 힘써야 한다 하고, 사회학(sociologie)이라고 이름 지은 새로운 학문을 하자고 했다. 사회학은 사회를 정태적으로도 동태적으로도 파악하고, 사회문제 해결에도 기여해야 한다고 했다.

자연적인 법칙이 무엇인지, 사회를 정태적으로도 동태적으로도 파악하는 방법은 어떤 것이어야 하는지 구체화해서 말하지는 못했다. 방향을 바꾸어 새로운 학문을 해야 한다고 주장하는 데 그치고 납득할 만한 대안을 제시한 것은 아니다. 실증주의 학문을 하는 실제 작업은 다음 사람들이 해야 했다. 그 가운데 특히 르낭을 주목할 만하다.

르낭의 학문관은 『과학의 미래』(*L'avenir de la science*)에 집약되어 있다. 젊어서 집필했으나 거부 반응이나 탄압을 의식해 만년에 이른

1890년에야 출간할 수 있었던 책이다. 종교, 초자연, 비합리, 미신 등을 모두 인정할 수 없다 하고, 학문을 새로운 종교로 삼은 것이 기본 노선이다. 진정한 종교, 완전한 종교는 학문이라고 했다. "과학만 사람들에게 생동하는 진실을 제공해줄 수 있으며, 과학이 없으면 삶이 이루어지지 못하고 사회도 성립 가능하지 않다"고 했다. (Paris: Flammarion, 1995, 107면)

그러나 과학이 없어도 삶은 이루어지고 사회는 성립되었다. 이미 있는 것을 어떻게 이해할 것인가가 하는 것이 과학의 소관이라고 했다. "근대정신은 반성적인 지성이다."(14면) 이렇게 주장하면서 근대에 이르러서, 근대정신의 발현인 과학이 출현했다고 했다. 그러나 근대과학이 단일 노선인 것은 아니다. 지금에 와서는 과학 내부의 차이가 더 큰 관심사이다.

"사람들에게 실제의 삶에 대한 느낌을 주는 실증적이고 실험적인 과학만 초자연적인 것을 파괴하며, 형이상학적인 성찰은 이 목표 달성과 거리가 멀다."(116면) 초자연적인 것이란 종교적인 허위이다. 기독교의 허위이다. 기독교의 허위를 파헤치려는 야심에 찬 시도를 하면서 과학을 위한 순교자가 될 작정을 했다.

종교를 과학으로 연구하는 것이 가장 긴요한 작업이라고 했다. 그것은 아직도 이루지 못한 희망이다. 방향 설정을 제대로 했는지 문제 삼을 필요가 있다. 종교를 구성요소로 해체하면 신성함이 사라진다. 그래서 종교가 해명된 것은 아니다. 생명을 이루는 물리적이고 화학적인 요소들을 각기 고찰한다고 해서 생명이 무엇인지 알 수 없는 것과 같다. 종교는 종교로 연구해야 한다. 그러나 르낭은 과학을 신뢰하고 과학으로 종교를 연구할 수 있다고 믿었다.

과학에서 하는 인식을 세 단계로 구분했다.(320면) (1) 전체를 막연하게 이해하는 단계, (2) 부분을 구별하고 분석하는 단계, (3) 부분에서 얻은 것을 종합해 전체를 아는 단계가 있다고 했다. (1)의 허위를 거부하고 (2)의 길을 여는 것을 실증주의의 당면 과제로 삼았다.

실증주의는 (2)에 머무르고 (3)에까지 나아가지는 못했다. (3)을 하는 것이 "과학의 장래"라고 했다. 그 말로 책 제목을 삼고, 대단한 포부를 나타냈다. 과학이란 실증주의를 말한다. 실증주의가 더욱 발전하면 (3)에 이른다고 했다. "지금의 상태는 비판받아야 하고 불완전하다. 훌륭한 과학, 완전하고 생기 있는 과학은 미래의 것이다."(341면) 장래의 포부를 이렇게 말했다.

실제로 한 작업을 보면 (1)에 대해 비난을 퍼붓고 (2)의 의의를 자부하는 말로 책을 메웠다. (2)가 완전하지 못하고 비판받아야 한다고만 말했다. 한계나 잘못을 구체적으로 밝히지 않고, (2)를 넘어서서 (3)으로 나아가는 길을 찾으려고 하지도 않았다. (3)은 (2)의 연속이라고 믿었다. 그러나 (3)은 (2)의 부정이다. 실증주의를 넘어서야 도달 가능하다.

실증주의는 부분을 구별하고 분석하는 데 그쳤다. 분석한다는 것은 구성요소를 세분해 본다는 말이다. 그렇게 하느라고 전체는 사라졌다. 부분과 부분의 관계도 알 수 없게 되었다. (1)에 대한 불신이 일반화되자 실증주의는 진보적인 의의를 잃고 보수화되었다. 부분으로 해체된 것들에 고착화되어 학문 발전을 저해했다.

"과학은 인간성의 진실한 요소의 하나이므로, 사회적 형식에서 독립되어 있고, 인간성 자체처럼 영원하다. 어떤 혁명도 과학을 파괴할 수 없는 것이 어떤 혁명도 인간의 깊은 충동을 바꾸어놓지 못하는 것과 같다."(428면) 이렇게 말하면서 과학을 그 자체로 절대화했다. 과학의 역사적·사회적 성격을 인식하지 못하고, 자기 시대의 과학이 장차 비판의 대상이 되리라고 생각할 수 없었다.

후대의 실증주의자는 그렇게까지 자신만만하지 못하다. 과학이라는 말을 즐겨 쓰지 않고, 과학에 대한 신뢰가 줄어들었다. 그러나 실증주의를 의식하고 표방하지 않더라도 이념으로 삼고, 실증주의에서 하는 작업이 학문을 하는 최상의 방법이라고 여기는 점에서는 달라지지 않았다.

일본의 실증주의

유럽의 실증주의가 널리 전해지면서 근대학문의 방법으로 정착되었다. 한국의 실증주의도 그 가운데 하나이다. 그런데 한국의 실증주의는 유럽에서 직수입하지 않고 일본을 거쳐 받아들였다. 일본의 실증주의를 가져와 한국의 실증주의로 삼았으므로 일본의 실증주의에 대해 고찰하는 것이 필수 과제이다.

일본은 국책으로 유럽에 유학생을 보내 실증주의를 공부해 오도록 해서 대학에서 강의하고 연구하는 근대학문으로 삼았다. 문화수입에서 모범을 보여 근대화를 효율적으로 이룩할 수 있었다. 그러나 일본의 근대는 유럽의 근대와 달랐다. 실증주의 또한 상당한 차이가 있었는데, 두 가지 이유가 있었기 때문이다. 하나는 문화전통에서, 또 하나는 정치정세에서 유래했다.

문화전통에서 유래된 특징을 보자. 일본은 세부 사항에 대한 고증에 힘쓰는 오랜 전통이 있어 부분을 충실하게 다루는 실증주의를 모범이 되게 이룩할 수 있었다. 정밀한 부품을 생산하는 데 앞섰다.

그 대신에 이념 비판의 실증주의를 하기는 적합하지 않았다. 神道가 장벽 노릇을 하고 넘어서는 것이 허용되지 않았다.

정치정세와 관련된 특징을 보자. 근대국가를 만든다면서 민주도 민권도 인정되지 않았다. 천황이 절대적인 통치권을 가진다는 신성국가의 이념을 가지고 군국주의의 길로 나아갔다. 크고 중요한 이념의 문제는 학문에서 거론할 수 없어 종교의 소관으로 넘겨주고, 학자들은 세부사항에 몰두해야 했다. 그 때문에 유럽 실증주의가 지닌 가장 큰 가치를 잃었다.

일본의 근대학문은 역사학을 가장 중요한 영역으로 삼았다. 역사에 대한 실증주의적 연구를 시작하면서 일본에서도 종교를 비판하려는 시도가 없지는 않았다. 1889년에 일본의 사학회를 처음 결성할 때 초대회장으로 선출된 重野安繹은 "고래로 역사는 明教와 병합되었으나, 역사는 명교를 버리고 연구해야 한다"고 했다. (永原慶二, 『20世紀日本の歷史學』, 東京: 吉川弘文館, 2003, 34면) '明教'란 종교를 위해 봉사한다는 말이다. 종교는 神道이다. 神道를 받드는 관습을 버리고 객관적이고 합리적인 근대사학을 하자고 했다.

신도는 역사 이해의 원리가 아니고 연구의 대상이 되어야 한다는 주장까지 나왔다. 久米邦武가 1891년에 <神道는 祭天의 古俗>이라는 논문을 발표해 전환의 계기를 만들었다. 그런데 신도의 반발이 거세고 정치적인 탄압이 나타나 후퇴하지 않을 수 없었다. (같은 책, 36-38면) 사상의 자유를 쟁취하기 위해 투쟁할 생각을 하지 못하고 국가가 요구하는 바를 받아들여 안전을 도모해야 했다.

일본은 산업이나 군사력의 측면에서는 근대국가를 지향하면서 신성국가의 정치이념을 국민 결속의 수단으로 삼았다. 국가가 역사

교육을 통제해 사사로운 견해를 제기하지 못하게 막았다. 신성국가 이념이 1945년 이후에는 공식적으로 부인되었어도 상당한 영향력을 행사하고 있어 학문의 혁신이 이루어지기 어렵게 한다. 자체 모색과는 거리가 먼 마르크스주의를 수입해서 대안으로 삼으려다가 기대하는 성과를 거두지 못하고 퇴조기를 맞이했다.

일본의 실증주의는 뚜렷한 특징을 가지고 지속되면서 지배적인 학풍 노릇을 한다. 유럽의 실증주의처럼 신학을 부정하고 형이상학을 거부하는 과제는 맡지 않고, 세부적인 고증이 감당할 수 있는 범위 안에서 사실을 찾는 데 힘쓴다. 고증 작업의 엄밀성과 성실성을 확보하는 것을 학문하는 보람으로 삼는다. 이론 정립은 학문이 할 일이 아니라고 여기고, 유럽에서 이룬 것들을 가져와 연구의 대상으로 삼을 때에도 전체적인 내용보다 구체적인 사실이나 사항을 중요시한다.

문헌고증을 장기로 삼아 역사 연구에서 긴요하게 활용하고, 문학이나 철학 연구에서도 같은 방법을 사용한다. 문학을 문학답게 이해하는 것은 연구가 아닌 비평의 소관으로 넘긴다. 철학을 철학문헌으로 다루어 주해나 번역에서 남다른 장기를 보이면서, 새로운 철학을 창조하려고 하지는 않는다.

대응의 어려움

일본은 신성국가이고 일본민족은 신성민족이라는 주장을 식민지 통치를 하면서 펴고 조선인은 열등하고 조선사는 열등한 역사라고 했다. 학자들이 세부 작업을 맡아, 조선의 종교를 부정하고 민족문화를 폄하하는 데 실증주의를 이용했다. 단군은 존재하지 않았다.

『三國史記』의 서두는 믿을 수 없다. 성리학은 공리공론이어서 망국을 초래했다. 이런 주장을 펴면서, 가치 있다고 하는 것은 무엇이든 허망하다고 했다.

신도를 이념으로 하고 실증주의를 방법으로 한 일본학계의 조선학에 대처하는 것은 쉬운 일이 아니었다. 대처 방안을 바르게 찾으려면 전후의 사정을 꿰뚫어 보아야 하는데 그렇지 못했다. 임기응변의 대응을 서로 다르게 벌여 노선이 나누어지기나 하고 종합하고 통괄하는 논의를 대안으로 마련하지 못한 채 오늘날에 이르렀다.

대응책으로 등장한 것들을 들어보자. (가) 실증주의 연구를 일본에 못지않은 수준으로 해서 우리 문화의 실상 연구에서 앞선다. 이병도는 이럴 수 있기를 바랐다. (나) 일본의 신성이념에 우리 신성이념으로 대응한다. 최남선이 不咸文化論을 주장한 것이 이에 해당한다. (다) 일본과 맞서 싸우는 힘을 가진 민족사관을 이룩한다. 역사를 我와 非我의 투쟁으로 보고 우리의 我를 최대한 주장한 신채호가 그 선두에 섰다. (라) 마르크스주의에 입각한 유물사관을 갖추어 역사를 재론한다. 백남운이 앞서서 한 일이다.

(가)는 가능하지 않았다. 설사 가능하다고 해도 유익할 것이 없었다. 일본의 실증주의가 잘못되고 있는 것을 알고 시정해야 하는데, 인식 부족도 이유이지만 일본의 학문을 망치는 정치적·이념적 제약에서 벗어나는 것은 전혀 기대할 수 없었다.

(나)의 주장은 입증할 수 없고, 일본의 신성이념에 대한 비판일 수 없다. 남의 신성이념은 허위이고, 나의 신성이념은 진실이라는 주장은 보편적인 타당성이 없다. 일방적인 논리로 자기를 옹호하면 학문을 황폐하게 한다.

(다)는 용기를 북돋우어주어 힘이 될 수 있어도 사태를 객관적으로 이해하는 데 방해가 된다. 역사의 실상을 이해하는 시야를 협소하게 하고 왜곡한다. 더욱 융통성 있고 다면적인 시각을 가진 민족사관이라도 재검토해야 한다.

(라)는 역사 이해를 합리화하고 식민지 통치의 원인과 양상, 해방투쟁의 방향을 알려줄 수 있다. 그러나 기존의 이론을 차용하는 데 머물러 사실과는 어긋날 수 있다. 유럽은 발전되고 아시아는 뒤떨어진 곳이라는 편견을 전제로 삼는다. 민족 문제를 계급 문제에 내맡기고 민족문화의 전통은 밝혀내지 못해 남들보다 더 잘 할 수 있는 것이 무엇인지 알지 못한다.

일본보다 진전된 학문을 이룩하려면 우리가 나아갈 길을 분명하게 해야 한다. 일본 실증주의의 특징을 만든 두 가지 이유가 우리에게는 반대여서 다른 길을 가야 했다. 우리는 세부를 정밀하게 다듬지는 못하고 이치를 크게 논하는 전통이 있다. 남의 글을 정확하게 읽는 것보다 자기 글로 새롭게 쓰는 데 더욱 힘써왔다. 지금도 미세한 실증을 넘어서서 큰 논의를 벌이려고 하는 것이 희망을 가지게 하는 조짐이다.

일본의 실증주의는 미세한 고증에 집착하는 특수한 사정이 있으므로 우리는 다른 길로 가야 한다. 유럽 실증주의가 보여준 장점을 확보하고 거기서는 이루지 못한 희망을 성취하는 것이 기본 방향이다. 부분을 구별하고 분석하는 작업에서 더 나아가 전체를 종합하는 경지에 이르는 것을 목표로 삼아야 한다. 자칫하면 허황되고 말 수 있으므로 실증주의를 버리지 말고 넘어서야 한다고 다짐해야 한다.

본바닥의 변화

실증주의를 넘어서기 위해 대응 자세를 가다듬으면 되는 것이 아니다. 주체적인 의지를 가지고 학문을 진지하게 한다고 해서 도움이 되지 않는다. 방법에는 방법으로 맞서서 혁신을 이룩해야 한다.

실증주의를 넘어서는 방법 또한 유럽에서 다양하게 마련했다. 그 경과를 정리한 업적도 많이 나와 있어 쉽사리 이용할 수 있다. (Donald Polkinghorne, *Methodology for Human Sciences, Systems of Inquiry*, Albany: State University of New York Press, 1983; Claude Blanckert et al., *L'histoire des sciences de l'homme*, Paris: L'Harmattan, 1999 같은 것들이 좋은 본보기이다.) 그런 줄 모르고 새로운 시도를 하겠다고 나선다면 어리석다고 하지 않을 수 없다.

새로운 방법 가운데 특히 중요한 것을 몇 들어보자. 자연과 다른 연구 대상인 문화는 체험을 근거로 이해해야 한다는 해석학(hermeneutics)을 딜타이(Wilhelm Dilthey)가 앞장서서 이룩했다. 선입견에 의한 판단을 중지하고 본질관조에 이르는 엄밀한 방법이라는 현상학(phenomenology)을 정립하려고 훗설(Edmund Husserl)은 노력했다. 사물이 대립적 관계를 가지고 존재하는 양상을 분석하는 구조주의(structuralism)를 레비-스트로스(Claude Lévi-Strauss)를 비롯한 여러 논자가 개발했다.

해석학 · 현상학 · 구조주의는 모두 방법 혁신론이다. 자연학문에서 가져온 실증주의와는 다른 방법론을 정립해야 문화를 이해하고 인간에 대한 논의를 제대로 할 수 있다고 했다. 그 나름대로 당연한 주장을 펴고 적절한 시도를 했지만, 어느 한쪽 방향으로 실증주의를 비켜나갔다고 하겠으며, 실증주의에 대해 전면적인 대응책을 마련하지는 못했다.

실증주의는 원래의 것을 탐구하지 않아도 쉽게 습득해 널리 활용할 수 있으나, 이 셋은 그렇지 않다. 해석학이나 현상학은 소수의 전공자라야 다가갈 수 있는 난해한 철학이고, 유용성이 널리 인정되지도 입증되지도 않고 있다. 구조주의는 그 둘에 비해 이해하기 쉬운 편이고 수용해 얻는 결과가 선명한 반면에 너무 단순하다고 하지 않을 수 없다. 연구 대상의 내밀하거나 복잡한 사정은 무시하는 점이 불만이다.

그 셋 가운데 가장 많은 노력을 들여 연구한 것이 현상학이다. 한전숙, <한국에서의 현상학 연구>, 한국현상학회 편, 『현상학과 한국사상』(철학과현실사, 1996)에서 그 경과를 정리한 것을 보자. 현상학을 오랫동안 힘들여 연구한 결과가 무엇인지 반성했다. 현상학에서 무엇을 배울 것인가, 현상학이 창조적 철학일 수 있는가 하는 등의 의문과 반론을 거론했다.

구체적인 논의에 들어가, 현상학의 의의가 무엇인지 묻고 셋을 들었다. 학문을 하는 엄밀한 방법을 이룩하고자 한 것이 첫째 의의인데, 결국 이루어지지 않았다. 현상학을 알아야 그 뒤에 전개되는 여러 철학 사조를 이해할 수 있다고 한 것이 둘째 의의이다. 현상학의 재창조는 오늘날까지 지속되지는 않고, 새롭게 시도할 수 있는 가능성이 적다. 그 동안의 경과를 알아야 하지만, 성과가 노력에 비해 적다고 하지 않을 수 없다.

이남인, 『현상학과 해석학』(서울대학교출판부, 2004)을 보자. 대단한 능력을 기울여 이룩한 노작인데, 부제로 내세운 "훗설의 초월적 현상학과 하이데거의 해석학적 현상학"에 대한 "다양한 비교연구가 더욱 활발하게 이루어지기를 기대해본다"는(502면) 말로 끝을 맺었다. 이미 이루어진 업적을 더 잘 이해하는 것을 목표로 삼을 따름이고, 자기가 학문을 새롭게 하겠다는 것은 아니다.

비유해 말해보자. 바둑을 잘 두는 이창호가 아닌 바둑에 대해서 잘 아는 박치문의 작업이다. 박치문도 있어야 하지만 이창호가 더욱 소중하다. 이창호가 바둑을 두듯이 자기 학문을 하는 국내의 학자는 누구인가? 학계의 박치문은 외국 학자들의 저작만 해설하고 있다.

위에서 든 한전숙의 글에서, 현상학이 동아시아 또는 한국의 철학을 새롭게 이해하는 비교작업을 위해 필요하다는 것을 셋째 의의로 들었다. 그런 시도가 적지 않게 이루어져 정리해보면, 현상학과 동일한 발상이 이미 있었음을 확인하면서 차이점 또한 무시할 수 없다고 하는 결과를 얻었다. 양쪽의 토론에서 또는 양쪽을 합쳐서 새로운 철학을 이룩하려는 시도는 없다. 현상학 덕분에 철학 창조가 활성화될 가능성은 인정되지 않는다.

해석학은 현상학보다 먼저 나왔으나 오랜 생명을 누리고 있다. 엄밀한 방법을 표방하지 않고 다른 많은 것을 포용할 수 있는 학풍이어서 다양하게 변형되어 상이한 이론을 산출했다. 가다머(Gadamer)의 텍스트 해석학, 리쾨르(Richoeur)의 행위 해석학, 하버마스(Habermas)의 비판적 해석학 등에서 좋은 본보기를 찾을 수 있다. 그런 일을 우리도 하는 것이 바람직하다고 하면 틀린 말인가?

해석학이 우리에게 무엇인가 하는 문제를 두고 정리해서 한 말을 들어보자. "사람은 누구나 나름대로 가지고 있는 선입견 또는 자기 인식의 관점에 따라 사물을 판단하거나 타인을 대하거나 자기를 이해하지 않는가" 하고 묻고, 그래서 생기는 "해석의 정당성 또는 보편성의 문제를 해결하기 위해서 해석학의 필요성이 제기된다"고 정기철은 『해석학과 학문과의 대화』(문예출판사, 2004)에서 말했다.(17면) 그렇다면 해석학은 남들에게서 배워서 할 수 있는 것이 아니다.

"자기 인식의 관점"이 무엇인가 하는 것이 첫째 의문이고, 어떻게 하면 그 "정당성 또는 보편성"을 입증할 수 있는가 하는가는 것이 그 다음 의문이다. 학문을 하면서 줄곧 부딪히는 그 두 과제가 각성과 결단을 요구한다. 해석학을 한다고 표방하면 지름길이 발견되는 것은 아니다. 남들의 학설을 소개하고 고찰하느라고 자기 생각을 하지 못하면 해석학과 거리가 멀어진다.

하버마스가 이룩한 화해의 사상은 동아시아 전통사상과 상통한다고 이태우, 『화해의 철학자 하버마스』(이문출판사, 2001)에서 말했다.(225-238면) 그렇다면 하버마스를 전통사상에 입각해 수용하자고 할 것은 아니다. 전통사상을 재창조하면서 토론과 보완을 밖에서도 구하는 것이 마땅하다. 수입학을 넘어선 창조학이 진정한 학문임을 다시 확인할 필요가 있다.

구조주의는 현상학이나 해석학만큼 난해하지 않다. 철학이라기보다 연구 방법인 면이 있어 편리하게 이용할 수 있다. 누가 어떻게 해서 만들어낸 이론인지 연원을 캐서 이해하려고 노력하지 않아도 된다. 실제 연구에 적용되어 문제점이나 결함이 드러나고, 수정하는 대안이 제시되었다. 구조주의를 따른다고 하지 않고 필요한 경우에 구조분석을 하면서 그 장점을 이용하는 것이 마땅하다. 이에 관해서 제6강에서 고찰할 예정이다.

중심 잡기

지식이 감당하기 어려울 정도로 많으면 일어서기 힘들다. 어느 한쪽으로 치우친 지식은 균형을 잡는 데 방해가 된다. 학문을 하겠다고 굳게 결심하고 많은 노력을 하다가 비틀거리기나 하는 것을 흔히 볼 수 있다. 몸을 일으켜 중심을 잡고 천하대세를 조망하면서 갈 길을 찾아야 한다.

형편이 어떻게 돌아가는지 살펴보자. 해석학·현상학·구조주의는 실증주의와 다른 길로 가려고 하기만 해서 각기 부분적으로 기여하는 데 그친다. 실증주의는 틀리지 않고 한쪽에 치우쳤다. 다른 쪽에 치우치면 맞게 되는 것은 아니다. 실증주의를 우회하려고 하지 말고 포괄하고 그 이상의 작업을 하는 학문 방법을 마련해야 한다. 자연학문의 지배에서 벗어난 학문을 하려고 할 것은 아니고, 자연학문이라야 학문이라고 하는 편견을 시정하는 총체적인 학문을 해야 한다.

이해를 하거나 관조를 하거나, 인식의 주체가 지니는 능력이 문제이다. 능력의 향상 없이 방법의 혁신은 기대할 수 없다. 이성에 대해서 다소의 회의를 가지거나 이성을 재정립하는 수준에서 새로운 학문을 할 수 없으므로 근본적인 깨달음이 필요하다. 이제 학문의 역사를 거시적으로 살피면서 다음 시대로 나아가는 학문의 길을 열어야 한다.

중세학문은 통찰을 근거로 삼고, 연역을 일삼았다. 통찰 대신에 이성을, 연역 대신에 귀납을 택해 근대학문이 이루어졌다. 근대를 극복하고 다음 시대를 이룩하는 학문을 하려면 중세학문과 근대학문을 합치는 것이 마땅하다. 통찰을 다시 갖추어 이성에서 이룬 바를 받아들이고, 귀납과 연역을 합쳐야 한다. 실증주의에서 해온 작업을 버리자는 것은 아니다. 실증주의를 활용하면서 넘어서야 한다.

통찰에 관해서 이미 몇 차례 논의했다. 『철학사와 문학사 둘인가 하나인가』(지식산업사, 2000)에서는, 이성 · 감성 · 덕성을 분리시킨 근대의 잘못을 시정하고 셋을 합친 총체적인 능력인 통찰을 확보해 근대를 극복하는 다음 시대 학문을 이룩해야 한다고 했다. 『세계 · 지방화시대의 한국학 2 경계 넘어서기』에서는 세분된 학문을 통합하려면 통찰을 갖추어야 한다고 했다.

氣철학에서 가져온 생극론을 근대를 극복하고 다음 시대를 여는 통찰의 학문을 하는 기본원리로 삼아야 한다고 이미 거듭 말했다. 이론적인 반성과 재출발이 필요하지만 해결책은 아니다. 다방면에 걸친 실제 작업을 부지런히 해야 거둘 만한 성과가 있다. 상반되고 당착된 것을 피하려고 하지 말고 실패를 두렵게 여기지 않아야 한다.

전체적인 방향이 나타나기는 했으나 미해결의 과제가 너무 많다. 대단한 일을 한다고 큰소리를 치고 나설 것은 아니다. 기존 학문에서 필요한 것을 찾아 활용하면서 내부 뒤집기를 하는 것이 마땅하다. 실증주의뿐만 아니라 해석학 · 현상학 · 구조주의 같은 것들도 대상에 포함할 만하다.

토 론

❑ 문: 복잡한 논의를 전개해 이해하기 어렵다. 결국 무엇을 말했는가?

❑ 답: 긴요하지 않은 세부사항을 걷어내고 크게 간추려보자. 연

구 대상을 미세하게 구분해 있는 그대로의 사실을 파악하고자 하는 실증주의는 학문의 기초로서 소중한 의의가 있으면서, 총체적인 이해를 갖추어 내면의 원리를 해명하지 못하는 결함을 지닌다. 의의는 살리고 결함은 극복해야 하는 양면 가운데 이제는 결함 극복이 더욱 긴요하다. 의의 살리기는 연구의 진척과 더불어 넉넉하게 이루어졌으나, 결함 극복은 처음부터 요망되었지만 아직 진척이 없다. 일본은 의의 살리기를 자기 나름대로 특이하게 해서 미시적인 고증에 몰두하고, 우리는 생각을 크게 하는 조상전래의 장기가 있어 결함 극복에 적극 기여할 수 있다. 실증주의를 피해 다른 길로 가려고 하지 말고 정면에서 받아들여 넘어서야 한다.

❑ 문: 실증주의를 받아들여 극복하는 작업을 실제로 어떻게 하는가?

❑ 답: 다음 강의에서 구체적인 예를 들어 다룰 과제이다. 우선 내가 한 작업을 말해보기로 한다. 『한국소설의 이론』(지식산업사, 1977)에 수록된 영웅소설 연구는 내 박사논문인데, 자료에 대한 실증주의적 고찰에서 시작해 구조분석, 철학적 이해, 사회사적 이해로 나아가면서 논의의 차원을 한 단계씩 높였다. 또한 『한국문학통사』(지식산업사, 제4판 2005)에서는 실증주의의 의의를 살리고 결함을 극복하는 작업을 함께 했다고 생각한다. 실증주의가 마땅하지 않다고 여겨, 기발한 착상을 근거 없이 펼치다가 허황된 소리를 하는 것과 많이 다르다.

❑ 문: 실증주의의 선행형태가 어디서나 있었다고 하고 고증학이

그 가운데 하나라고 했다. 고증학을 되살려 실증주의의 잘못을 시정할 수는 없는가? 고증학은 버려두고 기철학의 의의를 역설하는 것은 무슨 까닭인가?

❑ **답**: 고증학에서 하던 일을 실증주의에서 더 잘 한다. 고증학을 되살려 실증주의의 잘못을 시정할 수 없을 뿐만 아니라 실증주의의 장점을 보태기도 어렵다. 기철학의 총체적인 인식은 실증주의의 결함 극복을 위한 좋은 지침이 된다.

그래서 丁若鏞인가 洪大容인가 하는 문제가 제기된다. 정약용의 학문 방법은 새삼스러운 의의가 없다고 생각되어 적극적인 관심을 가지지 않는다. 홍대용의 철학은 오늘날 학문이 나아갈 길을 개척하는 데 크게 도움이 된다.

❑ **문**: 李滉은 어떤가? 이황의 사상이 서양철학과 같고 다른 점에 대한 비교연구를 어떻게 생각하는가?

❑ **답**: 이황이 자기 시대에 얼마나 훌륭했는가는 관심 밖의 일이다. 오늘날 학문을 위해 얼마나 유용할 수 있는가 하는 것이 긴요한 사항이다. 氣철학은 실증주의를 받아들여 넘어설 수 있게 하지만, 理철학은 실증주의를 받아들이지 못해 넘어설 수도 없다. 지난 학기 강의 주제였던 고금학문 합동작전에 대해 다시 말해보자. 나는 내 학문을 새롭게 창조하는 데 도움이 되는 합작 상대를 옛 사람 가운데 찾는다. 아주 훌륭하다는 분은 내가 자유로울 수 없어 멀리 하는 것이 마땅하고, 실질적인 도움을 얻어 오늘날의 상황에 맞게 활용하는 것이 이롭다. 명분은 버리고 실리를 택해야 옛 사람 숭앙을 학문이라고 착각하지 않고 바람직한 학문인 창조학을 할 수 있다.

❏ 문: 학문을 잘 하려면 외국유학을 해야 하는가?

답: 나는 외국유학을 하지 않은 국산품이므로 천진난만하고 자유롭게 생각하고 겁 없이 나선다. 유학해서 공부한 분들은 고생을 하는 동안에 흔히 상당한 상처를 입고 돌아오는 것 같고, 유학한 나라에서 전공한 학문의 범위를 넘어서기 어렵다. 외국에 갈 필요가 없다는 말은 아니다. 국내에서 공부하면서 일정한 기간 동안 외국에 가서 자극을 얻고, 자료를 구하고, 사람들 만나고, 강의나 발표를 듣고 하는 것이 필수이다. 어디 가서 무엇을 얻어올 것인지 유능한 도적처럼 사전에 면밀하게 조사해 단기간에 많은 것을 얻을 수 있어야 한다.

일본은 근대학문을 시작할 때 대학 전임이 된 사람을 국비로 파견해 필요한 공부를 해오도록 했다. 학위를 하라고 요구하지는 않았다. 서양학문 수입을 위한 최상의 방법을 마련했다고 할 수 있다. 우리는 오늘날 외국에 가서 박사를 하고 오면 대학 전임 공채에 응모를 하는 것이 관례이다. 그래서 자유로운 탐구는 접어두고 학위를 주는 쪽의 요구를 따라야 하는 폐단이 생긴다. 국내 대학에서 학위를 하면서 모자라는 부분을 보충하기 위해 외국에 가는 것이 더 나은 방안이라고 생각한다.

❏ 문: 『우리문학과의 만남』(홍성사, 1978)을 교재로 해서 삼았던 시절의 강의를 듣고 지금 다시 강의를 듣는다. 무엇이 달라졌는가?

❏ 답: 그때에는 무엇이든 문학에서 논했다. 지금은 문학을 떠나 학문을 문제 삼는다. 정년퇴임과 더불어 국문학 교수를 면하고 석좌교수의 직책을 가지고 학문학 교수 노릇을 하니 즐겁다. 학문을 어

떻게 해야 하는지 자유롭게 생각하고 논한다. 특정의 임무가 없어 크게 기여할 수 있다. 공개강의를 하고 있어 일체의 제도적인 구속을 떠나서 희망하면 누구나 들을 수 있어 좋다.

❑ **문**: 학문은 혼자 하는가, 여럿이 함께 하는가?

❑ **답**: 둘 다 맞는 말이다. 혼자 하면서 또한 여럿이 함께 한다. 혼자 해서 얻은 것이 있어야 여럿이 함께 토론할 수 있다. 토론해서 얻은 바가 있으면 다시 혼자 가다듬어야 한다. 연구발표나 강의를 해야 얻는 것이 있지만, 더 많은 시간을 스스로 모색하고 창조해야 결실을 맺을 수 있다. 자기 충실을 저버리고 나다니기만 하는 것은 학자다운 삶이 아니다.

제2강 우리 주변의 실증주의

무엇을 다룰 것인가

우리 주위를 둘러보자. 실증주의가 커다란 세력을 가지고 있다. 불변의 권위를 자랑하면서 학풍의 쇄신을 막고 있다고 하는 것이 더 적절한 표현이다. 이에 대해서 원론적인 비판을 하고 말 수 없다. 해석학·현상학·구조주의 같은 것들로 대응책을 삼아서 될 일이 아니다. 실제 양상을 들어 문제점을 구체적으로 살피는 것이 마땅하다.

아주 나쁜 것들을 들어 나무랄 필요가 없다. 실증 작업을 특히 잘 한 좋은 업적을 살피는 것이 유익하다. 필요한 자료를 모두 모아 적절한 곳에다 배치해 자세하게 검토하고 전후의 맥락을 이해할 수 있게 정리한 것들이 좋은 업적이다. 선택한 주제에 관해 풍부하고 정확하고 잘 정리된 정보를 제공해주는 것을 평가해야 한다.

그렇지만 실증주의에 매몰되어 문제의식이 둔화되었다고 하지 않을 수 없다. 눈앞에 보이는 것을 다 말하려고 하다가 무엇이 중요한지 가려내기 어렵게 되었다. 산속에 들어가 있기만 하고 산이 어떻게 생겼는지 알려고 하지는 않는 것과 같다. 사실을 말하는 데 그치고 이론적인 일반화는 하지 못했다. 표면에 머무르고 이면의 의미를 캐려고 하지 않았다.

무엇이 잘못인지 지적하고 비판하고 말 수는 없다. 어떻게 해야 하는지 방향을 제시하고 대안을 말해야 한다. 학문의 방법을 방법으로 논하지 말고 실제 작업에서 대안을 보여주어야 한다. 실증주의 극복을 실증으로 해야 한다. 그 때문에 논의가 길어지는 것을 막을 수 없다.

고구려 고분벽화

전호태의 『고구려 고분벽화 연구』(사계절, 2000)는 고구려 고분벽화를 자세하게 고찰한 노작이다. 고분벽화에 나타난 다양한 내세관을 왕권의 성격, 중국과의 관계, 불교의 수용 등과 관련시켜 이해하는 데 힘썼다. 역사학계에서 계속 지닌 관심사를 연구대상에 투영시켰다. 지금까지는 대단하게 여기지 않은 자료를 근거로 기존의 역사 인식을 재검토하려고 하지는 않았다.

왕권의 성격, 중국과의 관계, 불교의 수용 등에 관해 알고자 하면 고분벽화는 문헌 기록보다 자료의 가치가 떨어진다. 역사 연구를 위한 부차적인 자료에 지나지 않는다. 다양한 내세관의 수용이라고 한 것이 그리 큰 증거력을 가지지 않는다. 힘써 다루어도 얻는 바가 클 수 없다. 수고를 많이 해서 쓴 책을 열심히 읽어도 시원하다는 느낌을 얻지 못하는 것이 그 때문이다.

그러나 왕권의 성격보다 각계각층 사람들의 생활이 더욱 소중하다고 생각하면 고분벽화에서 많은 것을 얻을 수 있다. 중국과 고구려의 관계라는 것을 동아시아와 고구려 두 층위의 신화가 얽혀 있는 양상으로 바꾸어 이해하고자 하면 풍부한 해석거리를 얻는다. 불교의 수용을 정치사와 관련시켜 다루는 작업을 넘어서 경험과 초경험의 관계를 바로 문제 삼고자 하면 내세관 표현이 방증에서 주역으로 승격한다.

이런 것은 실증사학에서 다룰 대상이 아니라고 여기면 관점을 바꾸어야 한다. 생활의 역사나 내면의식의 역사를 이해하는 길을 열어야 한다. 역사는 그럴 수 없으니 기대하지 말아야 한다면, 역사와 다른 학문의 경계를 넘어서야 한다. 신화학, 민속학, 미술사, 문학사 등을 포괄하는 넓은 학문을 해야 한다.

실증주의는 세분화된 인식을 요구한다. 시기, 정치적 상황, 대외관계 등의 요인에 의해 내세관이 어떻게 선택되고 수용되었는지 책을 길게 써서 되도록 정밀하게 고찰하고자 했다. 결론에서도 각론을 축소해 열거하려고 하고 총론은 마련하지 않았다. 연구대상 전체에 어떤 원리가 있다고 하지 않았다. 연구대상에서 발견되는 원리가 어떤 일반이론을 말해주는지 생각조차 해보지 않았다. 일차원의 사고를 엄밀하게 지키려고 하고, 차원을 높이는 것은 금물로 여기니 갑갑하다.

차원을 높인다면 어떻게 해야 하는가? 세분화된 변화 대신 장기간에 걸친 지속을 문제 삼아야 한다. 모든 사례를 대등하게 다루려고 하지 말고 전형적인 예를 골라내야 한다. 외부의 관찰에 머무르지 않고 내면으로 들어가야 한다. 작품론의 방법을 사용해 핵심을 얻어야 한다. 서로 대립되는 양상을 파악하면서 논의를 확대해야 한다. 둘이나 넷을 이루는 개념들의 관계를 예증을 들어 고찰하는 것이 좋은 방법이다.

경험과 초경험의 양면에서 소재와 표상이 어떤 관계를 가지는지 살펴보자. 말을 타고 활을 당기는 사람들이 호랑이 사냥을 하는 광경, 四神圖를 이루는 상상의 동물 넷이 놀라운 자태를 드러내 움직이는 모습, 이 둘은 소재가 아주 다르다. 그러나 양쪽 다 역동적인 기백을 나타내는 표상은 같다. 다르고 같은 양면에 대해 더 고찰해보자.

호랑이 사냥과 四神의 움직임은 각기 현실과 상상을 말해주는 예증이다. 현실의 모습은 이것저것 그릴 수 있다. 전후좌우의 대칭 같은 것은 없다. 할 수 있는 이야기가 얼마든지 있다. 그러나 상상한 모습은 대칭과 조화를 가지고 잘 다듬어져 있다. 완성되고 배타적인 형태여서 다른 것을 보탤 수 없다. 할 수 있는 이야기가 정해져 있다. 양쪽에서 하는 말을 정리해보자.

지금의 삶과 다른 차원의 삶은 없다. : 지금의 삶과 다른 차원의 삶이 있다.

내세는 있다고 해도 현세와 같다. : 내세는 있으며 현세와 다르다.

현상이 본질임을 경험으로 알 수 있다. : 현상은 본질이 아님을 종교에서 이해해야 한다.

앞의 항목에 해당하는 현실 생활에서 역동적 기백을 자랑하면서 뒤의 항목으로 정리한 상상의 영역 또한 정태적으로 파악하지 않고 같은 특징을 갖추고 있다고 했다. 공통된 표상이 무엇을 말해주는가? 이에 대해서 몇 가지 대답을 할 수 있다. 현실의 특징이 상상에까지 뻗혀 있다. 상상이란 현실에서 살아가는 사람들의 내면정신이다. 현실의 경험을 추상화시키고 차원을 높인 것이 상상이다.

이런 대답은 하나로 모을 수 있다. 현실만 현실이 아니고 현실 이상의 현실도 현실이다. 현실 이상의 현실은 상상, 내세, 초경험 등으로 고쳐 일컬을 수 있다. 그런 것들을 찾는다고 나무라고 현실에 만족하라는 것은 무리한 요구이다. 사람은 현실을 넘어서고자 하는 요구를 가지고 살아간다. 그 자취를 고구려 고분벽화에서 잘 보여주었다.

상상, 내세, 초경험 등을 풍부하고 다채롭게 마련하는 것이 문화의 발전이다. 그런 것들을 들어 현실을 우습게 여기고, 현실에서 하는 노력을 낮추어보고, 노력하면서 사는 사람들을 낮추어보는 것은 타락이다. 고구려 고분벽화에서 일관되게 보여주는 역동적 기백은 타락이 생겨나지 않은 소중한 증거이다.

고구려 고분벽화에 대한 이해를 심화하면서 비교연구가 필요하다. 비교연구는 어느 한쪽에 치우치지 않게 다각도로 해야 한다. 다각도로 비교해 연구한 결과를 들어 고구려 고분벽화의 특징과 의의를 재론해야 한다. 四神 같은 상상의 동물로 마련된 현실과 다른 차원의 삶의 표상은 중국에서 볼 수 있는 바와 많은 공통점이 있어 영향과 수용에 대한 고찰을 해왔다. 말을 타고 활을 당기는 사람들이 호랑이 사냥을 하는 광경 같은 현실의 모습 그림은 어느 쪽과 유사한지 찾아 비교하는 작업은 이루어지지 않았다.

어떤 타개책이 있는가? 『동아시아 구비서사시의 양상과 변천』(문학과지성사, 1997) 330-335면에서 고찰할 사실을 가져온다. 중국 서북쪽 감숙성 嘉峪關6號墓라는 곳에 짐승을 기르고, 잡고, 사냥하고, 전투하는 장면을 소박한 필치로 보여주는 벽화가 많이 있다. 魏晋시대 지방귀족의 무덤이라고 하는 공식적인 견해는 타당하지 않고,

五胡十六國을 이룬 민족의 어느 갈래가 남긴 것이라고 보아 마땅하다. 유목민의 삶을 있는 그대로 보여주고 정신세계라고 할 것이 따로 없다. 그리 멀지 않은 곳에 있는 敦煌의 불교미술과 아주 다르다.

고구려 고분벽화에서 현실을 생동하게 묘사한 것은 그 쪽과 상통한다. 고구려 사람들이 같은 과정을 거친 것을 확인할 수 있다. 사냥하는 모습에서 찾을 수 있는 공통점이 소중한 증거이다. 그러면서 고구려 고분벽화는 더욱 복잡하게 전개된 현실생활을 한층 다채롭게 묘사해 농경민족의 사회생활과 국가경영을 보여주었다. 더욱 주목할 차이점은 고구려에서는 현실 생활이 그 자체로 정신세계를 갖추고 상상, 내세, 초경험 등을 향해 나아갔다. 중국에서 받아들인 갖가지 상징소가 장식적 도상으로 머무르지 않고 역동적 기백을 지니게 한 것이 그 때문이다.

생활 재현의 현실주의와 초월적인 것을 찾는 상징주의, 이 두 가지 보편적인 사조가 동아시아 벽화미술에서도 나타나는 것이 당연하다. 고구려 고분벽화는 둘 다 갖춘 것이 특징이다. 스스로 개척한 현실주의를 풍부하게 갖추고 상징주의로 나아가고 있어, 동아시아 공동의 상징소들을 다채롭게 받아들여 역동적 기백이 넘치게 그려냈다. 현실주의와 상징주의가 하나이게 한 것이 커다란 의의이다. 독자적인 문화를 발전시키는 주체성과 보편적인 가치 지향의 개방성을 함께 보여준 것을 평가해야 한다.

중국과의 관계

권덕영의 『고대한중외교사 연구: 遣唐使 연구』(일조각, 1997)을 보자. 신라에서 당나라에 파견한 遣唐使에 대해 자세한 고찰을 한 성과를 평가할 만하다. 머리말에서 일본에서는 일본의 견당사를 높이 평가하는 연구를 하는데, 한국에서는 더 많고 활동이 한층 컸던 한국의 견당사에 대해서 침묵으로 일관하다시피 한 것이 무슨 까닭인가 하는 의문을 풀기 위해서 연구를 시작했다고 했다.

고구려・백제・발해에서도 신라와 함께 견당사를 보낸 경과, 신라 견당사의 구성과 운영, 왕복행로, 활동 등에 대해서 자세하고 치밀하게 고찰했다. 실증적 연구의 장점을 최대한 발휘해서 견당사의 실상을 소상하게 알 수 있게 했다. 그렇지만 견당사가 어떤 의미를 가졌던가 하는 총체적인 고찰은 하지 않았다. 견당사가 책봉체제의 일환으로 파견되었다고 언급했을 따름이고, 책봉체제가 무엇인가 문제로 삼지 않았다.

한국에서 견당사에 관한 연구를 하지 않고 침묵해온 이유가 무엇인가 하는 의문은 연구를 진행하는 도중에 사라지고 말았다. 동아시아의 책봉체제를 두고 일본과 한국에서 해온 연구가 자기가 실제로 한 작업과 어떤 관련을 가지는지 논의하지 않았다. 사실 자체를 말하는 데 그치고 사실에 대한 해석이나 평가는 하지 않는 실증주의의 극단적인 양상을 보여주었다. 힘써 연구한 보람이 무엇인지 의문이 아닐 수 없다.

시비를 제대로 가리려면 일본 학계의 연구를 문제 삼아야 한다. 일본의 대외관계를 고찰한 여러 저작에서 (栗原朋信, 『上代日本對外關係の研究』, 東京: 吉川弘文館, 1978; 西嶋定生, 『中國古代國家と東アジア世界』, 東京: 東京大學出版會, 1983 등) 책봉체제를 일본사의 관점에서 연구했다. 중국의 책봉을 받는 여러 나라는 중국 쪽의 평가에서나 각기 스스로 설정한 위치에서나 우열이 있었으며, 일본은

우월한 쪽이었다고 했다. 일본은 책봉에 참여해 이익을 취하다가 필요하지 않게 되어 그만두고 책봉체제에서 벗어나서 자주성을 획득하는 독자적인 노선을 지향했다고 했다.

한국에서는 책봉 대신 조공이라는 말을 쓰면서, 조공을 어떻게 이해해야 하는지 고심했다. 한국이 중국에 조공을 한 것은 사대주의에 기인한다고 일제 어용학자들이 주장하고 한국이 열등하다는 증거로 삼은 것은 잘못이라고 했다. (이기백, 『역사와 민족』, 일조각, 1971, 신판 1994) 사대주의라고 하는 것이 한국뿐만 아니라 "중국 둘레의 여러 민족에도 해당되는 사실"이고, "뿐만 아니라 서양에 있어서도 강대국의 침략을 받아 그의 지배 밑에 있기는 하였으나, 완전한 직속영토가 되지 않은 약소국의 경우에도 그와 비슷한 현상들이 있었다고 보아야 할 것이다"고 했다.

이렇게 해서 논란이 종식되지 않고 대립된 견해가 나타났다. 한편에서는 조공이 처음에는 필요한 정책이었다고 해도, "그것은 弱者의 정책에 지나지 않고, 바람직한 정책은 아니었다"고 하고, "굴욕적인 것이었음은 자명한 일이다"고 했다. (전해종, 『한중관계사연구』, 일조각, 1974) 그 뒤에 "조공으로 표현되어 있는 대부분의 관계는 일부의 현상을 제외하면 대등한 입장에서의 일반외교라고 보아도 좋을 것이다"고 한 부분적 긍정론이 나타났다. (서영수, <삼국시대 한중외교의 전개와 성격>, 한국사연구회 편, 『고대한중관계사연구』, 삼지원, 1987) 책봉체제에 편입되었다고 해서 "국가의 주체성이 없다거나 중국에 종속되었다고 판단하는 것은 동아시아 국제사회의 보편성을 무시한 논리"라고 하는 더욱 적극적인 긍정론이 등장했다. (손승철, 『조선시대 한일관계사연구』, 지성의샘, 1994)

1997년에 출간한 책이므로, 그런 논의를 검토의 대상으로 삼고 시비를 가려야 할 책임이 있었다. 견당사에 대한 구체적인 연구가 한중관계에 관한 일반론을 재정립하는 데 적극 기여한다는 것을 보여줄 의무가 있었다. 그러나 사실 고증에 머무르고 더 나아가지 않는 신중론을 견지했다. 크고 중요한 문제에 대한 본격적인 논의는 장래의 과제로 남겨두었다고 이해할 수 있지만 문제의식이 확인되지 않는다. 사실과 이론이 따로 놀아, 부분에 대한 치밀한 해명이 전체를 새롭게 인식하는 데 기여하지 못했다.

책봉 또는 조공이 무엇인지 제대로 이해하려면 일본과 한국 양쪽의 기존 논의를 함께 넘어서야 한다. 자국의 이해관계를 챙기는 데 머무르는 국사학의 협소한 논리에서 벗어나고, 동아시아 국제사회의 보편성에 대한 고찰을 더욱 확대하는 비교사학의 넓은 시야를 갖추어야 한다. 책봉체제는 국가의 사정이나 문명권의 특성보다도 더 큰 범위의 기본공통점이 있는 중세 시기의 보편적인 사고형태이고 제도이다. 이에 관해 <책봉체제>, 『문명권의 동질성과 이질성』(지식산업사, 1999)에서 한 작업을 요약하면서 논의를 계속하기로 한다.

세계 전체로 나아가기에 앞서 동아시아 책봉체제에 대한 이해를 다지기 위해 동아시아 다른 나라들의 경우를 보자. 월남은 명나라의 침공을 물리치고 민족의 독립을 되찾아 새 왕조를 이룩한 다음 명나라의 책봉을 받았다. 명나라의 군대는 월남인과의 싸움에서 참혹하게 패배해서 쫓겨났고, 월남인은 민족사에 길이 빛날 위대한 승리를 쟁취했다. 그렇다면 당연히 책봉체제를 거부했어야 할 것 같은데, 그렇지 않았다. 명나라가 월남의 새로운 황제를 월남의 국사를 임시로 맡아보는 '權署安南國事'로 책봉하자 두 나라의 국교가 재개되었다.

중국의 "封帝安南國王"이라는 표현을 다시 써서 중국의 天子가 월남의 '皇帝'를 '安南國王'으로 봉했다는 기록을 월남의 정통사서 『大越史記全書』에 다시 올렸다. 국내에서는 황제라고 하는 월남의 통치자가 책봉을 받을 때에는 왕이었다. 월남 황제가 "北擊明寇" 했다 하고 북쪽의 명나라 오랑캐를 물리친 것이 가장 큰 공적이라고 평가하고서도, 근대인이 보기에는 그런 굴욕적인 지위를 얻어 책봉을 받은 사실도 아무런 단서조항 없이 함께 기록했다.

중세인의 생각에서는 전혀 혼란이 없어 설명이 필요하지 않았던 일을 오늘날 사람들의 이해를 구하기 위해서 구태여 드러내 말하면, 월남은 명나라 황제의 야욕을 꺾고 침략을 물리치는 승리를 쟁취한 다음 천자의 책봉을 받아 유교문명권의 일원으로서 정당한 위치를 차지하게 되었다. 명나라 황제의 침공에 굴복했더라면 천자의 책봉을 받을 수 없었다. 월남이 중국의 책봉을 받을 수 있는 자격을 쟁취한 것이다.

책봉관계는 책봉을 하는 쪽에 명분상 이익을 주고 책봉을 받는 쪽에게는 명분상 손해가 된다고 근대인은 계속 주장한다. 근대인은 명분을 소중하게 여기지 않지만 책봉은 민족주체성에 관한 사항이라 범연하게 넘기지 않고 철저하게 따져 그렇게 단언한다. 그러나 명분론을 시대이념으로 한 중세인은 그렇게 생각하지 않았다. 책봉의 절차를 거쳐 유교문명권의 일원임을 공인하는 과업이 명분상의 가치에서 민족주체성을 내세우는 것보다 우위에 있다고 생각해서, 그 둘의 관계 때문에 갈등을 느끼지 않았다. 그 점을 두고 중세인을 근대인이 아니라고 나무랄 수는 없다.

명분에 관한 논쟁에서는 근대인이 중세인을 당해내지 못할 수 있다. 그러나 실리를 추구하는 것은 근대의 이념이고, 근대인의 장기이다. 책봉체제에서 책봉을 하는 쪽과 받는 쪽 가운데 어느 쪽이 경제적으로 이익을 보고, 어느 쪽은 경제적으로 손해를 보았던지 따지는 것은 근대인이 더 잘 할 수 있다. 그런데 손익이 분명하게 파악되지 않는다. 책봉을 하는 쪽에서 과도한 조공을 요구해서 책봉을 받는 쪽에서 고통을 받은 사례도 있고, 그 반대의 경우도 있다.

琉球國은 명나라와 책봉관계를 가지면서 경제적으로 커다란 이득을 거두어 나라가 크게 번성할 수 있었다. 1417년에 사신이 명나라에 다녀온 일을 기념해서 비를 세웠다. "사신이 명나라에 가서 예악과 문물이 성함과 명산과 대천이 장대함을 보고 돌아오자, 즐거운 세월에 풍년이 들고, 백성이 기뻐 화합하게 되었다"고 했다. 그때가 유구 역사의 황금시대였다.

책봉체제는 동아시아 유교문명권에만 있었던 것이 아니다. 유럽의 기독교문명권, 서남아시아 및 북아프리카의 이슬람문명권, 남아시아 및 동남아시아의 힌두교-불교문명권에도 있었다. 그 모두를 포괄하는 비교연구를 해야 한다. 아직 선례가 없는 사정을 무릅쓰고 가능한 범위 안에서 논의를 전개해 얻은 성과 가운데 긴요한 몇 가지를 간추려본다.

책봉은 '天子', '차크라바르틴', '칼리파', '총대주교' 등으로 지칭된 문명권 전체 보편적 종교의 수장이 이미 권력을 장악하고 있는 국왕의 통치가 종교적으로 정당하다고 입증하는 행위이다. 책봉을 하는 쪽과 받는 쪽뿐만 아니라 책봉을 받는 쪽의 여러 나라도 공동의 신앙과 가치관을 지니고 우호적인 친화관계를 가진다.

책봉은 문서, 의관, 인장 등의 징표를 전해주는, 관습적으로 고정된 방식으로 이루어졌다. 그런 것들이 책봉에 의해 공인된 지위를 상징하고, 지위에 따르는 힘의 원천 노릇을 한다고 여겼다. 책봉의 절차에서 문서를 작성할 때에는 공동문어를 사용했다. 공동문어가 국제적으로 통용되는 언어여서 그랬던 것만은 아니다. 신과 통하는 말인 보편종교의 경전어를 사용해서 문서를 작성해야 책봉의 종교적 효능이 보장되었던 것이 더욱 중요한 이유이다.

책봉체제는 보편주의를 구현하는 중세문명의 공통된 특징이고, 민족주의가 지배적인 이념으로 등장한 근대에는 일제히 없어졌다. 중세에는 문명권과 그 하위 국가의 이중 국적이 존재하다가, 근대는 국가만 배타적인 주권을 가진 시대가 되었다. 근대인은 중세를 망각해 책봉체제를 이해하지 못한다. 변화 과정과 그 의미를 알려주어야 할 책임이 있는 역사가마저 무지를 자랑으로 여긴다.

『삼국유사』

강인구 · 김두진 · 김상현 · 장충식 · 황패강 공저 『譯註 三國遺事』 전5권 (이회문화사, 2002)을 보자. 『삼국유사』를 교감, 번역, 주해, 연구 등 여러 면에서 자세하게 다루기를 기대한 오랜 여망을 한국정신문화연구원(현재의 한국학중앙연구원)의 연구 사업으로 실현했다. 『삼국유사』와 관련된 분야에 관해 많은 연구를 한 대표적인 학자 다섯 사람이 힘을 합쳐 대단한 일을 한 것 같다.

그러나 작업의 범위가 한정되어 있다. 번역과 자구 주해에 머무르고, 기사 내용에 대한 다면적이고 종합적인 검토는 하지 않았다.

번역이나 해석에서 나타난 견해차에 적극적인 관심을 보이지 않았다. 관련된 연구가 축적되어 있는 성과를 참고하지 않았다. 역사적 사실을 다른 자료에서 알 수 있는 것과 대조해서 살피지 않았다. 설화를 구전되는 양상과 비교해 고찰하지 않았다. 유적이나 유물의 현황에 대해서 말하지 않았다.

맨 끝 권 연구편이라고 하는 데서는 각자 자기 관점에서『삼국유사』를 평가한 논문을 한 편씩 썼을 따름이다. 전체의 유기체는 없어지고, 전공분야로 해체한 시체만 남아 있다. 역사 분야에서는 <삼국유사의 사료적 성격>을 논하기만 하고 역사관 또는 역사철학에 관한 검토는 하지 않았다. 불교사나 불교학의 관점에서 쓴 논문은 없다. 설화는 <문학적 고찰>에 포함시켜 소홀하게 다루었다. 연구진이 잘못 구성되었거나 일을 무책임하게 했다.

연구 대상은 부분으로 해체해야 한다. 연구자의 전공을 세분해야 한다. 실증주의가 지닌 이 두 가지 결함이 여지없이 드러나『삼국유사』를 망치고 죽였다. 총체적 이해를 다면적으로 하지 않으면 가치가 인정될 수 없는 연구 대상의 가장 좋은 본보기를 함부로 유린했다. 오늘날의 학문이 얼마나 그릇되었는지 명백하게 보여주었다.

『삼국유사』의 전체적인 특성은 세부 사실 못지않게 중요하다. 세부의 사실을 다 합치면 전체가 되는 것은 아니다. 세부 사실들이 어떤 관계를 가지고 전체를 구성하는지, 구성된 전체는 유사한 성격을 가진 다른 저작과 어떻게 다른지 고찰해야 한다. 이런 작업은 엄밀한 고증을 거칠 수 없으므로 다룰 수 없다고 하는 학문은 죽은 학문이다.

나무라기만 하지 말고 대안을 제시하자. 그 작업을 이미『세계·

지방화시대의 한국학 4 고금학문 합동작전』 제13강 <융합과 창조의 원리>에서 했다. 그 내용을 그대로 재록할 수는 없다. 간추리면 설득력이 줄어든다. 덧보태서 새로운 논의를 전개하는 것이 마땅하다. 2006년 2월 23일 서울역사박물관에서 열린 『삼국유사』 특별전 개막 강연의 원고 <代案史書 삼국유사, 8백년 뒤에 다시 보기>를 든다. 앞뒤의 내용은 새로 쓴 것이고, 중간 부분은 제3권에서 한 말의 요약이다. 요약 부분은 빼고, 새로 쓴 글만 옮긴다.

『삼국유사』는 어떤 책인가? 正史인 『삼국사기』와 다른 野史라는 말을 계속 할 것은 아니다. 正統史書와 代案史書로 구별하는 것이 마땅하다. 왕조 시대에는 국가에서 편찬한 사서만 정사라고 하고, 그렇지 않은 것은 모두 야사라고 했다. 역사 편찬은 국가에서 하는 사업으로 해서 공식적인 직책을 맡은 사관이 담당해야 하고, 국가에서 인정하고 사관이 검증한 공식 기록만 타당성을 가진다고 했다.

이제 왕조 시대가 끝났다. 그 역사를 재검토하는 것이 오늘날의 역사학의 과제이다. 정사라고 하던 것이 사료에 지나지 않는다. 국가의 공식 기록이 타당성을 독점하지 않고 그 나름대로의 편향성을 가지고, 누락된 것이 또한 적지 않으므로 야사라고 한 것들을 이용해 시정하고 보충해야 한다.

대안사서란 정통사서가 지닌 사관 또는 가치관을 비판하고 그 결함을 시정하고자 하는 역사서이다. 지위나 영향력에서는 정통사서에 미치지 못하지만, 주장하는 바에서 한 걸음 더 나아갔다고 인정된다. 『삼국유사』는 『삼국사기』의 유교사관에 대해서 불교사관으로 맞선 것 이상의 의의를 가진 대안사서이다.

정통사서뿐만 아니라 대안사서 또한 다른 나라에도 있다. 정통사서와 대안사서는 보편적인 개념으로 사용해야 할 말이다. 그런데 정통사서에 맞서서 대안을 전개하는 방식이나 이론 수준에서 『삼국유사』는 특히 주목하고 평가해야 한다.

정사이고 정통사서인 『삼국사기』는 소중한 역사적인 가치가 있다. 유교의 가치관을 확립하고 문장 표현을 가다듬은 것이 당시에는 반드시 필요한 일이었다. 동아시아 여러 나라에서 일제히 하는 일을 모범이 되게 수행한 공적을 평가해야 한다. 그러나 그것이 지속적인 의의를 가지지는 않는다.

『삼국유사』는 공인된 역사관과 어긋날 뿐만 아니라, 내용이 미비하고 편차나 서술이 엉성하며 문장이 가다듬어져 있지 않아 평가받기 어려웠다. 그러나 결함이 장점이 되어 새로운 가치 발견을 유도한다. 논란의 대상으로 삼아 보태고 고쳐 읽으면 시대를 앞서나가는 통찰을 얻을 수 있다.

역사서·고승전·설화집이 각기 그 나름대로의 특징을 가지고 정착된 것이 동아시아의 전통이다. 『삼국유사』는 그 셋을 합쳐 그 셋이 각기 지닌 한계를 넘어서는 대안을 만들어 새로운 인식과 사고를 열었다. 융합에 의한 창조의 본보기가 오늘날 학문을 위해 소중한 의의를 가져, 통합학문을 이룰 수 있게 하는 지침이 된다.

그 작업을 외래문화와 고유문화의 융합과 함께 이룩했다. 보편적인 의의를 가진 외래문화를 받아들여 고유문화와 합쳐, 민족문화를 수준 높게 재창조해 세계문화가 될 수 있게 하는 소망을 실현했다. 그런 방향과 방법을 오늘날 우리가 해야 할 일에서 이어나가야 한다. 서양문화를 그냥 숭상하거나 극력 배격하려고 하지 말아야 한다. 민족문화의 역량으로 당당하게 맞서면서 받아들일 것은 받아들여 한층 수준 높게 재창조해 인류가 나아갈 길을 제시하는 학문을 해야 한다.

외래문화와 고유문화의 융합은 상층문화와 하층문화의 융합과 함께 이루어졌다. 상층 지식인이 하층민에게 다가가 일체를 이루고자 하면서, 활기에 찬 삶에서 이어온 신명풀이를 함께 체험하면서 사상 창조의 비약을 보여주었다. 원효가 그렇게 해서 이룬 바를 다채롭게 말해주면서, 자기를 덜 낮추어 부족한 점이 있다고 했다.

융합되는 것들이 자체의 특징을 잃어버리지 않았다. 갈등이 화합이고 화합이 갈등이고, 여럿이 하나이고 하나가 여럿인 생극의 관계를 가지고 있다. 그러면서 상극보다는 상생, 갈등보다는 화합, 여럿보다는 하나를 더욱 중요시하는 특징이 있어 그 점을 융합이라고 지칭했다.

어떤 이념이나 견해가 권위를 가지고 정착되어 널리 영향을 끼칠 때 어떻게 해야 하는가? 그것이 아무리 훌륭해도 그냥 따르기나 해서는 원래 지니고 있던 가치마저 상실하고 역사 발전에 장애가 된다. 반발하고 거부하는 것이 마땅한 대책일 수 없다. 근거 있는 비판을 하고, 수준 높은 대안을 제시해야 한다. 일연이 8백 년 전에 보여준 그런 선례를 따르면서 더욱 빛내야 한다.

그 뒤에 <삼국유사 기본특성 비교고찰>을 2006년 7월 20일 한국학중앙연구원에서 열린 일연학연구원 주최 일연학국제학술회의에서 발표했다. 『삼국유사』를 일본, 월남, 스리랑카, 티베트, 몽골, 영국, 폴란드, 헝가리, 덴마크, 러시아, 에티오피아, 말레이시아 등지의 국사서와 비교해 고찰한 내용이다. 결론 부분을 옮기면 다음과 같다. 전문은 다음 학기 강의에서 다룰 예정이다.

『삼국유사』는 정통사서인 『삼국사기』에 맞선 대안사서이다. 유교사관을 불교사관으로 바꾸어놓았다고 하고 말 것은 아니다. 역사 이해의 기본 개념을 道義에서 神異로 바꾸어 민족의식과 민중사상을 존중하는 새로운 보편주의를 추구했다고 평가해야 마땅하다. 도의는 행동을 제약하고 변화를 거부한다. 신이는 생각을 열어주고 비약을 마련했다.

동아시아 다른 나라에서도 대안사서라고 할 것들을 이룩했으나, 『삼국유사』처럼 수준 높은 원리를 갖추지는 못했다. 神奇한 사건에 관심을 가진 것들은 역사서로 평가하기 어렵다. 불교사서는 불교의 연원과 직접 연결되어 자국의 국왕이 神聖하다고 하는 것이 상례인데, 『삼국유사』는 견해가 다르다. 기독교의 자국사도 비교 대상으로 삼은 결과, 보편주의와 민족주의를 함께 갖추는 작업은 문명권 중간부에서 할 수 있었음을 확인했다. 그런 과업을 『삼국유사』에서 수행한 방법과 그 특성을 관심의 초점으로 삼았다.

보편종교 이전의 민족사와 그 이후의 문명사를 연결시켜 이해하는 것이 비교 대상으로 삼은 여러 역사서의 공통된 과업이고 고민이었다. 민족사의 독자적인 위업과 문명사의 보편적 가치를 어느 한쪽으로 치우치는 관점에서 합치려고 하거나 병존시키는 것이 예사인데, 『삼국유사』는 한 걸음 더 나아갔다. 민족문화의 자랑인 신이가 보편종교에서 추구하는 이상과 둘이면서 하나이고 하나이면서 둘이라고 하는 논리를 마련했다.

국가의 내력을 다룬 역사서는 모두 통치자의 행적을 칭송했다. 보편종교 신앙이 더욱 빛나는 위업을 이룩하게 해주었다는 것이 흔한 주장이다. 오직 『삼국유사』만은 통치자가 아닌 사람들도 다수 등장시키고, 정치의 범위에서 벗어나 삶의 의미를 다양하게 살폈다. 이른 시기의 위대한 군주뿐만 아니라 무명의 승려나 하층 민중도 신이를 발현할 수 있어 새로운 가능성을 가진다고 했다. 누구나 자기에게 잠재되어 있는 신이를 알아차리고 각성의 주체가 될 수 있다고 하는 보편적인 원리를 제시했다.

조선후기 한·일문학 교류

이혜순, 『조선통신사의 문학』(이화여자대학교출판부, 1996)은 실증주의 학문의 빛나는 성과를 보여주는 노작이다. 조선 후기에 조선통신사가 일본에 가서 일본 문인들과 주고받은 한시를 철저하게 연구했다. 머리말에서 "우리 문학을 국제관계 속에 파악하는 비교문학자"의 작업을 하겠다고 표방한 목표의 일단을 훌륭하게 달성했다.

놀랄 만큼 많은 자료를 한·일 양국 학계에서 외면해온 것이 놀랄 만한 일이라 하고, 이용 가능한 작품 및 관련 사실을 모두 모아 철저하게 조사하고 정밀하게 고찰했다. 조선통신사에 대한 전반적인 고찰을 한 다음, 주고받은 시 작품에 대한 시대별·사안별 고찰을 자세하게 하고, 조선통신사 문학의 한·일문학사적 의의라는 총괄론을 거쳐, 결론을 맺었다. 열성과 노력을 높이 평가하고 모범으로 삼아 마땅하다. 워낙 방대한 내용이므로 대담하게 간추려 설명해야 하는 일을 내가 맡아 논의를 계속한다.

이미 어느 정도 알고 있던 사실을 구체적인 증거를 들어 한층 분명하게 논증했다. 한시 창작에서 한국이 일본보다 앞선 것을 조선통신사가 일본에 가서 재확인했다. 조선통신사는 일본의 문인들이 한시 창작에서 뒤떨어지는 것을 보고 일본을 얕보았다. 일본인들은 조선통신사의 한시가 뛰어나다고 인정해 크게 환영하고 숭상했다.

표면의 우열이 이면에서는 반대가 되었다. 조선통신사가 만난 일본 문인들이 다른 한편으로는 일본이 우월하다고 했다. 일본이 무력으로 조선을 누른 내력을 자랑했다. 조선은 중국에 의존하지만, 일본은 중국과 대등한 관계를 가진다고 자부했다. 일본 문인들은 한시 창작에만 힘쓰지 않고 현실을 파악하려고 노력해 일본 자체는 물론 조선에 관해서 자세하게 알려고 하고 서양의 동향에도 관심을 가졌다. 이러한 사실을 밝힌 것이 소중한 성과이다.

책 전체의 내용을 크게 간추려 재론하면, 한·일간 우열 경쟁이 이중으로 전개되었다. 한시 창작에서는 한국이, 현실 인식에서는 일본이 앞섰다. 그래서 승패가 상쇄되고 말았다고 하고 말 것은 아니다. 상대방의 장기를 자기도 갖추려고 하는 이차의 경쟁을 벌였다. 상대방에 대한 우위 인식과 대처 방법에 차이가 있어 그 양상이 복잡해졌다.

한국의 우위는 중세의 가치관과 합치되어 의문의 여지가 없었기에 부지런히 공부해 따르는 것이 당연하다고 일본에서 인정했다. 일본의 우위는 중세의 가치관에 충격을 주는 예기치 않은 사태이므로 이해하고 자극으로 삼은 한국인은 소수의 예외자였다. 일본은 중세화의 미결 과업을 힘자라는 대로 진행해 지적 수준을 높이면서 근대화를 추진했다. 한국은 중세의 영광에 미련을 가져 혁신의 요구를 일반화하지 않고 있다가 뒤떨어졌다.

이런 사실을 편견을 버리고 잘못을 반성을 하는 자료로 삼아야 한다고 결론짓고 말 수 없다. 학문은 보편적 원리 탐구를 목표로 한다. 『공동문어문학과 민족어문학』(지식산업사, 1999) 말미에서 정립한 이론을 가져와 논의를 발전시켜보자. 한국과 일본의 차이는 문명권에서 차지하는 위치가 달라 생겼음을 알고, 시대의 변천을 크게 살피면서 검토해야 한다. 그런 근거 위에서 미래를 예견하고 창조해야 한다.

어느 문명권에도 중심부 · 중간부 · 주변부가 있었다. 동아시아에서는 중국이 중심부, 한국이 중간부, 일본이 주변부였다. 세 나라가 중심부 · 중간부 · 주변부의 전형적인 특징을 보여주었다. 중심부 · 중간부 · 주변부의 관계가 오래 지속되는 동안, 역사 창조의 활력이 점차 중심부에서 중간부로, 중간부에서 주변부로 이동했다. 중세전기에 중심부가, 중세후기에는 중간부가, 중세에서 근대로의 이행기에는 주변부가 창조적인 재능을 더욱 적극적으로 발휘했다.

중세전기는 중세보편주의를 중간부나 주변부에서도 중심부와 대등하게 구현하고자 하는 시대였다. 그 희망은 달성되지 않아, 중심부의 위세가 더 높았다. 중세후기는 중세보편주의를 중간부나 주변부에서 독자적으로 구현하는 시대였다. 중간부나 주변부가 다 그렇게 하는 데 성공했으면서 강조점이 서로 달랐다. 중간부에서는 중세보편주의를 구현한다는 점이 강조되고, 주변부에서는 그것을 독자적으로 구현한다는 점이 강조되었다. 중세에서 근대로의 이행기에 이르면, 중세보편주의를 근대민족주의로 대치하려고 하는 움직임이 광범위하게 일어났다. 그렇게 하는 데 중간부보다 주변부가 앞섰다.

중심부에서 이룩한 공동문어문학은 중세 동안에 최고의 권위와 가치를 자랑했다. 중심부의 사람들은 위세가 당당하고 중간부나 주변부에서는 주눅이 들어 있었다. 중심부에 가서 견문을 넓히고 문장 수련을 하고 인정을 받기까지 하는 것이 다른 쪽 문인들의 한결같은 희망이었다. 주변부는 중심부와의 격차가 워낙 커서 그런 소원을 이루기 어려운 줄 알았지만, 중간부에서는 조금만 노력하면 성공할 수 있다고 믿고 단념하지 않았다. 주변부에서는 그 대신에 민족어문학을 존중하는 독자노선을 선포했으나, 중간부에서는 민족어문학이 따로 성장하지 않게 하고 민족어문학과 공존하면서 근접하게 했다.

공동문어문학에 힘쓰지 않고 민족어문학을 광범위하게 이용하는 것은 중세보편주의의 가치기준에서 보면 공부를 계속하지 않고 중퇴하는 것과 같은 일탈행위였다. 중세보편주의 구현에서 뒤떨어진 결함을 고대자기중심주의의 잔재로 메우려고 하는 부적절한 대응책이었다. 그러나 중세보편주의를 버리고 근대민족주의를 새로운 시대의 이념으로 삼자, 공동문어문학은 버려야 할 유산 또는 부끄러운 실수라고 매도되고, 민족어문학만 일방적으로 평가하게 되었다. 중세 동안에도 공동문어문학보다 민족어문학에 더욱 힘쓴 것이 자랑스러운 일이라고 평가되었다. 가치 기준을 바꾸자, 중세의 열등생이 근대의 우등생이 되었다.

전체적인 동향을 총괄해보면, 중심부에서는 보편주의를 내세우기만 하고 민족주의로 나아가지 않았다. 주변부에서는 보편주의를 거부하고 고대자기중심주의를 이어받으면서 근대민족주의로 나아갔다. 중간부에서는 보편주의가 민족주의이고, 민족주의가 보편주의라고 하면서 그 둘을 아우르려고 했다. 어느 문명의 역사에서도 공통되게 존재하는 원리가 동아시아에서 특히 선명하게 나타났다.

한국과 같은 중간부는 어디서든지 보편주의의 수준 차이 때문에 중세에는 중심부보다, 민족주의를 이룩하는 경쟁에서 근대에는 주변부보다 뒤떨어졌다. 그러면서 중세의 자랑인 보편주의와 근대의 역량인 민족주의를 아우르려고 한 지난 시기의 노력이 동아시아문명의 공동체를 다시 이룩하는 데 적극 기여할 수 있다. 근대에서 이룩한 발전의 성과를 중세의 지혜를 이어받아 재조절하면서 근대를 극복하고 다음 시대로 나아가는 지표를 마련하는 데 앞설 수 있다.

최근의 역사

김명호의 『초기한미관계의 재조명: 셔먼호 사건에서 신미양요까지』(역사비평사, 2005)를 보자. 초기의 한미관계를 박규수를 중심으로 정밀하게 논의한 수준 높은 업적이다. 자료를 철저하게 조사하고 세밀하게 다루어 그릇된 견해를 시정했다.

박규수가 대미수교를 바랐다는 것은 사실에 근거를 두지 않은 낭설이라고 했다. 전통학문을 한 사람 가운데 국제정세에 가장 밝은 박규수조차도 사태를 정확하게 파악하지 못해 적절한 대응책을 찾기 어려웠다고 결론지었다. 지금까지의 오해나 오판을 시정하고 사실이 어떤지 분명하게 말해주었다.

박규수가 지닌 전통학문의 능력을 어떻게 평가해야 하는가? 그 능력은 미련을 가지지 말고 버려야 하는가, 이어받아야 하는가? 이것이 문제의 핵심이다. 정세 파악에 힘쓰면서 신중하게 대처하고, 상대방도 평화적이기를 바라고 설득하고자 했다. "비록 교활한 오랑캐의 속을 헤아리기 어렵다고 하나 그자들이 우선 '和好'를 말한

즉 우리가 인도로써 대접하여야 옳다"고 했다. 그러면서 내심으로 "저 하늘을 거스르고 도리에 어긋나는 추악한 무리가 감히 군자의 나라를 엿보다니 그들에게 하늘의 재앙이 있을 것은 필연적이다"고 했다.

무력이 약하기 때문에 평화라는 방책을 써야 한다고 한 것인가? 무력을 휘두르는 쪽보다 평화를 원하는 쪽이 우월한가? 어떤 추악한 무리와도 평화를 이루는 것이 전쟁을 하는 것보다 나은가? 이런 의문은 오늘날도 심각하게 제기된다. 이에 관한 박규수의 생각이 어떤 지속적인 의의를 가지고 있어 이어받아야 하는지, 어떤 한계가 있어 시정해야 하는지 말해야 하는 것이 연구자가 감당해야 할 가장 최대의 과제이다.

연구자가 임무를 소홀하게 했다고 나무라자는 것은 아니다. 저자가 하지 못한 일은 독자의 몫이다. 따지면서 읽기에서 한 걸음 더 나아가 쓰면서 읽기를 하는 독자라면 자기 견해를 제시해야 한다.

박규수가 말한 '인도' 또는 하늘의 '도리'를 갖추어 우리는 정당하게 생각해야 한다. 그 내용이 무엇이고 근거는 어디에 있는지 반성하고 가다듬어야 한다. 유학의 도리를 지켜야 근거가 있다. 그대로 지키지 말고 더욱 타당하게 하고 인류 전체의 공유물을 만들어야 한다. 내심의 신조를 설득력 있는 논리로 발전시켜, 평화와 행복을 바라는 인류의 소망을 움직이는 힘을 지녀야 한다.

도리가 술책을 막아줄 수는 없다. 술책을 간파하고 대응하는 방법을 아는 것도 도리의 임무이다. 옛날의 도리를 고집하지 말고 오늘날의 도리를 다시 마련해야 그럴 수 있다. 무력에는 무력으로 맞서야 하는데 무슨 말이 많은가 하고 나무라지 말아야 한다. 무력이 무력일 수 없게 하는 전략을 세워야 한다. 전술에서 불리한 것을 전략으로 보충해야 한다.

김희곤의 『대한민국임시정부 연구』(지식산업사, 2004)에서 대한민국 임시정부를 다루면서 좌우합작 운동, 우파 민족주의에 관한 논의를 착실하게 했다. 조소앙의 三均主義가 한국독립당의 이념이었다고 했다. 삼균주의를 우파 이념이라고 했다. 그러면서 사회주의 성격을 띠고 있는 점을 지적하고 "좌파 진영에 이념적으로 접근하고자 한 첫 번째 시도"라고 했다.

우파와 좌파의 대립만 있고 중도노선은 없었던가? 삼균주의를 중도노선으로 평가할 수 없는가? 광복 후의 상황을 보아도 그 점이 분명하다. 삼균주의는 좌파에 접근하기 위한 술책인 듯이 이해한 것은 잘못이다. 그 자체로 이해하는 관점이 필요하다. 민족모순과 계급모순의 관계가 문제의 핵심이고, 사회적 소유와 개인적 소유, 통제와 자유의 관계에 관한 견해가 검토되어야 한다.

독립운동은 우리만 하지 않았다. 식민지가 되는 고통을 함께 겪은 다른 여러 민족은 어떻게 투쟁했는가에 대한 광범위한 비교연구를 해야 한다. 가해자의 행위를 그 쪽에서 정리해 세계적인 범위의 식민지통치사를 서술한 책은 몇 권 나와 있지만, 민족해방투쟁의 세계사는 아직 하나도 없다. 우리가 앞장서서 개척하고 노력하면서 분발을 촉구하는 것이 마땅하다. 이에 관해서 『세계 · 지방화시대의 한국학 1 길을 찾으면서』의 제14강 <한국학과 세계학, 새로운 작업>에서 고찰한 내용을 간추려 옮긴다.

가해자 쪽에서 식민지 통치의 세계사를 총괄한 저작을 보자. 라인하르트, 『식민지주의 소사』(Wolfgang Reinhard, *Kleine Geschichte des*

Kolonialismus, Stuttgart: Kröner, 1996)는 사실을 간략하게 정리하는 데 힘써 먼저 거론할 만하다. 식민지주의의 개념 · 경과 · 결과를 고찰하고, 거점 · 이민 · 지배식민지가 서로 다르다고 했다. 페로, 『식민지통치의 역사』(Marc Ferro, *Histoire des colonisations*, Paris: Seuil, 1994)는 본격적인 저작이다. 취급의 범위를 넓혀 구형 식민지, 신형 식민지, 식민지화하지 않는 제국주의를 구별했다. 신형 식민지는 산업혁명과 더불어 출현하고, 식민지화하지 않는 제국주의의 주역은 미국이라고 했다. 키어난, 『인류의 주인, 제국주의 시대 유럽인이 다른 문명에 대해서 보여준 태도』(Victor Kiernan, *The Lord of Human Kind, European Attitudes to Other Cultures in the Imperial Age*, London: Serif, 1995)에서는 제국주의의 식민지지배를 문화의식의 측면에서 고찰했다.

피해자 쪽에서는 세계적인 범위의 연구를 하지 못하고 있다. 식민지통치에 반대하는 독립투쟁의 세계사도 아직 없으며, 모두 자기 나라의 경우만 고찰하고 있다. 그 가운데 인도에서 이룩한 업적이 모범이 된다고 할 수 있다. 데사이, 『인도민족주의의 사회적 배경』(A. R. Desai, *Social Background of Indian Nationalism*, Bombay: Popular Prakashan, 1948, Fifth edition 1976)은 인도가 독립한 다음 해에 낸 책이지만 내용이 알차다. 인도 민족주의 운동의 사회적 배경에 대한 구체적인 연구가 이미 많이 축적되어 그럴 수 있었다고 생각된다. 보세, 『인도민족주의 운동 개관』(Nemai Sadhan Bose, *The Indian Nationalist Movement, an Outline*, Calcutta: Firma Klm, 1965)에서는 18세기까지는 상당히 발전되고 번영을 누리던 인도가 영국의 식민지통치 때문에 비참하게 되었던 사실을 서두에서 말하고, 구체적인 증거를 들어 논했다.

찬드라 외 공저, 『자유를 위한 투쟁』(Bipan Chandra and others, *Freedom Struggle*, New Delhi: National Book Trust, 1972)은 교육부에서 관계 학자들에게 의뢰해서 공동으로 집필하게 한 중등학교 교과서이다. 영국 식민지 통치의 성격 변화를 사회경제사적 관점에서 설명하고 영국 자체가 달라진 양상을 중요시했다. 산업혁명 이전과 이후의 차이를 명확하게 했다. 식민지통치에는 그것대로의 모순이 있고, 모순을 해결하려고 하다가 더 큰 피해를 끼친다는 사실을 중요시하면서 사태의 진전을 설명했다.

독립운동의 노선을 자세하게 거론했다. 영국의 통치에 대해 폭력으로 저항하는 테러리즘이 대중을 움직일 수 없어 성공하지 못한 한계를 지적하면서 좌파 노선이 부적절다고 했다. 그러면서 목숨을 버리고 싸운 그런 순교자들이 있어 인간의 자부심이 되살아나게 했다고 평가했다. 간디는 민중을 움직이는 힘을 가진 것이 최대의 장점이라고 했다. 좌우의 양극단을 배격한 중간노선이 등장해 독립운동을 이끌었으며, 독립 후에 제3세계의 지도노선이 되었다.

인도가 겪었던 일이 우리의 경우는 어떤지 하나하나 문제가 된다. 인도에서 독립운동사를 연구하고 교육한 전례를 자세하게 알고 참고로 하는 것이 마땅하다. 우리도 독립운동사 교과서가 필요하고, 독립운동사를 교과목으로 해야 한다. 그런데 독립운동사 개설서가 하나도 없다. 크게 반성하고 분발할 일이다. 우리의 경우를 더 잘 알기 위해 인도뿐만 아니라 다른 나라의 경우도 알아야 한다. 더 나아가서 식민지통치-민족항쟁의 세계사를 이룩하는 데 힘을 기울여야 한다.

어떻게 할 것인가

지금까지의 논의에서 얻은 교훈을 정리해 오래 두고 지침으로 삼을 만한 좌우명을 마련하기로 한다.

지금까지 해온 방식을 되풀이하면서 연구를 하는 관습을 타파하자. 학문을 어떻게 해야 하는지 줄곧 생각하면서 최상의 길을 찾자. 다른 사람들의 실패를 반성의 거울로 삼는 수준을 넘어서서 자기 수정을 하는 단계에 이르면 얻는 것이 있다. 얻는 것을 소중하게 여기지 말고 다른 사람이 저지른 과오인 듯이 여겨 거듭 부정해야 성장이 가능하다.

연구는 좁게 하고 공부는 넓게 해야 한다는 원칙을 재확인하자. 좁은 연구를 필요한 단계를 거쳐 점차 확대해 넓은 공부를 두루 활용하는 학문을 넉넉하게 하자. 작은 문제라도 크게 생각하면서 다루자. 큰 문제에 대한 국내외의 논란이 어떻게 진행되는지 알고 참여해 새로운 해결책을 찾는 데 적극 기여하는 것을 보람으로 삼자.

밀도가 짙어 응축된 안쪽의 원과 밀도가 옅어 확신되는 바깥의 원이 여럿이게 하고, 안에서 밖으로 나아가면서 밖도 안처럼 단단해지게 하자. 한국학이 동아시아학이고 세계학이게 하자고 다짐하자. 한국학에서 동아시아학을 거쳐 세계학으로 나아가면서 타당성이 널리 입증되는 일반이론을 이룩하자. 학문이 동심원을 이루게 하자.

사실의 고증은 목적이 아니고 과정이다. 사실 자체에 매몰되지 말고 그 의미를 해석하고 평가해 이론을 정립하고, 더 나아가서 사상을 창조하는 학문을 하기 위해 노력하자.

학문은 득도의 길이다. 내 마음을 마음대로 할 수 없어 세상을 마음대로 하려고 하지 말고, 나는 깨우치지 않고 세상을 깨우치려고 하지 말자.

토 론

❑ 문: 광범위한 연구를 누구나 해야 하는가?

❑ 답: 어느 분야를 전공하고 어떤 문제를 다루든 전후의 맥락에 관한 광범위한 이해와 커다란 문제의식을 가져야 방향을 제대로 잡고, 성과가 큰 연구를 할 수 있다. 세계지도나 전국 지도를 보고 자기가 사는 곳이 어딘지 알아야 동서남북을 바로 알 수 있는 것과 같다.

❑ 문: 개개인의 차이를 무시해도 되는가?

❑ 답: 할 수 있는 사람은 예외이니 대다수는 하지 않아도 된다고 한다면 학문이 정상화될 수 없다. 개인 능력 소관사로 미루지 말고, 두 가지 방법을 써서 많은 사람이 동참할 수 있게 해야 한다. 바람직한 미래를 위한 계획을 마련하고 실행해야 한다.

하나는 강의 개선이다. 대학에서 여러 학문 분야에 걸친 광범위한 내용과 문제를 다루는 강의를 해야 한다. 이런 강의를 할 수 있는 교수를 지금 당장은 어렵더라도 장차 공채한다고 미리 공고하면 교수가 되고자 하는 대학원생들이 분발해 노력할 것이다. 새로운 강의를 위한 계획서를 교수 공채의 가장 중요한 서류로 삼자고 주장하고 있다.

또 하나는 연구할 수 있는 시간을 주는 것이다. 지금 한국의 교수는 강의와 잡무 부담이 너무 많아 남는 시간이 없는 탓에 이미 익힌 지식이나 써먹고 광범위한 연구를 개척하지 못한다. 임시직이 아닌 연구교수가 강의교수 이상의 대우를 받으면서 안심하고 연구에 몰두할 수 있게 해야 타개책이 생긴다. 평생을 바쳐 지금까지 없던 커다란 학문을 새롭게 이룩하는 학자를 지원하는 것은 결코 낭비가 아니고 커다란 투자이다.

지금 중국의 東北工程이 말썽이 되고 있는데, 우리 쪽은 학문이 무력한 탓에 정치로 대처하려고 한다. 한국 정부가 나서서 중국 정부에 항의하면 될 일이 아니다. 탁월한 능력을 가진 학자들이 오랫동안 연구에 전념해 한국사·동아시아·세계사를 실증과 이론 양면에서 자세하고 깊이 있게 연구해야 제대로 다룰 수 있는 과제가 나타났다.

❑ 문: 대학에서도 하기 싫은 공부를 해야 하는가?

❑ 답: 하고 싶은 공부가 얼마나 많은데 하기 싫은 공부까지 어느 겨를에 하는가. 나는 고등학교 시절에도 시험 성적이 나빠지는 것을 각오하고 하기 싫은 공부는 하지 않기로 했다. 대학에 입학한 이래로 오늘날까지 하고 싶은 공부가 너무 많아 미칠 지경이다.

❑ 문: 마르크스주의를 공부하고 싶은데 공부하지 말아야 하는가?

❑ 답: 당연히 공부해야 한다. 마르크스주의는 알고 싶으니 공부해야 하고, 공부해야 지식의 균형을 얻고, 거대이론이 무엇인지 실감 나게 이해할 수 있다. 하지 말라고 하는 그 공부를 나는 몰래 해서 내 학문을 이루는 데 유용하게 썼다. 지금은 하지 말라고 하지 않으니 관심이 줄어든 것 같다.

❑ 문: 마르크스주의에서 말하는 노동가치론이나 잉여가치론에 대해 어떻게 생각하는가?

❑ **답**: 노동으로 생산해 생산에 재투자하고 남은 잉여가치를 노동하지 않은 쪽에서 차지하는 것은 부당하다고 하는 데 동의한다. 그러나 육체노동이라야 노동이라고 하는 견해는 부당하다. 정신노동의 비중과 의의가 크게 확대된 변화를 받아들여야 한다. 중국에서 이발을 하는 사람은 노동자이므로 우대하고, 뇌수술을 하는 사람은 노동자가 아니므로 홀대한다고 한다. 우리 경우에도 대학의 교수나 연구소의 연구원은 노동자가 아니고 생산에 종사하지 않는다고 하고, 청소부나 식당 종사자는 생산에 종사하는 노동자라고 한다. 영화 <괴물>의 성공을 보도한 인터넷 뉴스에 댓글을 달아 "쌀 한 톨이라도 더 생산하지, <괴물>은 만들어 무엇을 하나"라고 써 놓은 것을 보았다. 모두 잘못된 생각이다.

예술 창작을 하고, 학문 연구를 하고, 기술을 개발하고, 기업을 경영하고, 자본을 조달하는 것이 대단한 노동이고 생산이다. 나는 노동자이고, 내가 하는 학문이 생산이다. 나는 노동을 잘 해 더 좋은 학문을 생산해야 하는 책임이 있다. 물건을 만드는 노동자들에게 직접 도움을 주기 위해 학자가 학문 노동을 소홀하게 하는 것은 직무유기이고 바람직한 사회를 만드는 데 도움이 되지 않는다.

❑ **문**: 마르크스주의를 받아들여 유용하게 썼다는 것은 무슨 말인가?

❑ **답**: 가치는 받아들이면서 결함은 넘어서고자 했다. 인문과 사회, 역사와 철학, 과거와 미래, 이론과 실천이 하나이게 하는 거대이론인 것이 커다란 가치이므로 받아들이려고 했다. 유물변증법이 한쪽에 치우친 결함을 시정하는 음양생극론을 만들었다. 물질, 상극,

발전에 치우친 것이 잘못이므로 물질과 정신, 상극과 상생, 발전과 순환이 하나라는 대안을 제시했다.

특히 중요한 사항을 하나 구체적으로 들어보자. 상극의 관계에 있는 쌍방이 싸워 강자가 승리하면서 발전이 이루어지고 하고, 강자는 너무 강한 탓에 그 자체의 파탄을 키워 내부 분열로 자멸하기도 한다. 변증법은 앞의 변화만 말하고, 생극론은 뒤의 변화까지 말한다. 뒤의 변화 때문에 선진이 후진이 되고 후진이 선진이 된다. 발전이 순환이고 순환이 발전이다.

강자 예찬에 말려들지 말자. 강성대국을 만드는 영웅을 칭송하는 사관이 제국주의 침략을 합리화하고 예찬하기 위해 유행했다. 침략을 당하고 피해자가 된 쪽에서도 같은 사고의 틀을 가지고 주인공을 바꾸기만 하는 것은 잘못이다. 생각을 바꾸어 억눌린 쪽이 정의가 무엇인지 분명하게 하고 인류를 위해 기여한다는 사실을 분명하게 해야 한다. 투쟁을 위한 영웅사관을 화합을 위한 민중사관으로 바꾸는 작업을 세계 전체에서 철저하게 진행해야 한다.

❑ **문**: 고구려를 강성대국으로 평가하는 것은 잘못인가? 생극론의 관점에서 말해보라.

❑ **답**: 고구려를 침공한 수나라와 당나라야말로 강성대국이었다. 고구려는 자위권을 행사하다가 역부족이어서 망한 피해자였다. 광개토대왕이 강역을 넓힌 것을 찬양하는데 중국에 들어선 대제국을 건설한 제왕들과 견준다면 많이 모자란다. 광개토대왕의 능비에서는 왕이 백성에게 평화를 주고 농업에 힘쓰게 했다고 칭송했다. 고구려의 자랑거리로 넓은 영토보다 고분벽화에서 보여주는 예술 창

조가 더 큰 의의를 가진다. 외국과 싸운 상극의 공적을 강조해서 말하려고 하지 말고, 고유문화와 동아시아문명을 합쳐 재창조한 상생을 높이 평가해야 한다.

❑ 문: 여성학을 하면서 생기는 의문을 제기한다. 여성학을 위해 생극론이 어떤 기여를 할 수 있는가?

❑ 답: 여성학은 남녀관계학이라고 이해된다. 생극론의 기초가 되는 음양론은 남녀관계를 중심에다 두었다. 남녀, 천지, 일월, 주야 등에서는 양이 앞에 오는데, 음양이라고 할 때에는 음이 먼저 오는 것은 무슨 까닭인가 하고 이기철학의 마지막 대가 重齋 金榥에게 물었더니, 하나하나는 양을 앞세워 거론하므로 다 모아서 말할 때는 음을 앞세우는 것이 음양의 이치라고 했다. 제반 현상에서는 남성이 우월하므로 본질에서는 여성이 우월하다는 말이다. 이기는 것이 지는 것이고 지는 것이 이기는 것이라고 해도 된다. 이런 이치를 구체화해서 자세하게 논하는 학문이 여성학이 아닌가 한다. 생극론의 이치를 깨달으면 복잡하게 펼쳐지고 얽혀 있는 개별적인 사항이 소상하게 이해된다.

❑ 문: 깨닫는다는 것이 무엇인가? 깨달음은 말과 글을 넘어선다고 하니 학문을 부정하지 않는가?

❑ 답: 깨달음이 말과 글이게 하는 것이 학문이다. 말과 글을 넘어서서 깨달은 바를 말과 글로 나타내 타당성을 입증하고, 전달 가능한 형태로 만들고, 유용하게 하는 것이 학문 연구이다. 깨달음에 근거를 두고 기존의 학문을 부정하면서 새로운 학문을 만들어 현실

과 깊은 연관을 가진다.

말과 글을 넘어서고 학문을 부인하는 깨달음이 오랫동안 크게 존중되었으나 이제는 거의 무력해졌다. 현실에서 제기되는 복잡한 문제를 진단하고 해결하는 능력을 갖추지 못하기 때문이다. 마음을 편안하게 하는 것 이상의 실천력이 없어 전면에 나서지 못한다. 종교 지도자를 대신해 위대한 정치 지도자가 나서서 뛰어난 판단력을 가지고 커다란 일을 해주리라는 기대도 무너졌다. 정치인들은 일상적인 관심사에 매몰되어 근본적인 물음을 제기할 겨를이 없고, 술수에 능하지 않고서는 성장하지 못하는 불행이 있다.

크고 중요한 문제를 다루어 대중을 일깨우고 미래를 설계하는 작업을 학자가 아니면 할 사람이 없다. 학자가 깨닫는 학문을 하지 않으면 일반 대중 수준에 머물러 직무를 유기한다. 득도한 종교인 이상의 의식 각성을 갖추고 유능한 정치인보다 현실의 여러 문제에 더욱 정통해 양쪽이 하나여서 빗나가지 않게 하는 것이 뛰어난 학자의 임무이다.

❑ 문: 그렇게 하는 것이 어떤 학문에서도 가능한가? 물리학의 경우는 어떤가?

❑ 답: 종교에서 두고두고 고심한 문제를 다루어 인류를 깨우쳐주면서 물질의 세계와 사람의 삶을 바람직하게 연결시키는 것을 소임으로 하니 물리학은 위대한 학문이다. 물리학은 실험에나 몰두하는 실증주의 학문으로 여기는 것은 큰 오해이다. 그러면 다른 학문은 위대하지 않는가? 모든 학문은 그 나름대로의 깨달음을 현실 또는 실용과 연관시켜 모두 위대하다.

제3강 학문에 관한 시비를 보고

시작하는 말

대학에서 학문학을 강의해야 한다고 거듭 역설했다. 학문론을 어떻게 할 것인가? 잘못 하면 하지 않는 것보다 못하다. 학문학이 학문을 해치지 말아야 한다.

학문학이 학이려면 체계가 있어야 한다. 체계는 사고를 제약한다. 학문학은 사고의 제약을 넘어서서 창조하는 능력을 가지도록 해야 한다. 체계를 거부하는 체계를 갖추어야 하는 것이 학문학의 숙명이고 특권이다. 이 일을 어떻게 할 것인가?

일찍부터 고민하다가 조금 발견한 바 있다고 생각해 『문학연구방법』(지식산업사, 1980)을 썼다. 1. 이 책은 왜 필요한가?, 2. 문학은 연구할 수 있는가?, 3. 문학작품을 어떻게 읽을 것인가?, 4. 문학작품은 어떻게 이루어져 있는가?, 5. 문학은 어떻게 해서 이루어지는가?, 6. 문학사는 어떻게 이해할 것인가? 이런 순서로 질문하고 대답하고, 다시 질문했다. 어느 정도의 정리된 의견을 말한 본문을 연습문제에서 뒤엎었다.

그 뒤에 문학연구에서 학문 일반으로 관심을 확대하면서 필요한 논의를 다시 했다. 『우리 학문의 길』(지식산업사, 1993); 『인문학문의 사명』(서울대학교출판부, 1997); 『이 땅에서 학문하기』(지식산업사, 2000)가 모두 학문론이다. 지금 강의하면서 출판하고 있는 『세계·지방화시대의 한국학』이 또한 학문론인데, 모두 열권이나 될 것이다.

위에서 체계를 거부하는 체계를 갖추어야 하는 것이 학문학의 숙명이고 특권이라고 했다. "체계를 거부하는" 쪽으로 뻗어나가려고 했다고 변명할 수 있으나, 그 덕분에 "체계를 갖추는" 작업을 소홀하게 한 책임이 경감되는 것은 아니다. 양면의 작업을 다 제대로 하지 못했다고 자책하지 않을 수 없다.

말을 너무 많이 하고, 내실은 부족하다. 깨달음이 부족해서 헛소리를 했다. 적중하지 못하니 근처를 마구 두드리고 다녔다고 할 수 있다. 비슷비슷한 이야기가 여기저기 흩어져 있어 혼란스럽다. 할 말을 한 권에다 집약시켜 잘 다듬어내지 못한 것이 잘못이다. 잘못을 고치려고 하다가 더 키우지 않을까 두렵다.

지침서가 있는가

학문학이라는 제목을 걸고 강의를 한다면 필요한 내용을 갖추어야 한다. 연구사 검토가 선결 과제이다. 남들은 학문론을 어떻게 전개했는지 낱낱이 추적하고 깊이 있게 비판해 내가 새롭게 전개하고자 하는 논의의 출발점을 삼아야 한다.

그런데 학문은 너무 넓고 학문론은 지나치게 많다. 모두 조사하고 점검하는 것은 사람의 일생에 할 수 있는 일이 아니다. 각기 다른 자기 말을 하고 있어 갈피를 잡기 어렵다. 그런 것들을 소상하게 알아야 한다고 하다가, 내가 생각하고 깨달은 바를 말하는 데 소요되는 시간과 노력을 낭비할 수 있다.

그래도 기존의 학문론에 관해 알아야 한다. 검토하는 범위를 최소한으로 줄이자. 일반적인 내용을 기초가 되는 수준에서 간략하게 다룬 것들을 몇 개만 고르기로 한다. 국내에서 또는 가까이 있는 나라에서 나온 것을 먼저 들어야 마땅하지만 조건에 맞는 것이 발견되지 않는다. 읽을 수 없는 언어를 사용한 것은 조사의 대상으로 삼지도 못한다.

학문을 위한 지침서라고 자부하는 것들을 검토 대상으로 삼는다. 유럽 세 언어를 사용한 저작을 하나씩 골라, 언어의 관습에 따라 서로 다른 경향을 이해하고자 한다. 학문론을 강의할 때 기본참고문헌으로 제시하고 과제를 부과할 만한 것들이다. 쉬운 책을 먼저 드는 순서를 택한다. 책 이름 대신 앞에 쓴 (가)·(나)·(다)로 지칭하기로 한다. 어렵고 복잡한 내용은 피하고 필요한 논의를 전개하려고 애쓴다.

(가)는 『연구하는 행위의 기본 안내』(Zina O'Leary, *The Essential Guide to Doing Research*, London: Sage, 2004)이다. (나)는 『학문과 그 방법, 학문이론의 기본사항, 교본』(Wolfgang Balzer, *Die Wissenschaft und ihre Methoden, Grundsätze der Wissenschatstheorie, ein Lehrbuch*, München: Karl Alber Freiburg, 1997)이다. (다)는 『과학의 길, 인식론의 문제』(Jacques Bonitzer, *Les chemins de la science, question d'épistémologie*, Paris: Éditions sociales, 1993)이다.

표제에 내놓은 기본 용어와 그 번역을 다시 살피자. (가)의

"research"는 '연구'라고 번역했다. "science"는 자연과학에 치우친 느낌이 든다고 여겨 택하지 않았다고 생각된다. "research"만으로는 미약해 "doing research"라고 한 것 같다. (나)의 "Wissenschaft"는 '학문'이라고 번역했다. 이 말은 독일에만 있다. (다)의 "science"는 '과학'이라고 번역했다. 모든 학문을 그렇게 일컬었다.

세 책에서 각기 다른 말을 사용했지만 지칭하는 대상은 같다. 우리말로는 모두 '학문'이다. 번역서를 내놓는다면 말을 바꿀 필요가 있다. (가)는 『연구는 어떻게 할 것인가』라는 것이 좋다. (나)는 『학문 연구방법의 기초』가 적합하다. (다)는 『학문 연구의 인식론』이라고 할 만하다. 앞으로의 논의에서는 '과학'은 버리고 '학문'만 사용한다.

(가)는 연구는 어떻게 해야 하는지 입문자를 위해 설명하는 교재이다. 창의적인 사고를 하면서 문제를 발견하고 자료를 찾아 해결하는 과정을 가르친다. 인문학문과 사회학문에서 이해하기 쉬운 예증을 찾았다. 경험하는 사실에 대한 심리학적 논의를 곁들였다. 얻은 결과를 도표를 그려 명확하게 정리했다.

(나)는 교재라고 명시했다. 연구방법을 체계적으로 설명한다고 했다. 수식을 자주 사용해 이론의 모형을 설명하고 구체적인 사례를 고찰했다. 수리논리나 수학에 대해서 이해를 하지 못하면 읽을 수 없다. 자연학문 전공자를 기본 독자로 삼는다고 할 수 있다.

(다)는 교재라고 하지 않았으나, 교재로 삼을 만한 기본적인 내용을 다루었다. 인식론의 문제를 다룬다고 했다. 철학을 특히 중요시하고 논의의 방법으로 활용했다. 다양한 견해를 문제 삼겠다고 하고, 참고문헌을 여럿 들어 시비하면서 논자의 지론을 분명하게 했

다. 개념 정리에 관한 진술을 다른 부분과 구별할 수 있게 나타냈다.

(가)에서는 연구란 "창조적이고 전략적인 사고 과정"(creative and strategic thinking process)라고 했다. 연구주체가 하는 창조적 사고가 연구대상과의 관계에서 "전략적" 의의가 있어야 한다고 했다. "전략적"이란 연구의 목적을 미리 헤아려 설정한다는 뜻으로 사용한 말이다. 사실 자체를 밝히는 데 그치는 실증주의에서 벗어나는 사고의 전환이 필요하다고 했다.

실증주의 연구와 탈실증주의 연구는 어떻게 다른지 도표를 그려 설명했다. (7면) 명확 : 불명확, 객관 : 주관, 귀납 : 연역, 양 : 질이 중요한 구분 지표이다. 그러나 구분에서 대안이 도출된 것은 아니다. 명확·객관·귀납·양을 상황에 따라 다르게 상대화했을 따름이고, 불명확·주관·연역·질의 이론을 마련한 것은 아니다. 실증주의에서 벗어나 상대주의적이고 주관적인 학문을 하자고 하는 데 머물렀다.

(나)의 머리말에서 학문의 상호관련을 논했다. 자기가 저술하는 책은 모든 학문의 공통된 연구방법을 다룬다고 했다. "나는 자연학문(Naturwissenschaft)이 우월한 모습을 드러내고 사회학문(Sozialwissenschaft)은 범속한 위치에 머물러 있다고 생각하지는 않는다", "사회학문 연구방법의 근본에 관한 문제는 본질적으로 자연학문의 경우만큼 심각하다"고 했다. 사회학문은 독자적인 방법을 사용한다는 것을 인정하고서, "자연학문과 사회학문이 근접되어 단일 모습으로 합쳐지고, 관심사가 다른 특징이 서로 만나도록 하는 양면의 작업을 목표로 한다"고 했다.(9면)

학문의 두 영역을 자연학문과 사회학문으로 나누고, 정신학문

(Geisteswissenschaft)이라는 것은 따로 인정하지 않았다. 그 둘은 대등하다고 전제하고서, 실제 작업에서는 차등론을 전개했다. 개괄적인 논의에서는 양쪽에서 할 수 있는 말을 함께 했다. 그러나 방법의 핵심을 이루는 논증에서는 자연학문에서 사용하는 수리논리의 방법을 사회학문에도 적용했다.

인식 대상 해명을 엄밀하게 하는 것을 학문의 목표로 하고, 인식 대상과 인식주체를 합치는 총체적 인식은 갖추려고 하지 않았다. 이성의 능력을 극대화해 감성이나 덕성을 합친 통찰과는 거리가 멀어질수록 연구가 바람직하게 이루어진다고 생각했다. 가치 판단이나 사회적 실천에 관한 논의는 다룰 수 없는 학문을 하겠다고 했다. 자연학문이 모든 학문의 지침이라고 하는 주장을 재현하면서 그 약점을 그대로 보여주었다.

(다)에서는 학문 연구가 단순하지 않다고 했다. (가)에서처럼 연구가 무엇인지 정의하지 않았다. (나)에서 하듯이 어느 한 가지 방법을 제시하지도 않았다. 학문은 하는 노선과 방법이 다양하고 변화를 겪는다는 사실에 대한 깊이 있는 논의를 전개하고자 했다. 압축해서 하는 말을 이해하기 어렵게 연결시켜 공백을 메우면서 읽도록 한다.

"학문은 단일한 작업이 아니며, 학파가 있고, 경쟁이 벌어진다"고 해서 학문의 다양성을 말했다. 학문하는 사람까지 고려해 더욱 복잡한 논의를 전개했다. "독자적인 특성을 가진 자기 작업을 각기 진행하면서 학문을 하는 삶의 조건에 대한 성찰"까지 학문의 방법에 포함된다고 했다. 학문하는 행위의 특수성에 따라 "학문 일반의 특징이 갈라지는 것이 예외라고 할 수 없다"고 했다.(7면)

학문의 인식론은 고정되어 있지 않다. 통상적인 방식을 넘어서서 별난 활동을 하는 사람이 학문 인식론의 개척에서 더욱 기여한다고 했다. 학문의 인식론은 학문 내부에만 있는 것이 아니다. "학문이 적용 대상인 사회적 실천과 가지는 관계"가 학문 인식론에서 소중한 의의를 가진다고 했다.(8면)

넓은 범위에 걸친 복잡한 현상을 고찰의 대상으로 삼는 데 머무르고 더 나아가지 않았다. 이성에 대한 단순한 신뢰는 버려야 한다는 것을 알지만 그 대안이 되는 통찰을 제시한 것은 아니다. 실증주의가 무너진 것은 확인하고 실증주을 넘어서고자 하는 학문론의 다양한 제안을 널리 수용해 사고를 개방했으나, 자기 나름대로의 수습책을 마련하려고 하지는 않았다.

몇 가지 기본 개념을 논의를 전개하는 틀로 삼고, 학문 인식론이 다양하게 되고 교체되는 과정에 대한 고찰을 본론으로 삼았다. 연구를 잘 하는 사람이 스스로 깨달은 바를 말해준 것은 아니다. 연구에 대해서 잘 아는 사람이 다른 사람들이 해오는 작업을 잘 정리해 설명했다. 참고로 삼아야 할 내용이고 논란의 대상은 아니다.

먼저 단순하게 정리되는 모형(model)에 머무르지 말고, 복합적이고 당착되기조차 한 이론(théorie)으로 나아가야 학문을 제대로 한다고 했다. 그 다음에는 학문의 사회화와, 학문적 실천에 관한 장을 나란히 두고 학문 내외의 관계를 문제 삼았다. 대상에 근접된 앎을 논의하고 사실 이해의 착오를 고찰했다. 우연하고 예측 불가능한 것에 대한 인식을 다루었다.

학문혁명을 들어 학문 변천사를 논했다. 기초학문, 응용학문, 기술발전의 관계를 다룬 것이 그 다음 작업이다. 부록이라고 한 대목에서 학문과 학문철학에 관해 고찰했다. 그 말미에서 마르크스주의 실천론과 변증법에 관한 고찰을 새삼스럽게 하고, 참고로 알아두라고 했다. 편람의 성격을 지닌 책을 쓰고 말았다는 한계가 뒤로 가면 더욱 뚜렷하다.

학문론의 양상과 변천에 관해 많은 것을 말하면서 저자 자신의 위치는 밝히지 않았다. 자기는 학문하는 사람이 아니고 학문에 대해서 알아 설명하는 사람이기 때문이다. 필요한 논의를 이것저것 늘어놓았다. 알아야 할 사항이지만, 안다고 해서 식견이 열릴 것은 아니다.

재검토의 방향

근대학문은 자연과학이 선도해서 발전시켰다. 자연과학을 자연학문이라고 일컬어야 마땅하다고 나는 주장한다. 자연학문은 객관적인 진실을 엄정한 방법으로 입증하는 작업을 계속 발전시켜, 그렇지 못해 고민인 사회학문이나 인문학문을 멀찌감치 앞서서 이끈다고 주장했다.

그런데 자연학문에 대한 지나친 평가와 기대가 최근에 무너지고 있다. 포퍼(Karl Popper), 쿤(Thomas S. Khun), 페이어아벤트(Paul Feyerabend) 등 일련의 논자들이 반론을 제기해 학문의 방법, 역사, 가치 등을 다시 검토하도록 한다. 그 경과와 내역을 살피면서 우리가 해야 할 일을 생각하자.

선각자로 인정되는 사람은 포퍼이다. 『탐구의 논리』(*Logik der Forshung, zur Erkenntnistheorie der modernen Naturwissenshaft*, Wien: Springer, 1935)에서 자연학문의 방법으로 숭앙해온 귀납법을 비판했다. 아무리 많은 사항을 들어 귀납해도 이론적 일반화는 이루어질 수 없다고 했다. 가설을 세워 반론 가능성을 따지는 방법을 사용한다는 이유에서도 자연학문이 다른 학문보다 우월할 수 없다고 했다.

쿤(Thomas Kuhn)은 한 걸음 더 나아갔다. 『과학혁명의 구조』(*The Structure of Scientific Revolution*, Chicago: The University of Chicago Press, 1962; 조형 역, 이화여자대학교출판부, 1980)에서 자연학문에 대한 근본적인 비판을 했다. 자연학문은 사실과의 일치를 필수 요건으로 하므로 발전이 누적된다고 하는 종래의 견해를 부정해 커다란 충격을 주고 심각한 논란이 벌어지게 했다. 과학혁명이라는 것들은 패러다임(paradigm)이라고 일컬은 '기본이론체계'의 전반적인 교체를 겪으면서 진행되어 왔다고 했다.

학문에는 '통상학문'(normal science)과 '혁명학문'(revolutionary science)이 있다고 했다. 자연학문을 들어 말한 사실이 모든 학문에 공통되게 해당되므로, 'science'를 '학문'이라고 하는 것이 마땅하다. 'normal'의 개념은 논란의 대상이 되었다. 그 자체로 타당하다는 것은 아니고 타당하다고 인정된다는 말이다. '정상'이라고 하지 않고 '통상'이라고 하는 편이 좋다.

통상학문이 지배하는 시기가 있다가 혁명학문이 나타나는 것이 학문의 역사라고 했다. 통상학문의 시기에는 단일 기본이론이 지배하다가 혁명학문에서 기본이론이 다원화되고, 그 가운데 어느 것이 선택되어 통상학문의 단일 기본이론이 된다고 했다. 학문 혁명은 기본이론의 교체이다. 앞뒤의 기본이론은 독자적인 논리를 갖추고 각기 그 나름대로의 타당성을 지녔다. 어느 쪽이 더 낫다고 하기 어렵다. 이런 요지의 주장을 폈다.

쿤의 견해는 격렬한 논쟁을 불러 일으켰다. 당대의 통상학문이 절대적이라고 여기고 혁명학문을 인정하지 않는 논자들의 반론은 그리 긴요하지 않다. 학문은 어느 것도 완전하지 않고 내부에 결함이 있게 마련이며 상당한 정도의 변화를 겪는다고 하면서 쿤의 견해에 대해서 한편으로 동의하는 사람들의 반론이나 수정안을 더욱 주목할 필요가 있다. 쿤의 견해에 대한 다양한 논란을 한 자리에서 벌인 책이 있다. (Imre Lakatos and Alan Musgrave ed., *Criticism and the Growth of Knowledge*, London: Cambridge University Press, 1970) 쿤이 미리 제시한 장문 주제발표 논문에 관해 여러 논자들이 질의하고 쿤이 대답하는 방식으로 엮었다. 무엇이 문제인지 확인하는 데 긴요하게 활용할 수 있다.

포퍼도 논란에 참가해 (Popper, "Normal Science and its Dangers"), 쿤의 견해에 일부 동의하면서 반대 의견이 더 많다고 했다. 통상학문이라는 용어와 개념이 적절한지 의문이라고 하고, 정상적인 학문으로 오해되어서는 안 된다고 했다. 기존의 기본이론체계와 새로운 기본이론체계는 비교해 평가할 수 없다는 것은 역사적 상대주의라고 나무라고, 혁명적인 전환 앞뒤의 학문을 비교해서 평가할 수 있으며 평가해야 한다고 했다.

"과학은 신학과는 달라, 서로 경쟁하는 이론이나 견해를 비판해 비교하는 것이 언제나 가능한데, 이런 가능성을 부인하는 것은 잘못이다"고 하고, "과학에서는 (오직 과학에서만은) 우리는 진정한 진보를 이룩하고 있다고 말할 수 있다. 우리는 전보다 더 많이 알고 있다"고 했다.(위의 책, 57면)

페이어아벤트는 위의 책에 수록한 글("Consolation for Specialist") 에서, 통상학문의 시기를 거치다가 혁명학문이 일어나는 것은 아니고, 그 둘은 공존하면서 다투는 것이 예사라고 했다. 통상학문의 시대와 혁명학문의 시대가 있는 것은 아니라고 했다. 용어를 바꾸어 극단론을 피하고자 했다. 통상학문 대신에 통상요소(normal component), 혁명학문 대신에 철학요소(philosophical component)라는 말을 쓰고자 한다고 했다.(같은 책, 212면) 학문 자체가 아닌 그 구성요소를 문제 삼는 것이 마땅하다고 여겼다. '철학'이란 논란을 벌이는 것을 말한다.

그런 조건을 달고 학문혁명을 인정했다. 기존 학문의 통상요소가 합리적인 타당성을 잃을 때 더욱 타당한 것을 제시하는 철학요소를 갖춘 새로운 학문이 등장해 주도권 교체를 이룩하는 것이 학문혁명이라고 했다.(같은 책, 214면) 학문은 점차적인 발전을 이룩한다는 포퍼의 견해와 혁명적 변화를 거쳐 모든 것이 달라진다는 쿤의 견해 사이의 대립을 조정하는 중도론을 폈다고 할 수 있다.

페이어아벤트는『방법에의 도전』(*Against Method*, London: Verso, 1975; 정병훈 역, 한겨레, 1987)에서 자기의 학문론을 정리했다. 자연학문이 자랑하는 방법을 시비하는 것이 핵심 내용이다. 자연학문 연구의 합리성과 타당성을 보장해주는 일관된 방법은 없다고 했다. 대상이나 문제에 적절하게 대응하는 방법을 사용하는 점이 다른 학문과 같으므로, 자연학문이 홀로 위대하다고 할 수 있는 근거가 없다고 했다.

수습 가능한가

위에서 든 몇 사람의 주장은 타당하지만 무책임하다고 할 수 있다. 자연과학이 우상화되었다고 할 정도의 절대적이고 일방적인 신되를 반성하도록 한 의의가 있으나, 그렇다면 학문을 어떻게 해야 할 것인가 하는 대안을 제시하지는 못했다. 반론을 수용하면서 학문론을 다시 이룩하려고 하는 시도가 계속된다. 그 가운데 몇을 들어 어떤 말을 하고 있는지 보자.

『복합적 사고 입문』(Edgar Morin, *Introduction à la pensée complexe*, Paris: ESF, 1994)을 비롯한 일련의 저서를 낸 논자는 복합성을 인식하는 학문을 이룩하려고 노력했다. 그 필요성과 당위성에 대한 다각적인 고찰을 하면서, 여러 개념과 명제를 제시했다. 그래서 문제를 수습했다고 하기 어렵고, 논의의 각도를 바꾸어 거듭 제기했다. 학문방법론으로 활용할 수 있는 성과를 기대하는 것은 무리이다.

『복합성에 관한 사고』(Klaus Mainzer, *Thinking in Complexity, the Complex Dynamics of Matters, Mind, and Mankind*, Berlin: Springer, Third edition, 1997)에서도 새로운 학문을 모색했다. 사람뿐만 아니라 자연에 관한 연구에서도 비단선적(nonlinear)이고 복합적(complex)인 체계를 찾는 것을 공통된 과제로 삼아야 한다고 했다. 그러면서 결론 부분에 이르러서, 그런 모형을 수학적으로 정리하고 양적으로 정리하는 과정을 거쳐야 한다고 했다.(324면)

자연학문의 방법이라야 믿을 만하다는 생각을 계속 간직하고 있다. 수학적 정리는 가능하다고 해도 일부를 포괄할 따름이고 너무 난해해 널리 이용될 수 없을 것이다. 양에서 질로 나아가지 못하는 사고의 한계를 보여주었다.

『과학이라는 것이 무엇인가?』(A. F. Chambers, *What is the Thing Called Science?*, Indianapolis: Hackett, 3rd ed., 1999)라는 책을 보면, 표제에서부터 과학(science)에 대한 불신과 신뢰가 교차되었다. 물질

과학(physical sciences)에서 개척한 관찰, 실험, 귀납 등의 방법은 그 나름대로 의의가 있지만, 보편적 과학론(universal account of science)일 수는 없고, 그런 것은 필요하지 않으며 다양한 과학(various sciences)은 각기 그것대로의 특성과 단계에 맞는 방법이 있어야 한다고 했다.

'과학'은 물질과학을 중심에 둔 자연과학을 뜻하고, 다양한 과학이라고 한 것들을 대등하게 포괄하지 못한다. 과학의 범위를 넘어서 학문을 지칭하는 용어가 없어 학문 일반론을 이룩하지 못한다. 다양한 과학은 각기 그것대로의 특성과 단계에 맞는 방법이 있어야 한다고 하고 만 것은 문제회피이거나 직무유기이다.

독역본을 보자. 표제가 아주 달라졌다. 『학문의 길: 학문이론 입문』(Herausgegeben und übersetzt von Niels Bergemann und Christine Altstötter-Gleich, *Wege der Wissenshaft, Einführung in die Wissenshaftstheorie*, Springer, Berlin: 2001)라고 했다. '학문'을 뜻하는 말을 내세워 대단한 수준의 이론을 제시한 것 같다. 그러나 원작의 내용에서 더 나아갈 수 없어 허장성세를 하는 데 그쳤다.

다른 논자의 『세계관: 과학사와 과학철학 입문』(Richard Dewitt, *Worldviews, an Introduction to the History and Philosophy of Science*, Oxford: Blackwell, 2004)에서는 과학을 방법 이상의 것으로 고찰하려고 '세계관'을 논했다. 학문의 원리는 세계관이라고 하고, 아리스토텔레스의 세계관이 뉴턴의 세계관으로 대치되고, 뉴턴의 세계관이 불신되기에 이른 경과를 고찰했다. 아리스토텔레스의 세계관은 유기체, 뉴턴의 세계관은 기계에 견줄 수 있지만, 지금 모색되는 세계관은 그렇지 않아 무어라고 비유할 수 없다고 했다.

독일어에는 'Wissenschaft'라는 말이 있다고 해서, 학문 일반론을 바람직하게 이룩할 수 있는 것은 아니다. 개론서를 좋아하고 체계를 존중하고 추상적인 논의를 즐기는 세 가지 기풍이 있어 학문론을 많이 써내지만, 자연학문의 방법을 소개해 어느 학문에든지 적용하도록 하는 것이 예사이다. 자연학문 밖의 학문은 자기 길을 찾기 위해 방향을 모색해야 한다는 논란을 펴기나 한다.

여럿이 합작한 『정신학문은 어디로?』(*Wozu Geisteswissenschaft*, Campus, Frankfurt, 2003)를 한 본보기로 들어본다. 학문 여러 분야의 동향을 개관하는 데 그쳤다. 스스로 탐구한 바가 없다는 증거이다. 마지막에 수록된 <정신학문과 자연학문, 대립이 아닌 연합>(Gregor Markl, "Geisteswissenschaften und Naturwissenschaften, Verbündete, nicht Kontrahenten")은 결론 노릇을 한다 하겠는데 막연한 당위론이나 펴고 말았다.

우리가 할 일

지금까지 다룬 논란이 우리가 하는 학문과 어떤 관련이 있는가? 학문 방법은 모범답안이 마련되어 있지 않고 계속 탐구해야 할 과제이다. 기댈 언덕이 없으니 스스로 일어서야 한다. 모범답안을 받아들이는 수입학을 하려고 하지 말고, 새로운 탐구에 당당하게 참여하는 창조학을 해야 한다.

과학에 기대지 말고 학문이라는 용어를 분명하게 하는 것이 첫 걸음이다. 이 용어를 가지고 학문 분야들 사이의 시비를 가리자. 자연학문은 타당성이 완전히 입증된 학문이라고 믿는 것은 잘못이다. 사회학문에서도 보이고 인문학문에서는 더 많은 불확실성이나 주관적 경향의 결합이라는 것을 자연학문도 함께 지니고 있다. 어느 학문이든 절대적인 타당성을 기대하지 말고 상대적인 타당성을 더 높여 나가야 한다.

위에서 든 논자들은 모두 자연학문에 관해 논의하고 자연학문의 한계를 발견하는 데 이르렀다. 자연학문에서 학문론을 독점할 수 없다. 인문학문에서 출발해 학문 일반론을 이룩하는 것이 가능하고 필요하다. 불확실성이나 주관적 경향의 문제는 인문학문에서 더 많이 경험하고 더욱 심각하게 다룰 수 있다. 학문을 하나로 통합하는 데 인문학문이 적극적으로 기여할 수 있다.

학문에는 통일된 방법이 없고 분야에 따라 각기 다른 방법이 있게 마련이라는 것은 무책임한 발언이다. 방법이 어떻게 같고 다른지, 달라지는 원리가 무엇인지 밝혀야 한다. 같아서 하나로 모아지는 것에만 원리가 있는 것은 아니다. 같고 다른 것들에, 달라지는 것들에 원리가 있다. 그 양상을 파악하는 길을 열어야 한다.

유기체나 기계에 견줄 수 있는 유산과는 다른 세계관을 오늘날 학문이 추구하고 있다고 말하는 것은 논의의 시작에 지나지 않는다. 유기체나 기계와 다르다고 해서 어떤 특성이나 원리가 없을 수는 없다. 그것이 무엇인지 말할 수 없는 것은 인식되지 못하기 때문인가, 일상적인 언어를 넘어서기 때문인가? 그러면 어떻게 알 수 있는가?

학문에 관한 시비는 철학의 문제로 나타난다. 그런데 과학을 위해 봉사하다가 과학에 대한 회의를 나타내는 데까지 이른 과학철학이 시비를 감당하지 못하고 해결하는 것은 더욱 어렵다. 과학의 혁명에 관해 논하는 것보다 더욱 긴요한 과제가 철학 혁명을 이룩하는 것이다. 시비하고 논란하다가 부딪힌 난관을 타개하는 철학 혁명이 있어야 한다.

이 일은 유럽철학에서 감당하기 어렵다. 유럽철학은 근대학문을 이룩하는 데 봉사하면서 능력을 발휘하고 한계를 드러내 다음 시대로 나아가는 지침이 되기 어렵다. 근대를 넘어서서 다음 시대 학문을 이룩하는 지혜나 지침을 다른 문명권에서 제공하는 것이 마땅하다. 동아시아가 큰 구실을 할 수 있다고 믿고 노력하는 것이 마땅하다.

토 론

❑ **문**: 과학과 학문의 차이가 무엇인가? 좀 더 분명하게 하기 바란다.

❑ **답**: 과학은 탐구 대상과의 관계를 대상에 중심을 두고 정립한 단일개념이다. 학문은 탐구하는 대상과의 관계를 탐구자에 중심을 두고 일컫는 '學', 탐구자들의 관계에서 이루어지는 검증인 '問', 이 둘을 포괄한 복합개념이다. 과학에서는 眞僞만 문제되고, 학문에서는 진위 못지않게 得失 · 正邪 · 覺迷도 소중하다.

❑ **문**: 다른 문명권에도 학문이라는 개념이 있는가?

❑ **답**: 앞에서 거듭 말한 바와 같이 유럽문명권에는 '학문'이랄 것이 없다. 독일어의 ' Wissenschaft'에도 '학'만 있고 '문'은 없다. 인도나 아랍은 어떤지 알지 못해 말할 수 없으나 동아시아는 '과학'의 범람을 겪으면서 '학문'을 지켜와 큰 다행이다. 과학을 넘어서서 새로운 학문을 시작하는 작업을 학문에 관한 오랜 논란을 이어받아 시작할 수 있다.

❑ **문**: 새로운 학문을 위한 지혜나 지침을 얻는 것은 득도라고

할 수 있는가?

❑ **답**: 그렇다. 이 강의는 득도를 향해 나아가고 있다. 마지막으로 하는 제14강이 "깨달음을 얻는 비약"이다.

❑ **문**: 학문의 득도는 종교의 득도와 어떻게 같고 다른가?

❑ **답**: 이치를 한꺼번에 깨닫는다는 점에서는 같다. 그러나 종교의 득도에서는 모든 것을 포괄하는 근본 이치를 한꺼번에 깨닫는다고 하는데, 학문의 득도에서는 근본 이치에 해당하는 총론과 개별 영역의 각론을 함께 갖추어야 한다. 개별 영역의 각론을 전개하다가 근본 이치로 나아가는 감격을 누리고, 크게 놀다가 다시 작은 데로 돌아오는 과정을 반복한다. 종교의 득도는 한 번 하면 된다는데, 학문의 득도는 계속 다시 해야 한다.

❑ **문**: 頓悟漸修가 학문에도 해당되는가?

❑ **답**: 頓悟漸修는 학문의 방법이다. 종교의 깨달음은 頓悟漸修가 아니고 頓悟頓修여야 한다는 주장이 있으나, 학문은 결코 頓悟頓修일 수 없고 오직 頓悟漸修여야 한다. 문득 깨달아 얻은 바를 자료를 찾아 입증하는 오랜 과정을 거쳐 다지고 다듬어 발표해야 한다. 학문에서는 頓悟와 漸修가 둘 다 반드시 있어야 하고, 선후나 본말의 관계를 가지는 것은 아니다. 頓悟하겠다는 생각 없이 漸修를 위한 노력을 힘써 하다가 頓悟하기도 한다.

❑ **문**: 修己治人이라는 말은 어떤가?

❑ **답**: 修己治人을 자기 자신을 먼저 바로잡고 세상을 바르게 하려고 해야 한다는 것으로 이해하면 학문하는 자세를 잘 말해준다. 자

기 마음을 마음대로 하지 못하니 세상을 마음대로 하려고 하는 잘못을 경고하는 말로 받아들이면 더욱 훌륭하다. 그러나 정통 유학의 修己治人은 이치의 탐구보다 도의 수련을 앞세우고, 도의 수련의 길은 성현이 이미 밝혀놓았으므로 힘써 따르면 된다고 해서 바른 길에서 빗나갔다.

❑ 문: 정통 유학이 바른 길에서 벗어났다고 할 수 있는가?

❑ 답: 이제 가치 평가를 다시 해야 할 때가 되었다. 理學이라고 일컬을 수 있는 정통유학은 도의의 실행을, 반대 진영의 氣學은 이치 탐구를 더욱 소중하게 여겼다. 학문의 본분은 도의 실행이 아니고 이치 탐구이다. 도의가 무엇인지 성현에게 묻지 말고 이치 탐구를 다시 해서 밝혀내야 한다.

❑ 문: 두 학문의 차이를 과장해서 말하는 것이 아닌가? 氣學을 하는 선비라고 해서 도의 실행을 소홀하게 하고 함부로 처신했겠는가?

❑ 답: 金時習·徐敬德·任聖周·洪大容·朴趾源·崔漢綺가 氣學을 하는 선비였다. 시대가 다르고 처지 또한 같지 않았지만 뚜렷한 공통점이 있다. 벼슬하지 않고 물러나 지내면서 자유롭게 학문을 했다. 理學에서 말하는 도의의 근거가 잘못 되었다는 것을 천지만물의 이치를 다시 밝혀 논하면서 충돌을 일으켜 탄압받지 않으려고 했다. 조상의 신이 없으니 제사를 지내도 와서 흠향하지는 않지만 후손이 지닌 정성을 나타내는 것은 필요하다고 했다. 함부로 처신하다가 중국의 李贄 같은 참화를 겪지 않아 학문을 바르게 하는 소중한 유산을 남길 수 있었다.

❑ 문: 理學의 핵심을 이루는 形而上學이 氣學에도 있는가?

❑ 답: 형이상학은 양쪽에 다 있으며 形而下學과의 관계에 대한 이해가 달랐다. 理學에서는 形而上이 形而下와 별개이고, 氣學에서는 형이상이 형이하와 단계의 차이가 있을 따름이라고 했다.

❑ 문: 형이상학이라는 말은 오늘날 서양철학의 용어로 더 잘 알려져 있다. 서양철학은 형이상학을 청산하는 발전을 이루었다고 하는 말이 타당한가? 오늘날 우리는 어떻게 해야 하는가?

❑ 답: 전통적인 형이상학은 불신되고 배격되었지만 형이상학의 문제는 그대로 남아 있다. 모든 것의 근본 이치를 밝히는 본체론 또는 존재론의 작업이 계속된다. 형이상학의 문제를 새롭게 탐구해 혁신하는 대안을 낸 기학의 전례가 지속적인 의의를 가진다.

❑ 문: 철학을 공부하면 창조력이 생기는가?

❑ 답: 아니다. 철학의 지식은 창조를 방해할 수 있고, 어떤 철학을 신념으로 삼으면 창조력이 죽을 수 있다.

❑ 문: 그런데 왜 철학을 두고 말이 많은가?

❑ 답: 잘못의 근본을 그 속에 들어가 고쳐야 하기 때문이다. 내부 반란에 가담해 성사시켜야 한다.

❑ 문: 철학 공부를 하지 않고 창조력을 살리는 방법은 무엇인가? 교육을 하는 데 당장 필요해서 묻는다.

❑ 답: 그림을 그리고 글을 쓰는 것이 제일 좋은 방법이다. 초등학교 저학년 학생들의 그림이나 글에 살아 있는 童心이나 詩心이 바로 창조력이다. 그림 그리고 글 쓰는 짓은 그만두고 공부를 열심히 해서 창조력을 길러야 한다고 하는 것은 본말전도이다. 童心이나 詩心

과는 거리가 먼 과학영재를 찾아내 조기교육을 해서 대단한 일을 하라고 부추기는 것은 살인에 가까운 만행이다. 조기교육은 식물의 속성재배와 같아서 부실한 열매를 맺다가 일찍 시든다.

❑ 문: 영재는 따로 없다는 말인가?

❑ 답: 틀에 박힌 교육을 거부하고, 속성재배의 술책에서 벗어나 동심이나 시심을 살리면 누구나 영재이다. 그럴 수 있느냐는 능력이 아닌 용기의 소관이다.

❑ 문: 교사가 할 수 있는 일은 무엇인가?

❑ 답: 용기를 북돋우는 것이다.

❑ 문: 동심이나 시심은 인류 공통의 자산이다. 동아시아에서 새로운 학문을 시작할 수 있는 근거로 드는 것은 억지가 아닌가?

❑ 답: 인류 공통의 소중한 자산이 과학의 횡포 때문에 찌들어진 것이 근대에 이르러서 조성된 세계사의 위기이다. 과학과 맞서 위기를 극복하는 투쟁을 동심이나 시심 자체가 하기에는 역부족이다. 동아시아 전래의 철학으로 무장한 학문론이 선두에 서야 한다. 근대를 넘어서서 다음 시대 학문을 하기 위해 동아시아가 분발해야 하는 이유를 말하면서 내가 먼저 나서는 것이 당연하다.

제4강 인문학문이 분발해야

숨고르기

어렵고 복잡하게 시작하는 학문론은 역효과를 낸다. 학문은 아무나 하는 것이 아니라는 인상을 주어 입문을 막는다. 어렵게 들어섰어도 앞으로 나아가지 못하게 뒤로 잡아당긴다. 눈치를 보면서 동향을 살피고 남들이 하는 말을 듣느라고 일생을 허비하게 만든다.

가장 앞선 방법을 정통하게 제대로 익히면 대단한 연구를 할 것이라고 헛되게 믿다가 학문을 망친다. 방법을 마련한다고 하면서 방법론을 일거리로 삼고 먹거리로 만드는 쪽을 따라다녀 얻을 것이 없다. 대상에서 분리된 방법, 방법 위에서 노는 방법론은 우상이거나 도깨비이다. 도깨비는 몽둥이로 후려치면 달아나지만, 우상은 모습을 드러내지 않아 대처하기 곤란하다.

우상 숭배를 우리 실정에 맞게 토착화하면 한국학을 잘 할 수 있다고 하면서 자기는 하지 않은 연구를 가르치려는 사람들이 있다. 바둑을 실제로 두어보지 않아 실전 경험은 없는 사이비가 바둑교본을 내놓는 격이다. 밖으로 나다닌 견문이 있고 외국 기보를 많이 보아 사범 노릇을 할 수 있다고 착각한다. 바둑에서는 통하지 않는 억지가 학문에서는 횡행할 만큼 학문이 뒤떨어졌단 말인가.

방법론의 우상 숭배를 행세거리로 삼지 말고 착실하게 살아나가자. 내가 내 삶을 살면서 주변에 있는 연구 대상을 가장 적합하게 다루는 길을 찾자. 실제 연구에서 방법을 정립해 확대하고 일반화하는 것이 최상의 대책이다. 실제 연구를 방해하는 장애 요인이 세상에도 있고 마음속에도 있어 걷어내야 한다. 마음을 바로잡는 것을 선결과제로 삼아야 세상의 잘못을 시비하고 시정할 수 있다.

오늘날 당면한 문제에서 학문의 원리와 방법을 찾자. 사정이 절박해서 분발하지 않을 수 없다. 위기가 기회라는 말이 헛되지 않다. 임기응변으로 당장 통용되는 해결책을 찾으려고 하지 말고, 이치의 근본을 따져 크게 나아가는 길을 찾아야 한다. 마음을 바로잡아 세상을 구하려면 어떻게 해야 하는가? 이 물음에 대답하는 커다란 학문을 해야 한다.

인문학문의 위상

인문학의 위기라는 것이 오늘날 당면한 문제이다. 사태 분석을 바르게 하려면 용어부터 가다듬어야 한다. 인문학이나 인문과학이라고 하는 것을 '인문학문'이라고 일컬어야 한다. 이에 관해서 제4권 제4강에서 자세하게 논했으나, 되풀이해서 강조할 필요가 있다.

학문의 세 분야를 인문학문·사회학문·자연학문이라고 해야 한다. 엄밀한 의미의 과학인가를 가려 차등을 두지 말고, 세 분야가 모두 학문인 공통점을 가진다고 해야 한다. 과학은 번역어이고, 학문은 조상 전래의 용어이다. 과학의 모범을 받아들여야 한다는 수입학을 넘어서서, 학문을 스스로 이룩하는 창조학을 해야 한다. 과학이 뒤떨어졌다고 나무라는 것보다 학문의 전통을 이어받는 지혜를 찾는 것이 더욱 긴요한 과제이다.

과학은 대상에 대해 탐구해 얻은 성과이기만 하지만, 학문은 탐구하는 행위와 탐구하는 사람에 대한 성찰을 포함한다. 과학은 일방적으로 이루어지고, 학문은 공부하고 문답하는 또는 탐구하고 토론하는 양면에서 이루어진다. 과학의 방법을 해설하는 과학철학보다 학문에 대한 자각을 다지는 포괄적인 성격의 학문학이 더욱 긴요하다.

과학이기에는 결격 사유가 있다고 하는 인문학문이 학문에 대한 자각을 다지는 데서는 앞선다. 자연학문·사회학문·인문학문이 과학에서는 1·2·3등이라면, 학문에서는 3·2·1등이라고 할 수 있어 서로 대등하다. 과학을 이룩하는 근대의 과업은 자연학문이 선도했으나, 근대 극복의 새로운 시대 학문을 이룩하려는 노력은 인문학문이 주도하는 것이 마땅하다.

남들이 한 말을 가져와서 검토하는 작업은 그만 하고 우리 스스로 학문을 하면서 생각하고 깨달은 바를 근거로 삼아 학문학을 이룩하자. 인문학문의 오랜 전통에서 물려받은 지혜를 활용하고, 오늘날의 상황에 대처하기 위해 분투하는 경험을 가지고 생동하는 논의를 펴자. 이론과 실제, 총론과 각론이 따로 놀지 않고 깊이 연결되어 함께 움직이게 하자.

이 작업에서 필요로 하는 글쓰기 방법은 앞의 강의와 아주 다르다. 전거도 인용도 들지 않고 바로 말한다. 말을 쉽게 하고 비근한 예를 든다. 따지다가 말고 건너뛰면서 다시 생각할 여지를 남긴다. 학문에 대해 공연한 외경심을 가지지 않고 누구나 즐거운 마음으로 동참하도록 하려고 한다.

지금의 위기 상황

인문학문의 위기는 인문학문 내부에서 생겨나지 않았다. 가치관이 전도되고 이상을 상실한 근대사회가 인문학문을 약화시켜 제어작용을 하거나 반론을 제기하지 못하게 하는 것이 위기의 증상이다. 금전상의 이익을 추구하기 위해 다른 모든 것은 희생시켜도 좋다는 천박한 사고방식이 가치관을 전도했다. 주어진 현실을 넘어서서 바람직한 삶을 희구하는 것은 무익하다는 지론이 이상 상실을 초래했다.

중세까지에는 많은 사람을 불행하게 하는 사회모순이 근대에 겪는 것보다 더 컸으나, 정신이 가난에 찌들지는 않았다. 불행을 넘어서서 바람직한 가치를 추구하려는 이상이나 희망을 소중하게 간직했다. 그렇게 하는 데 인문학문이 큰 기여를 했다. 근대사회로 들어서서 중세의 모순을 대거 해결하는 발전을 이룩한 다행의 이면에 이상과 희망을 없앤 불행이 있다. 물질의 풍요가 정신의 파탄을 가져왔다.

근대 이전에는 어느 문명권이든지 인문학문의 자랑스러운 전통이 있었다. 학식과 문장력으로 인재를 선발해 국정을 담당하게 하는 동아시아에서 그 전통을 특히 소중하게 여기고 적극 활용했다. 그러는 동안에 줄곧 뒤떨어져 있던 유럽이 근대에 이르러 후진이 선진임을 보여주면서 선진이 후진이 되는 패배를 동아시아에 안겨주었다.

학문이라고 인정되지 않는 기술 영역의 지식으로 자연학문을 만들어내고, 인문학문에서 사회학문을 분리시킨 것이 역전의 계기였다. 자연학문에서 내세우는 과학이 모든 학문이 따라야 할 규범이고, 어느 학문에나 적용되는 평가의 척도라고 하면서 학문의 판도를 새롭게 마련했다. 사회학문은 일등학문인 자연학문의 지도를 받아들여 과학을 하는 이등학문이라고 자처하고, 그 대열에 들어서지 못하는 인문학문은 삼등학문에 지나지 않는다고 얕보았다.

자연학문과 사회학문은 학문 발전에 커다란 공적을 이룩했다고 자랑하면서 횡포를 자행해 인문학문의 입지를 축소했다. 그 쪽에서 대중매체를 장악해 인문학문의 소리는 들리지 않게 만들고, 자기네 소관사를 넘어선 발언을 함부로 한다. 과학이라야 학문이라고 하더니, 역사는 종말에 이르렀다고 한다. 근시안적인 접근과 단기간의 노력으로 이에 대처할 수는 없다. 근대를 넘어서서 다음 시대를 바람직하게 이룩해야 위기 극복이 가능하다. 장기적인 전망을 세우고 여러 단계의 노력을 해야 한다.

인문학문의 위기는 우리만의 풍토병이 아니고, 온 세계가 함께 앓고 있는 전염병이다. 근대의 발전을 먼저 이룩한 곳일수록 증세가 심하다. 회복의 가능성이 없다고 판단하는 곳에서는 침묵으로 굴종하고 있어, 인문학문의 위기라는 말도 하지 않는다. 인문학문의 위기를 두고 우리 쪽에서 특별히 많이 떠들어대는 것은 두 가지 점에서 사정이 다르기 때문이다.

우리 쪽은 증세가 덜한 편이다. 대학입시에서 확인되는 인문학문 외면이 비교대상으로 삼을 수 있는 다른 어느 나라들만큼 심각하지는 않다. 교수의 보수를 전공분야에 따라 다르게 책정하고 인문학문을 최하위에 두는 제도는 거론되지도 않고 있다. 인문학문을 전공하는 학생이나 교수들이 자부심을 버리지 않고 있다. 외국에서 알면 놀랄 일이다.

인문학문의 자부심을 버리지 않는 것은 자랑스러운 전통이 있기 때문이다. 전통을 이중구조로 이해할 수 있다. 글공부를 대단하게 여기고 사람됨을 존중하는 동아시아문명의 특징이 그 저변을 이루었다. 함께 누린 혜택이 한국에서 더 큰 효력을 발휘했다. 오랜 시간이 지나 중국이나 일본은 풍조가 달라질 때에도, 한국에서는 고전의 가르침을 줄곧 존중하면서 이치를 따지고 가치를 존중하는 학문을 했다.

후대의 중국에서는 글공부가 그 자체로는 대단할 것 없고 과거에 급제해 관원으로 진출하는 데나 소용된다고 여겼다. 일본에서는 실무기술적인 지식 습득이 최상의 공부라고 평가하는 풍조가 나타났다. 그런데 한국에서는 천지만물의 근본 이치를 따지고 사람의 바른 도리를 밝히는 데 더욱 힘썼다. 아무 소득도 없으면서 이런 일을 위해 일생을 바치는 초야의 선비가 적지 않았다. 시대 변화를 따르지 못해 후진이었다고 할 수 있는 결함이 오늘날의 위기 해결을 위해 선진이 된다.

학문은 과학이어야 하고, 과학을 하려면 유럽문명권의 전례를 따라야 한다고 하는 동안에 인문학문은 원천이 고갈되고 가치를 상실했다. 망각에서 각성으로 방향을 돌리는 학문혁명을 해야 한다. 우리에게 그 일을 선도할 소신과 능력이 있다. 공리공론을 일삼다가 근대화가 늦었다는 비난을 이제 되돌려놓을 때가 되었다. 인문학문의 발상과 창조력이 새로운 경쟁력으로 평가되어 당면한 위기에 대처할 수 있고, 멀리까지 내다보면서 무엇을 어떻게 해야 하는지 생각할 수도 있다. 근대의 잘못에 인문학문으로 맞서서, 근대를 넘어서서 다음 시대로 나아가는 길을 찾는 데 우리가 앞설 수 있다.

인문학문 발전을 위해 국가가 지원해야 한다는 것은 당연한 요구이다. 그러나 인문학연구원이나 인문정책연구원 같은 기구를 만들어야 한다는 주장은 부당하다. 인문학문은 권위 있는 기구가 있어야 발전할 수 있는 것은 아니다. 땅 사고, 집 짓고, 기구를 운영하는 데 드는 돈이 모두 낭비이다. 그 돈을 나누어주어 연구비로 쓰도록 하는 것이 더 좋다고 할 것도 아니다.

인문학문에서는 돈보다 시간이 연구를 위해 더욱 긴요하다. 연구할 사람들이 생업을 위해 시간을 낭비하고, 대학 교수라도 강의 외에 잡무가 나날이 늘어가 연구하지 못한다. 인건비를 국가가 부담해 연구에 전념할 수 있는 연구교수를 다수 두는 것이 인문학문 진흥을 위한 최상의 방안이다.

방황하고 말 것인가

다른 여러 학문이 산문이라면 인문학문은 시라고 할 수 있다. 세상이 외면하는 탓에 시를 쓰지 못하겠다고 해도 되는가? 아직 쓰지 않은 시를 알아달라고 할 수 있는가? 학문을 하지 않고 있으면서 평가를 바라는 것이 인문학문의 위기이다. 인문학문을 선택한 것 자체가 존경받아야 할 일이라고 하니, 동참자가 되겠다고 자원하는 학생들조차 실망한다.

이렇게 말하면, 얼마나 많은 말을 하고 글을 썼는지 알아보지 않고 함부로 나무란다고 할 것이다. 그러나 외국시를 소개하고 숭앙한다고 해서 시인이 될 수 있는 것은 아니듯이 남들이 하는 학문을 가져와 배우고 따르자고 하는 수입학은 제대로 된 학문이 아니다.

학문을 하지 않는 공허함을 학문론 수입으로 메우려고 하니 사태가 더욱 악화된다.

수입학만으로는 행세하기 어렵다는 것을 알아차린 신세대는 시비학을 택해 학문을 우상이라고 여겨 타파하는 데 가담한다. 논리를 찾고 이론을 이룩하며 역사의 방향을 문제 삼는 것 자체가 무의미하다고 한다. 유럽문명권 학문의 큰 봉우리들이 모두 불신을 받는다는 이유를 들어, 이제 거대이론의 시대는 끝났으니 시대착오를 하지 말라고 하면서 우리 학문이 창조학으로 나아가지 못하게 막는다.

그런 풍조에 자립학으로 맞서는 것은 정당하다. 우리 문화의 유산을 돌보는 국학이 자립학이다. 국학의 일꾼들은 인문학문 위기론에 말려들지 않으면서 맡은 일을 묵묵히 수행하고 있다. 그러나 그것은 소극적인 방어책일 따름이다. 자료에 머무르고 이론은 돌보지 않으면서 주체성을 지키려고 하니 역부족이다. 개별 자료에서 일반이론으로 과감하게 나아가는 창조학을 이룩해야 적극적인 타개책이 생긴다.

산문에다 견준 다른 학문은 유용성을 자랑하고 있지만, 주문하는 쪽의 요구에 맞게 결과물을 내놓아야 하는 경우가 허다하다. 시를 쓰듯이 해야 하는 인문학문은 내면의 진실을 찾아 자발적으로 연구해야 한다. 입산수도하는 자세로 커다란 깨달음을 얻어야 한다. 잘못된 세상을 근본적으로 바로잡는 방안을 내놓기 위해서, 일시적인 풍조에 흔들리지 않고 얄팍한 보상을 바라지 말고, 어느 누구의 지원도 기대하지 말아야 한다. 온갖 어려움을 견디면서 끈덕지게 노력해야 한다.

무엇이 잘못되었는가? 유럽문명권중심주의 · 근대지상주의 · 과학만능주의·시장경제절대주의를 모두 바로잡아, 여러 문명권이 대등한 관계를 가지고, 근대를 극복하는 다음 시대를 이룩하는 학문을 과학과 통찰을 아우르면서 이룩해 교환가치 이상의 가치를 분명하게 해야 한다. 오래 축적된 저력을 발휘해 우리 인문학문이 그 길에 먼저 들어서서 다른 나라의 분발을 촉구하고, 사회학문이나 자연학문도 각성해 함께 나아가자고 설득할 때이다.

인문학문의 위기를 개탄하면서 거리를 방황하고 있는 동학들이여, 불필요한 서론으로 시간을 낭비하지 말자. 어서 빨리 작업장으로 돌아와 세상을 바로잡는 거대한 학문을 함께 이룩하자. 내가 독주한다고 나무라지 말고, 수고를 나누고 지혜를 보태자. 나는 창조학의 시를 또 한 편 써서 여기 내놓으니, 그대들은 그대들의 시를 써서 응답하기 바란다.

각성의 길

인문학문이 위기의 징후인 질병을 심각하게 겪고 있는 것은 오히려 다행이다. 이제 환자로 머무르지 말고 의사가 되어 자기 증세를 치유하고 사회를 바로잡아야 한다. 자기 각성을 근거로 삼아 세상을 깨우쳐야 한다. 약물에 의존하거나 수술을 하려고 하지 말고, 정신 차리기를 치료의 방법으로 삼아야 한다. 자연학문이나 사회학문을 본뜨려고 하지 않고 인문학문을 인문학문답게 하는 것이 정신 차리기 또는 정신 치료의 출발점이다.

인문학문은 무엇이며 왜 하는가 하는 의문에 대한 해답을 힘써 찾아야 한다. 사람이 하고 있는 모든 일을 되돌아보고 바로잡고자 하는 바람을 모범이 되게 실현하면서, 다른 학문과의 관계를 살피고 학문에 대한 다각적인 고찰을 할 수 있는 일반론을 이룩해야 한다. 그런 작업에서 과학 이상의 통찰을 제공하는 것이 인문학문의 사명이다. 통찰은 이성이 감성이나 덕성과의 분리를 넘어서는 총체적인 사고이고, 이론과 실천이 하나이게 하는 고차원의 지혜이다.

인문학문은 획일적인 사고를 거부하고 자유로운 탐구를 한다. 자발적인 흥미를 느끼고 스스로 길을 개척하면서 과감하게 앞으로 나아가야 무엇을 하고 있는지 알고, 하는 보람을 누릴 수 있다. 인문학문은 범위가 정해져 있지 않은 포괄적인 문제에 대한 각자 자기 나름대로의 접근이고 응답이다. 내부의 분야를 나누고 분야마다의 연구를 전문화해서 본질과 가치를 상실하지 말아야 한다.

인문학문은 창조학이어야 한다. 창조학을 하지 않으면 인문학문의 의의를 스스로 부정한다. 남들이 이룩한 창조를 기리고 자랑하는 수입학으로 창조를 대신할 수는 없다. 창조는 자세와 방법에 관한 사항만이 아니고 결실을 요구한다. 인문학문의 가치를 역설하는 서론이나 펴고 있지 말고 창조가 무엇인지 실제로 보여주어야 한다. 오랜 기간 동안의 집중적인 노력으로 거대한 업적을 이룩해야 한다.

자연학문에서는 연구 결과가 단명하다. 새로운 연구가 바로 이어져 나와 다른 것으로 대치된다. 사회학문에서 진행하는 작업도 오래 가지 못한다. 고찰 대상인 사회가 달라지면서 효용을 상실한다. 인문학문 연구는 외부의 대상보다 우리 자신을 더욱 소중하게 다루어 진행되는 내향적인 탐구이고 자아점검이다. 인문학자는 일찍 한물 가지 않고 연륜이 쌓이면 원숙한 경지에 이를 수 있다. 오랜 노력의 결과를 만년에 크게 거둘 수 있다.

인문학문은 사회학문이나 자연학문보다 교육에 더 많은 관심을 가지고 노력을 기울인다. 인문학문은 가르치기 어려워 더욱 힘써야 한다. 논리와 가치관이 인문학문에서는 불가분의 관계를 가지기 때문에, 일정한 과정과 방법에 따라 전수해 습득하게 하는 것이 가능하지 않다. 인문학문을 과학으로 만들려고 하다가 가치를 상실한 열등한 학문이 되게 하는 실수를 저지르지 말아야 한다. 가르치는 사람은 탐구의 선례를 얻은 결과뿐만 아니라 과정에서도, 학문 내용뿐만 아니라 학문하는 자세에서도 보여주어야 한다. 만들어놓은 결과를 자랑하면서 학생들을 위축시키지 말고 어떻게 하면 만들 수 있는지 함께 시도하는 것이 마땅하다.

대학이 학문의 전당이기를 포기하지 않는다면 학문론을 강의해야 한다고 인문학문에서 힘써 주장하고, 강의 내용을 앞서서 개척해야 한다. 인문학문 내부의 세분화된 학과 전공과목이 경쟁력을 가지게 하려고 하지 말고, 어느 학문에서든지 반드시 필요로 하는 기본 훈련을 담당하는 것을 더욱 중요한 일거리로 삼아야 한다. 누적된 인습을 청산하고 새로운 연구를 개척하는 과감한 노력을 할 수 있게 해야 한다. 특정 대상이나 사실에 매여 있지 않으면서, 탐구하는 방법과 자세를 소중하게 여겨 그럴 수 있다. 그 점에 관한 이론 정립을 인문학문 연구의 가장 보람 있는 과업으로 삼아 널리 봉사하는 효능을 입증해야 한다.

인문학문은 무용을 효용으로 한다. 구체적인 목표를 두지 않고 스스로 즐거워 학문을 해야 비로소 다른 학문에서는 기대할 수 없는 유용성이 생겨난다. 창조력 · 다양성 · 개성 같은 것들을 널리 제공해 결핍을 보충하고, 그런 특징을 가진 상품을 만들어내도록 하는 유용성이 오직 무용을 출발점으로 해야 확보된다.

창조력 · 다양성 · 개성 같은 것들을 잘 갖춘 상품일수록 단명하게 마련하지만, 그런 것들을 만들어내는 원천은 마르지 않고 솟아나는 샘이어야 한다. 오랜 기간 동안 노력하면서 깊이가 더해지고 오랜 전통과 접맥되어 폭이 넓어지는 것이 마땅하다. 가변과 불변, 망각과 각성의 관계에 관한 원론과 실천 방안이 인문학문에서 제공할 수 있는 소중한 생산물이다.

자기 전통을 활용하지 않고서는 경쟁력 있는 창안물을 만들어내지 못한다. 보편성과 특수성의 관계에 관한 오랜 논란은 보편성의 발전에 남다르게 기여하는 비결을 특수성에서 찾아야 한다는 것으로 귀결된다. 민족문화 또는 지방문화에서 그 단서를 찾아 전례 없는 방법으로 개발하는 자기 훈련을 인문학문 강의에서 맡아야 한다. 응용을 위한 실습보다도 비결 체득이 더욱 긴요하다. 발견과 검증, 토론과 실험이 이어지는 훈련을 해야 한다.

갈등이 화합이고, 화합이 갈등이다. 선진이 후진이고, 후진이 선진이다. 이런 이치가 계승하고 재창조해야 할 발상 가운데 특히 소중하다. 나는 유산 상속자라고 자임하면서 생극론을 다시 이룩했다. 생극론에 입각해 문학사를 연구하고, 그 성과를 확대해 문학 · 역사 · 철학을 아우르고, 더 나아가서 학문학을 이룩하려고 애쓴다. 한국학에서 동아시아학으로, 다시 세계학으로 나아간다.

영역 확대

글쓰기 지도는 인문학문이 맡아야 하는 일거리이다. 대학입시를 위한 논술, 대학 입학 후의 작문을 가르치면서 인문학문 전공자들 상당수가 생업을 얻는 것은 다행스러운 일이다. 잘 해서 신뢰와 평가를 얻고 인문학문에 대한 평가를 높여야 한다.

새로운 요구가 갑자기 나타나 감당하기 어렵다고 하는 것은 잘못된 판단이다. 인문학문은 언제나 글쓰기를 긴요한 과제로 삼아 이론과 실제 양면에서 이룬 바가 많다. 무용하게 되었다고 여겨 버려두었던 그 유산을 이어받아야 한다. 외국의 교재를 번안해 임기응변의 술책이나 가르치려고 하는 얄팍한 생각을 버리고 조상 전래의 지혜와 만나야 한다.

글쓰기가 격식화하고 볼 만한 내용이 없는 것을 옛 사람들은 극력 경계했다. 논술 교육이 요령 일러주기로, 대학 작문이 형식 갖추기로 타락하면 인문학문에 대한 불신을 조장한다. 기술을 존중하고 표준화를 능사로 삼는 것은 인문학문의 정신과 어긋난다. 비판정신과 창조력이 삶의 자세 또는 인격의 전반적 향상과 더불어 바람직하게 갖추어져야 글을 잘 쓸 수 있다. 글쓰기 교육은 전인교육이다.

이런 말 몇 마디를 하고 말면 되는 것은 아니다. 글쓰기는 교육만 있고 연구는 없는 잘못을 시급히 시정해 근본을 다져야 한다. 제도 개선이 당장 요구된다. 학사과정에서 박사과정까지에 글쓰기 과목을 개설하고, 전공하는 교수가 스스로 연구한 성과를 근거로 수준 높은 강의를 하면서 더 나은 후진을 양성해야 한다.

정서법을 알면 글을 잘 쓴다. 문법에 맞게 쓰면 글을 잘 쓴다. 논리를 갖추면 글을 잘 쓴다. 이것은 모두 잘못된 말이다. 최소한의 필요조건이나 들고 충분조건은 외면하기 때문이다. 정서법·문법·논리를 알아 가르치면 글쓰기 교육을 잘 할 수 있다는 얄팍한 생각에서 벗어나 글은 무엇이며 어떻게 써야 하는가에 관한 본격적인 탐구를 해야 한다.

글쓰기의 역사와 원리를 함께 알아야 한다. 국문으로 쓴 것만 보아서는 많이 모자란다. 한문에서 이룩한 글쓰기의 이론과 실제를 광범위하게 찾아내 깊이 연구해 오늘날 필요한 것으로 재창조하는 것이 긴요한 과제이다. 외국의 선례를 널리 살펴야 하는 것은 물론이다. 근래 영미에서 나온 교본이나 보고 본뜨려고 하면 일을 망친다.

글이 무엇인지 알아야 글을 제대로 쓴다. 좋은 글을 놓고 왜 좋은지 살피고 따지면 얻는 바가 있다. 살피고 따지는 기준이 무엇인가 알아야 한다. 알아야 할 것을 알려면 도를 닦아 깨닫는 과정을 거쳐야 한다.

인문학문은 무용을 유용으로 한다고 했다. 무용의 원리에 투철하면 유용함을 얻을 수 있다. 문화상품이 그런 증거를 제공한다. 상품은 자연학문에 근거를 둔 기술로 제작해 사회학문과 관련을 가지고 판매하면 되고, 인문학문과는 무관하다고 여기는 것은 잘못이다. 문화를 특징이나 내용으로 하는 상품은 인문학문이 참여해야 만들 수 있다.

문화콘텐츠 개발에 힘을 기울이고, 한류를 지속시켜야 한다면서 돈을 쓰고 정책을 세운다고 하면서 법석을 떤다. 당면한 대책에 대한 임기응변식 접근을 하고 말아 도움이 되지 않는다. 허장성세를 경계해야 한다. 알든 모르든 말을 많이 하면 풍요롭게 된다는 착각에서 벗어나 근본을 다져야 한다. 우리 문화의 특성에 관한 인문학문의 연구를 잘 알아 활용하고, 스스로 연구를 진행해야 한다. 인문학문의 기초를 무시하면 되는 일이 없다.

한국인은 누구이며 어떤 능력을 가졌는가 하는 의문에 대답하는 연구가 절실하게 필요하다. 신명 · 신바람 · 신명풀이가 열심히 일하고 창조력을 가지게 하는 조건이라고 할 수 있다. 이에 대한 원론적인 고찰을 하고, 문화의 여러 영역에 나타나는 양상을 살피면서 계승하고 응용하는 방안을 찾아야 한다. 여러 분야의 연구를 모으는 작업이 신명풀이의 방식으로 이루어져야 성과가 증폭될 수 있다.

우리 자신에 대한 고찰을 비교연구로 확대해야 한다. 다른 나라의 경우와 견주어 어느 면에 경쟁력이 있는지 찍어내 말해야 하는 것이 구체적인 과제이지만 당장 결론을 내리기는 어렵다. 장기간에 걸친 광범위한 비교연구를 힘써 하지 않고 좋은 결과를 기대하는 것은 무리이다. 우리 것과 남들의 것에 대한 기본적인 이해를 갖춘 인재를 선발해 여건을 마련하고 시간을 주어 연구를 실제로 할 수 있게 해야 한다.

문화가 무엇인지 알아야 문화상품을 제대로 만든다. 문화는 경험하고 습득해야 한다. 경험하고 습득한 바가 머리에 들어오는 데 그치지 않고 몸에 배기까지 해야 한다. 요체라고 할 것을 깊이 간직해 창조력을 발휘할 수 있어야 한다.

앞 강의의 결말에서 말했다. 근대학문의 이성에서 근대를 넘어선 다음 시대 학문의 통찰로 나아가는 것은 비약적 발전이다. 창조력을 가진 문화를 체득해 글로 나타내는 작업에서 통찰이 구현된다.

발전 전략

험한 세상에서 우리 민족은 어떻게 살아가야 하는가? 이에 관해 단점 고치기 처방이 오랫동안 유행했다. 일본을 암묵적인 비교대상으로 삼고, 그쪽보다 못한 단점을 고쳐야 한다는 주장이 이광수의

<민족개조론> 이래로 계속 나왔다. 단점은 고치기 어렵고, 설사 가능하다고 해도 비교대상이 되는 쪽보다 앞서지는 못하므로 2등이 되는 것을 최대의 목표로 삼아야 한다.

이제 세계화 시대가 되어 어느 분야의 1등이라야 경쟁력을 가진다. 단점 고치기 처방을 따르면 노력을 낭비하고 기회를 놓치고 만다. 이제 단점 고치기를 버리고 장점 살리기를 새로운 방안으로 삼아야 한다. 장점은 살리기 쉽고 얻는 효과가 크다.

우리는 일본인과 다른 어떤 특징이 있는지 오랫동안 궁리하다가, 일본에 가서 연구하고 강의하는 동안에 결론을 얻었다. 일본보다 앞설 수 있는 우리의 장점은 셋이다. 하나는 음식이고, 하나는 공연예술이고, 하나는 철학이다. 이에 관해『인문학문의 사명』(서울대학교출판부, 1997)에서 고찰한 내용을 간추리고 새로운 생각을 보탠다.

일본에서는 식품을 그냥 먹는 것을 으뜸가는 음식으로 삼는다. 지금은 공해 때문에 사정이 달라져 조리하는 과정을 거쳐야 하고 양념이 필요하다. 우리는 출처가 상이한 여러 재료를 다채로운 양념과 배합해 빚어내는 오묘한 맛을 즐긴다. 김치와 비빔밥을 그 좋은 본보기로 삼아 세계에 내놓는다. 일본이 부러워해서 따르려고 하는 것을 경계하면서 멀찍이 앞서 나가야 한다.

철학은 어떤가?『우리 학문의 길』(지식산업사, 1993)의 한 대목 <일본 철학사가 있는가>에서 따져본 바와 같이, 일본에는 일본철학사라는 서적도 학문 분야도 없다. 철학사를 꾸릴 만한 유산이 부족하고, 철학은 서양에서 수입해야 한다고 생각하는 두 가지 이유가 겹쳤기 때문이다. 우리는 조상 대대로 철학에 많은 노력을 기울였다. 공리공론에 몰두하다가 나라를 잃었다는 비난을 이제 반대로 돌려야 한다. 수입학을 넘어서는 창조학을 이룩해 세계 학문 발전에 남다르게 기여할 가능성이 철학하는 능력에서 보장된다. 상생이 상극이고 상극이 상생이라고 하는 생극론이 가장 큰 힘을 발휘한다.

옛적 중국 역사서에서 우리 민족은 "길을 가면서 밤낮 늙은이든 젊은이든 모두 노래 부른다", "백성들이 노래 부르고 춤추기를 즐긴다"고 했다. 그런 전통이 살아 있어 노래 부르고 춤추는 것을 일상생활로 삼다시피 하고 뛰어나게 잘 한다. 중국이나 일본에서는 시각적인 조형물을 크게 만들고 정교하게 꾸미는 데 맞서서 많은 사람이 함께 즐기는 공연예술을 자랑으로 삼는다.

우리 공연예술의 특징은 역동성이다. 일본 전통극을 연구하는 학자가 우리 탈춤을 보고 놀라울 정도로 활기가 넘치고 몸놀림이 빨라 큰 충격을 받았다고 했다. 자기네 탈춤은 움직임을 감지하기 어려울 정도로 느리게 진행되는 것과 너무나도 달라, 왜 그런지 두고두고 연구한다고 했다. 연원뿐만 아니라 환경도 달랐다. 민중의 연극이 상층문화의 침해를 받지 않고 상업화되지도 않으면서 순수성을 그대로 보존한 것이 우리에게만 있었던 일이다.

풍물을 치고, 탈춤을 추며 하는 신명풀이가 면면히 이어져왔다. 신명풀이란 마음속에 맺히고 얽혀 있는 것들을 시원스럽게 털어놓는 즐거움이다. 대등한 자격을 가지고 자발적으로 참여하는 여러 사람이 싸움이 화해이고 화해가 싸움임을 함께 확인하면서 그렇게 한다. 그것은 다른 나라 연극과 구별되는 탈춤의 원리이면서 한국문화 전반의 특성이다. 삶의 활력을 얻고 보람된 창조를 이룩할 수 있게 하는 비결이다.

탈춤이 보여주는 그런 모습을 『탈춤의 역사와 원리』(1979)에서 다각도로 고찰했다. 『카타르시스·라사·신명풀이: 연극·영화미학의 기본원리에 대한 생극론의 해명』(1997)에서는 우리 공연예술의 원리를 다른 두 가지 원리와 비교해 고찰했다. 그 두 책을 합치고 다른 내용을 보탠 『탈춤의 원리 신명풀이』(지식산업사, 2006)에서 고찰의 범위를 확대했다. 생극론에 관한 탐구는 『한국의 철학사와 문학사』(지식산업사, 1997), 『철학사와 문학사 둘인가 하나인가』(지식산업사, 2000) 등의 저서에서 더욱 진전시켰다.

여기까지가 한류의 연원에 관한 논의이다. 지금 창작되는 방송극, 영화, 대중가요 등의 공연예술이 밖으로 나가 아시아 이웃 나라 사람들에게 크게 환영받는 한류 현상은 공연예술의 오랜 전통에 연원을 둔다. 이에 대한 깊은 연구가 없이 흐름을 말하는 것은 잘못이다. 연원은 고갈시키고 흐름을 크게 만들려는 것은 어리석다.

공연예술에서 확인되는 연원은 다른 두 가지 장점과 밀접하게 관련되어 있다. 대등한 자격을 가지고 자발적으로 참여하는 여러 사람이 싸움이 화해이고 화해가 싸움임을 함께 확인하는 신명풀이의 원리가 김치나 비빔밥 같은 음식 만들기에도 나타난다. 생극론은 싸움이 화해이고 화해가 싸움임을 상생과 상극이라는 용어를 사용해 논의하는 신명풀이 철학이다. 개개의 것들이 각기 살아 있으면서 하나를 이루는 것이 공통된 원리이다. 이것은 사회의 구성과 발전을 바람직하게 하는 방법이기도 하다. 이 모든 것들에 대한 다각적이고 종합적인 연구를 깊이 있게, 철저하게 해야 한다. 수입학문은 무력하고, 잘 나가고 있다는 사회과학의 여러 분야는 장님 같다. 주체적이고 창조적인 인문학이 큰일을 맡아야 한다.

한류의 흐름이 막히지 않고 더욱 세차고 풍부하게 하도록 하겠다는 노력은 이미 많이 하고 있어 더 하라고 할 것은 아니고 제대로 하라고 해야 한다. 연원에 대한 연구와 인식이 소중하다는 것은 아무리 강조해도 지나침이 없다. 역동적인 신명풀이라고 일컬을 수 있는 창조의 원리를 탐구하고 체득하고 활용해야 한다.

대중문화로 만족하지 않고, 고급문화로 나아가야 한다. 생극론 철학의 전통을 다각도로 활용하는 학문 이론이 커다란 목표이다. 우리 이익을 취하는 데 급급해 반발을 사지 말고, 세계 문화의 새로운 발전을 선도해 널리 도움을 주어야 한다.

앞을 내다보면서

제3강까지에서 제기한 문제에 대한 해결책을 여기서 제시한 것은 아니다. 인문학문을 소중하게 여기고 열심히 하면 모든 것이 잘 된다고 말하지는 않는다. 난관을 해결하는 데 필요한 출발점을 마련하는 데 필요한 최소한의 논의를 펴는 데 그쳤다.

인문학문은 커다란 사명을 지니고 있어 소중하다. 자연학문에서 시작해 사회학문을 거쳐 인문학문에까지 이른 근대학문의 폐해를 시정하려면 인문학문에서 시작해 사회학문을 거쳐 자연학문에까지 나아가는 반대의 길을 택해야 한다. 자연학문의 횡포에 지배되지 않고 인문학문의 독자노선을 찾으려고 하는 소극적인 태도를 버리고, 학문통합의 새로운 과업을 인문학문에서 주도해서 진행하면서 다른 쪽의 지지와 참여를 얻어내야 한다.

자연학문은 공학과 직접적인 관련을 가지고 유용성을 자랑했으므로 평가를 얻고 지원을 받을 수 있었다. 인문학문은 실제 생활에서는 필요성이 인정되지 않는 무용성을 더 큰 유용성의 근거로 삼는다고 하는 역설은 타당하지만 부족하다. 학문을 그 자체로 이해하지 못하는 사람들이 관심을 가지고 지지하고 돕도록 하기 위해 인문학문도 유용성을 입증해야 하고, 그 과정에서 학문 자체를 바르게 하는 길을 찾는 것이 마땅하다.

자연학문에서 과학의 방법론을 제시하고 실증주의를 개발하면서 유럽문명권의 역량을 크게 발휘했다. 근대를 넘어서서 다음 시대로 나아가는 학문을 하면서, 인문학문 · 사회학문 · 자연학문을 합치려면 유럽문명권이 아닌 다른 여러 문명권의 지혜를 널리 동원해야 한다. 동아시아가 그 과업을 적극 수행하자고 우리나라가 앞서서 주장하면서 장래의 학문을 하는 모범을 보이는 것이 지금 당장 할 일이다.

지금까지 말한 바를 구체화해서 탐색하고 시험하며, 특정 문제점을 중심으로 논의하고 주장하는 작업을 하고자 한다. 다음의 제5강에서 제14강까지 고정된 틀을 깨면서 다양한 노력을 한다. 그래서 결론이 나는 것은 아니다. 다음 강의 "비교연구의 방법", 그 다음의 "일반이론 정립"에서 더 많은 일을 하기로 한다.

토 론

❑ **문**: 대학입시를 위해 논술을 공부할 때 논리적으로 쓰라는 말은 들었어도 창조적인 사고를 나타내라고 하지는 않았다. 창조적인 사고가 필수적인 요건인가?

❑ **답**: 그렇다. 창조적인 사고는 없고 논리만 갖춘 글은 뻔한 내용을 다룰 따름이다. 그런 글을 쓰는 요령을 익히라고 논술고사를 실

시하는 것은 아니다. 창조적인 사고를 할 수 있는지 평가하고자 한다.

❑ **문**: 신문 사설을 보고 논술 공부를 하라는 것이 맞는 말인가?

❑ **답**: 아니다. 신문 사설은 상식 수준의 주장을 이구동성으로 늘어놓는 것이 예사이다. 어느 신문인가 알고 사설 제목을 보면 내용을 짐작할 수 있다. 논술에서 요구하는 사고는 그 이상의 것이다. 예사로는 생각하기 어려운 참신한 발상을 요구한다.

❑ **문**: 그런 것을 어떻게 공부해야 하는가?

❑ **답**: 일정한 방법이 없다. 여러 가지 시도를 하면서 스스로 개발해야 한다. 오랜 기간 동안 노력해야 하고 단기완성은 있을 수 없다. 가르침을 받으면 도움이 되지만 직접 전수받을 수는 없다. 가르치는 사람이 상당한 수준에 있어 토론 상대가 되고, 자극을 주고, 평가할 수 있어야 한다.

❑ **문**: 그런 사람이 있는가?

❑ **답**: 거의 없어 걱정이다. 자기는 하지 않은 글쓰기를 가르친다고 나서서, 창조적인 사고는 배제하고 논리나 갖추는 요령이나 일러주는 것이 예사이다.

❑ **문**: 출제와 채점은 제대로 하는가?

❑ **답**: 잘못 할 수 있다.

❑ **문**: 논술고사를 실시하는 것이 잘못이 아닌가?

❑ **답**: 지금 잘못되고 있어도 반드시 겪어야 할 과정이다. 교육의 선진화를 반드시 해야 한다. 시행착오가 겁나 물러날 수 없다. 당분간은 온갖 부정이 횡행하는 것을 각오하고 지방자치를 실시해야

정치를 선진화할 수 있는 것과 같다.

❑ 문: 선거법을 어기면 잡아가지만, 논술고사 출제, 채점, 지도 등을 잘못하는 것은 평가와 응징의 대상이 아니니 향상 가능성이 있는가?

❑ 답: 전국국어교사모임에 가서 강연할 때 그 모임에서 전국 모든 대학의 논술고사를 평가하는 백서를 매년 내라고 제안했다. 그러면 정상화가 앞당겨진다. 교사들이 자기네는 논술을 지도하지 못하고 학원 강사만 할 수 있으므로, 논술고사를 실시하면 사교육비가 증가한다고 하는 것은 크게 잘못된 주장이다. 교사들이 자기 혁신을 거쳐 세상을 바르게 하는 데 앞장서야 한다.

❑ 문: 대학에서 교사를 양성하면서 필요한 것을 가르쳐주지 않는 것이 원천적인 잘못이 아닌가?

❑ 답: 그렇다. 대학 교육이 달라져야 한다. 교사 임용고사에서 논술을 전공과 관계없이 공통의 필수과목으로 한다면 대학 교육도 바로 달라진다. 곧 이렇게 될 것이다. 그러면 대학에서 가르치는 교수의 능력이 문제이다. 인문학문을 제대로 해야 교수에게 요구되는 능력을 갖출 수 있다. 한국의 인문학문 교수들은 대부분 공부를 남의 글 읽기로 여기고 자기 글을 쓰기 위해 깨닫는 과정을 거치지 않았다.

한국철학회에서 논리논술대학원이라는 것을 만들어 논술을 가르친다고 할 때 강사로 참여해달라는 부탁을 받고, 힐난하는 말을 강의 내용으로 삼았다. "철학한다는 사람들이 지금까지 글읽기만 하고 글쓰기는 하지 않았다. 해보지 않은 일을 어떻게 가르치는가? 논리의 틀에 맞추라고 하는 데 그쳐 글을 망칠 수 있다"고 했다. 그때 한 말을 다듬어 쓴 <글 읽기와 글쓰기>가 『이 땅에서 학문하기』(지식산업사, 2000)에 수록되어 있다.

글쓰기의 수준이 인문학문의 수준이다. 인문학문이 높은 수준에 올라 바람직한 발전을 이룩해야 모든 글쓰기가 정상화된다. 논술을 어떻게 출제하고 채점하고, 수련하고 지도할 것인지 분명해진다. 문학 창작이 사상을 갖춘다. 언론 또한 깊이를 보탠다.

❑ **문**: 학자들이 전문적인 연구만 하고 대중화를 소홀하게 한 것이 아닌가? 대중용 책을 쓰는 것을 경시하고 멸시해서 생기는 폐단이 아닌가?

❑ **답**: 내놓을 만한 연구 성과가 없어 대중화를 하지 못한다. 학자라는 사람들이 연구의 결과라고 할 수 없는 얄팍한 지식과 얕은 글재주로 잘 팔리는 책이나 써서 대중화가 비난의 대상이 되게 만든다. 탁월한 연구의 성과를 전문가가 아닌 독자라도 상당한 범위까지 읽고 공감할 수 있는 책을 쓰는 것이 마땅하다.

❑ **문**: 인문학문은 이익을 초월하고 무용을 유용으로 한다고 하고서 대중이 읽을 수 있는 책을 써야 한다는 것은 무슨 말인가?

❑ **답**: 小利를 넘어서서 大利를 추구하자는 말이다. 창의적인 사고를 개발하고 가치관을 바로잡아 세상을 깨우쳐주는 것이 大利의 실현이다.

❑ **문**: 말과 글은 어떤 관계인가? 글만 잘 쓰면 되는가?

❑ 답: 말이 있고 글이 생겼다. 말하기가 글쓰기보다 더 중요하다. 잘하기 더 어렵다. 내용과 표현을 상대나 상황에 따라 다르게 하는 것이 말하기에 요구된다.

學問을 學과 問으로 갈라보면, 學은 글이고 問은 말이다. 둘이 불가분의 관계를 가지고 학문을 발전시킨다. 學에서 이룬 바를 問의 말로 시비하고, 問의 말에서 얻은 바를 學의 글로 정리하는 과정을 되풀이한다. 問의 말은 사람들이 한 자리에 모여 즉각적으로 주고받아야 하므로 지혜나 각성의 수준이 學의 글보다 더 높아야 한다.

말하기의 도를 깨치려고 하지 않으면서 학문을 하는 것은 무리이다. 다른 학문은 가능하다고 할지 모르지만, 인문학문은 그 자체가 말하기이다. 말하기를 글쓰기로 삼아 인문학문은 자라난다.

❑ 문: 인문학연구원 같은 기관을 만드는 것을 왜 반대하는가? 낭비 때문인가?

❑ 답: 땅 사고, 집 짓고, 기관을 운영하는 데 소요되는 돈으로 대학 연구교수 인건비를 제공하면 낭비가 없다는 점을 다시 분명하게 한다. 그런 연구원에서 일하는 사람들이 지금의 제도로는 학예연구직이어서, 상하관계에 매이고 일반행정직에게 시달린다. 연구가 아닌 근무를 정해진 규정에 따라 해야 한다. 그 점에서 교수와 많이 다르다. 강의교수는 연구할 시간이 부족한 폐단을 시정하는 데 도움이 되지 않는다.

연구는 대등한 인간관계에서 자발적으로 자유롭게 해야 한다. 연구계획서를 제출하는 것조차 방해가 된다. 자유롭다는 것은 연구를 하다가 실패하는 자유, 말이 되지 않는 말을 하는 자유, 연구를 하지 않고 노는 자유까지 포함한다. 그런 자유가 모두 있어야, 지금 볼 수 있는 바와 같이 함양 미달의 업적을 양산해 연구가 무엇인지 모르도록 하지 않는다. 업적에 대한 수량적인 통제는 학문의 적이다. 흉악한 적에 지배당해 죽어가는 학문을 살려야 한다.

지금의 통제 방식은 노예 노동이다. 노예 노동은 노예의 인권을 생각해서가 아니라 생산력이 낮기 때문에 폐지되었다. 노예를 거느린 주인보다 소작인을 둔 지주가 더 많은 소득을 얻어 승리자가 되었다. 소작인이 자작농으로 바뀌자 생산량이 더 늘어나 나라 전체가 부유하게 되었다. 이런 추세를 역행해 학문 연구에서는 통제와 강제가 계속 시도된다. 자유를 본질로 하는 활동이고 사회 전체를 자유롭게 해야 하는 책무를 지닌 학문에 노예의 멍에를 더 씌우려고 한다.

제5강 발상의 전환에서 창조의 결실까지

다시 말하는 연유

『발상의 전환에서 창조의 결실까지』(인간과자연사, 2001)는 책 이름이다. 작은 책이다. 대학입시에서 심층면접으로 진행되는 구술고사가 시작되었을 때 모처럼 좋은 기회가 헛되지 않게 하려고 서둘러 썼다. 쉽게 읽을 수 있게 만들어 당장 효력을 나타낼 수 있게 하려고 했다.

심층면접 준비용 참고서로 알고 읽도록 하고 심층면접은 지식 측정이 아니고, 요령 확인도 아니어야 한다고 했다. 단기간의 입시 학원에서 훈련받고 갖출 수 없는 능력, 발상의 전환에서 시작해 창조의 결실까지 나아갈 수 있는 능력을 평가해야 한다고 했다. 역설한다고 될 일이 아니므로, 문제와 해답의 본보기를 보였다. 심층면접을 담당하는 교수들이 바른 길로 나아가, 입시를 준비하는 학생들이 해야 할 공부를 하도록 하는 데 직접 기여하고자 했다.

발상의 전환에서 시작해 창조의 결실까지 나아가는 것은 학문에서 할 일이다. 절실한 관심사인 입시를 내세워 교육을 정상화하고,

교육이 학문을 바로잡도록 하려고 했다. 입시의 방법에서 시발점을 찾아 교육의 진로와 학문의 과업이 제 길로 들어서도록 하려고 했다. 쉬운 말을 이어나가면서 깊은 이치 발견에 이르고자 했다.

그러나 관심을 끌지 못했다. 입시에 직접 도움이 되는 내용인 줄 몰라 책이 팔리지 않았다. 교육과 학문에 관한 논의라고 인정되지도 못해 버림받았다. 인기를 얻지 못하고 업적으로 평가되지도 못하니 이중으로 실패했다. 버려두기 아까워 다시 찾아내 이용한다. 논의의 핵심만 가려내서 학문의 길을 바르게 하는 데 쓰고자 한다.

망하고 있는 대학

대학 입시가 일생을 망친다. 대학수학능력시험에서 우수한 성적을 얻어 희망하는 대학에 입학한 학생은 일생의 목표를 이루었다고 자부해 더 노력할 필요가 없다. 공부라면 지긋지긋해 더 돌아볼 생각을 하지 않는다. 희망하는 대학에는 낙방하고 아무 대학에나 입학한 학생은 좌절감에 사로잡혀, 해도 보람이 없는 공부와 인연을 끊는다.

그렇다고 해도 졸업에 필요한 점수를 따기 위해서 교실에 들어가야 하지만, 강의란 것을 들어보면 실망한다. 학원강사나 과외선생은 알아야 할 것을 다 잘 알고 있어 머리에 쏙쏙 들어오게 설명했는데, 대학교수란 사람들은 흐리멍덩한 소리만 한다. 멍청이가 되게 하려고 한다. 대학을 다니면 더 똑똑해져야 하는데 똑똑한 사람을 바보로 만드는 곳이 대학이란 말인가?

아는 것은 말하지 않고 모르는 것이나 말하면서 미해결의 문제를 두고 학생이 스스로 생각해 답을 찾으라니, 그럴 줄 알면 왜 비싼

등록금을 내고 배운단 말인가. 문제를 스스로 찾으라니 더욱 가관이다. 그런 일에 머리를 썩여 무얼 하는가? 졸업하고 입사시험을 보더라도 머리가 잘 정리되어 있어야 한다. 해결되지 않을 문제를 두고 고민하다가 잡념이나 키우는 어리석은 짓은 하지 말아야 한다.

똑똑한 선배들이 거듭 충고하고 은밀하게 일러주는 대학공부의 요령은 우선 학문을 한다고 거드름을 떠는 교수는 멀리 하고 지식 전달을 착실하게 하는 교사를 찾으라는 데서 시작된다. 학원강사나 과외선생 수준에는 미치지 못하지만 그 비슷한 사람은 더러 있어 실망을 적게 하게 한다. 지식이 앞서면서 태도는 친절한 것이 가르치는 사람의 미덕이다.

인문학의 위기니 어쩌니 하는 말을 강의 내용으로 삼으면서 자학이나 일삼는 것은 꼴불견이다. 세상이 알아주지 않는다고 개탄이나 하는 말이 무슨 자랑이라고 알아주기를 바라는가. 그런 데는 얼씬거리지도 말아야 정신위생에 차질이 생기지 않는다.

자기가 연구한 성과를 강의한다는 교수도 없지 않으니 잘못 걸려들지 않도록 더욱 엄중하게 경계하라. 아직 검증되지 않은 헛소리에 귀를 기울이는 것은 백해무익이다. 자만과 공상은 전염되는 병이다. 구제역을 피하듯이 피해가라.

노력은 적게 하고 학점이 잘 나오는 강의를 신청하라. 그런 강의의 족보를 인계받아라. 이따금 출석해서 웃어주기만 하면 좋은 점수가 나오는 강의도 있는 줄 알아야 한다. 전과목이 최고점수로 장식된 성적표는 선택을 잘 한 사람에게 주는 선물이다. 취직을 할 때 성적표를 보자는 곳이 많으니 성적 관리에 힘써야 한다.

취직에 필요한 공부는 시간이 나는 대로 해두어라. 어차피 수지

맞추기는 글렀지만, 등록금 낸 밑천을 조금이라도 뽑으려면 그런 과목을 찾아다녀라. 그래도 무언가 공부다운 공부를 하려면 고시공부를 시작하라. 고시공부는 할 만하다. 합격하면 무엇이 기다리고 있는가는 말할 필요가 없으며, 공부 자체로도 매력이 있다. 인내는 쓰지만 그 열매는 달다고 하면서 자기를 달래는 것만은 아니다.

고시공부에는 권위 있는 교재가 있다. 교재를 쓴 사람이 학자라고 자처하면서 학설상의 문제점 같은 것을 논한 대목이 있다고 언짢게 여기지 말라. 법학을 학문으로 하는 것과 고시공부는 아주 다르다. 교재에서 미해결의 문제를 두고 고민하지 않고 확실한 지식을 잘 정리해놓은 대목이 중요하다. 믿고 따르고 외면 시험을 잘 볼 수 있다. 외는 것은 자신 있다. 정답이 있는 시험이니 얼마나 신이 나는가.

수학능력시험에서처럼 만점은 주지 않고 점수가 짠 것을 자랑으로 삼지만, 고시 출제위원은 그만한 자격이 있다. 수학능력시험에서 우수한 성적을 받은 뒤에는 실력을 발휘하지 못해 불만스러운 세월을 보내다가, 고시에서 또 한 번의 기회를 얻을 수 있다.

이렇게 생각하면서 고시공부를 택하는 학생이 나날이 늘어난다. 그래서 대학이 거대한 고시학원이 되고 있다. 법학을 공부해 고시에 합격한 법조인이 나라를 다스리고 사회를 움직이니 그럴 수밖에 없다. 그래서 빚어지는 대학의 위기가 나라의 위기이고, 나라의 위기가 대학의 위기이다. 법조인이 다스리는 나라는 헌병이 지휘하는 군대와 같다. 지휘 받는 사람들을 두렵게 하는 힘은 전투력이 아니며, 전투력을 파괴하는 작용이나 한다.

한국의 법조인은 나라 안에서나 큰 소리를 칠 따름이고 대외경쟁력이 없다고 스스로 고백한다. 경제 발전이나 지식 개발에 기여하지 못하기 때문에 하는 말이 아니다. 법률에 관한 업무를 대외적으로 개방하면 외국 변호사들이 대거 진출해 국제적인 활동을 벌여 한국 변호사는 살아남지 못할 것이라고 한다. 법률문제가 국제적으로 얽힌 폭과 양상이 나날이 확대되는 시대에 국내용 법조인을 양산해서 무얼 하겠다는 말인가?

양쪽의 차이점은 무엇인가? 한국의 국내용 법조인들은 법밖에 모르고 다른 전문지식은 없다. 법 공부도 시키는 대로 하기만 해서 창의적인 개발 능력은 없다. 수학능력시험에서 우수한 성적을 얻어 대학에 입학한 뒤에는 학문의 길은 외면하고 고시공부에만 매달렸으니 그럴 수밖에 없다. 고시에 합격하면 일생의 목표를 완전히 달성했으니 공부할 필요가 없다. 시험만능주의, 합격의 영광, 만점의 신화 같은 것들이 인성을 황폐하게 하고, 대학을 망치며, 나라를 위기에 몰아넣는다.

살아날 길이 있는가

교육을 살리는 혁명은 반드시 일어나야 한다. 그러나 거대한 움직임이 일거에 일어나 모든 것을 한꺼번에 바꾸어놓아야 한다고 주장도 기대도 하지 말자. 지금의 상황에서도 할 수 있는 작은 일부터 제대로 하자. 창조 작업을 하는 연구로 강의 내용을 삼아 학생들이 동참하게 하면서, 학생들의 능력을 개발하는 방법을 찾는 데 혼신의 힘을 기울이자.

구술고사라는 것이 생긴 절호의 기회를 이용해 대학이 창조의 전당이라는 데 동의하고 그렇게 할 의향과 능력을 가진 학생을 선발하기 위해 진력하자. 누구도 반대하거나 방해할 수 없는 일이다. 실제 본보기를 들어 방법을 구체적으로 제시하기 위해 연구에 바쳐야 할 시간을 잘라내 나는 이 책을 쓴다. 다른 분들도 할 수 있는 일을 해서 힘을 합치기 바란다.

창조하는 교육을 하려면 대학부터 달라져야 한다. 대학이 먼저 변하면 그 하위의 교육이 변하게 할 수 있다. 대학의 교수는 스스로 개혁을 할 수 있는 재량권이 더 크고, 여건을 탓할 만한 이유가 상대적으로 적다. 제도가 바람직한 방향으로 바뀌지 않고, 누가 알아주지 않아도 새로운 교육을 시작할 수 있다. 싸워서 이긴 다음 개혁을 하려고 하지 말고, 스스로 판단해 자기가 할 수 있는 개혁을 하면서 개혁의 확대와 발전을 위해 싸울 수 있다.

대학 교수가 교육혁명의 주동자가 되어 동참자를 구해야 한다. 교수는 피해자이다. 창조하는 학문을 스스로 하면서 학생을 가르쳐 동지를 만들지 못하게 하고, 그럴 능력을 가진 학생을 선발하는 것을 방해하는 제도나 관습에 눌려 지내지 말고 싸워야 한다. 싸워서 이겨야 한다.

싸워서 이기기 위해서는 처음부터 잘해야 한다. 학생이 잘못 선발되어 대학을 망치는 쪽으로 나아가지 못하게 막아야 한다. 이제부터는 대학이 창조의 터전이고 학문의 전당일 수 있게 하는 학생을 선발해야 한다. 그럴 수 있는 기회인 구술고사가 혁명의 진원지이고, 구국투쟁의 시발점이다.

대학이 살아나는 길이 있는가? 있다고 하면 있다. 있다고 하는 사람에게는 있다. 대학이 일거에 달라지리라고 기대하지 말자. 그런 일은 없다. 대학의 교수가 모두 대학을 살리고 학문을 살리는 투사가 되리라고 기대하지 말자. 그런 일도 없다. 그러나 뜻있는 사람은 지금 분발할 때이다.

고등학교 때까지의 온갖 악조건을 무릅쓰고 창조하는 능력을 죽이지 않고 스스로 가꾸어온 학생들이 희망과 용기를 가지고 대학에 지원하고, 정당한 평가를 거쳐 대학생이 된다면 이 나라에 희망이 있다. 그 희망이 통일 조국의 앞날을 밝히는 데까지 이어지고, 인류 전체를 위해 기여한다. 그 점에 대해서 낙관적인 기대를 가지자.

창조하는 능력을 가진 응시자가 부당하게 낙방하는 경우도 있다고 인정된다. 구술고사라고 해서 일거에 바르게 되지 않는다. 문제를 잘못 내고 평가를 제대로 하지 못하는 교수가 없다고 말하기 어렵다. 그런 일이 있어 낙방을 한다고 해서 비관할 필요는 없다. 입학을 해서 도움이 되지 않을 대학에는 미련을 두지 않고 다른 대학을 찾아볼 좋은 기회를 얻었다고 생각하자.

세상에서 알아주는 대학은 혁신을 하지 않으려고 하는 것이 당연하다. 기존의 방법으로 학생을 선발하기를 희망하고 구술고사를 새로운 기회로 삼으려고 하지 않는 것이 당연하다. 그러나 평가의 등급이 낮은 데 분개해서 향상하기 위해 노력하는 대학은 이번 기회에 분발할 수 있다. 창조의 능력이 뛰어난 학생이라면 그런 곳을 찾아갈 만한 지혜가 있어야 한다.

그런 차이가 대학뿐만 아니라, 학문의 분야에도 있다. 지금 잘 나가고 잘 팔리는 학문은 혁신을 원하지 않는다. 창조의 능력을 가진 학생을 필요로 하지 않는다. 지금 천대받고 있는 학문은 현재가 아닌 미래를 위해 힘을 써서 부당한 평가를 뒤집어놓고자 한다. 그런 분야의 교수가 분발하고 있는 현장에 들어가 동참자가 되는 것이 슬기로운 선택이다.

좀 더 깊이 들어가 말한다면, 근대를 이룩하고 이끌어온 학문은 자만심에 가득해 새로운 시도를 멀리 하고 혁신의 필요성을 부인한다. 그러나 근대 동안에 부당하게 격하된 학문은 근대를 극복하고 다음 시대를 이룩하기 위해서 분발한다. 창조의 능력을 가졌다는 이유에서 고등학교까지 푸대접받은 학생이 앞쪽을 택하는 것은 우스운 일이다. 뒤쪽을 택해서 미래의 창조자가 되어야 한다.

앞쪽에 속하는 현재의 학문이 어느 것이고, 뒤쪽에 속하는 미래의 학문이 어느 것인가 가려서 논해야 이 대목의 논의가 완결되지만 그렇게 하지 않는다. 결론은 말하지 않고 문제를 던지고, 내 말에 이끌리지 않고 독자가 스스로 생각하도록 하기 위해서 더 나아가지 않고 말머리를 돌리는 것이 좋다.

창조의 능력이 뛰어난 학생이 어느 대학, 어느 분야의 입시에도 실패하는 것은 있을 수 있는 일이다. 흔히 있는 일이라고 하는 것이 더 정확한 표현이다. 수학능력시험 같은 입시로 학생을 선발하는 경우에는 창조력은 낙방과 직결된다고 해도 지나친 말이 아니다. 그 때문에 실망할 필요는 없다. 대학에 입학해 원하지 않는 공부에 시달리지 않는 덕분에 위대한 창조자가 되는 길이 얼마든지 있다.

그 길이 어디 있다고 이 자리에서 내가 말할 필요는 없고, 말할 수도 없다. 자기 스스로 찾고 개척하는 길만 창조의 길이다. 예를 들어 말하는 것도 부질없다. 이미 알려진 것은 무효이다. 아직까지 누구도 생각하지 못한 곳에서 위대한 창조가 시작된다.

2와 둘은 어떻게 다른가?

이제 구술고사에 관해 말하자. 구술고사가 구술고사다우려면 고등학교에서 배우지 않고, 수학능력시험에는 나오지 않은 물음을 던져야 한다. 그러면 대학 공부를 미리 하라는 말인가? 아니다. 평범한 물음을 던져 해답을 스스로 구하게 해야 한다.

구술고사에서도 응시자가 예상한 질문을 할 수 있다. 그러나 외운 대답을 말하면 되는 것은 아니다. 외운 답을 말하는지 자기 생각을 말하는지 표정에 나타나 있다. 표정관리를 잘 해서 위기를 모면해도 재질문을 하면 당황하고 만다. 문답 훈련을 한 대로 응답하면 재질문도 거뜬히 감당할 수 있다고 장담하지 말자. 허위를 진정인 것처럼 말하면 들통이 나게 마련이다.

"2와 둘은 어떻게 다른가?"

이것은 가장 쉬운 질문이다. 그런데 당황해하는 응시자가 대부분이었다. 문제를 예상하고 미리 준비해온 대답을 말하려고 하기 때문이었다. 예상 밖의 문제는 이해할 수 없다는 반응이었다.

2나 둘을 모르는 사람은 없다. 초등학교 이상의 학력을 가진 모든 사람은 2는 무엇이고 둘은 무엇인지 안다. 그런데 2와 둘은 어떻게 다른가 하는 것이 가장 어려운 질문처럼 생각된다. 왜 그런가? 그 이유는 2와 둘을 각기 따로 알고 있었기 때문이다. 각기 따로 아는 것은 초보적인 앎이다. 2와 둘을 비교해 서로 같고 다른 점을 알아야 둘 다 제대로 안다.

각기 따로 알고 있으면서 아무런 의문도 없던 것을 함께 생각하는 것이 발상의 전환이다. 친숙하게 알고 나날이 경험하던 것을 뒤집어 생각하고, 새삼스러운 문젯거리로 삼는 발상의 전환이 모든 창조의 출발점이다. “2와 둘은 어떻게 다른가?”라고 하는 물음은 아직까지 아무도 제기하지 않은 것이다.

이런 의문을 가지는 순간에 수십억 인류가 모두 바보로 지내온 잘못을 일거에 깨고 새로운 진리를 밝혀내는 놀라운 창조의 작업이 시작된다. 진리란 먼 곳에 있지 않다. 아주 가까운 곳에 있다. 일상적인 무관심 속에 숨어 있다. 무관심의 장막을 걷어내고, 일상이 본질임을 아는 순간 진리와의 대면이 가능해진다. 대면한 것의 정체를 명확하게 하는 것이 창조의 결실이다.

2는 둘과의 차이점을 밝히면 그 성격이 더욱 명확해지고, 둘 또한 그렇다. 2와 둘을 포괄하는 공통의 원리나 이해의 틀을 찾는다면 학문 일반이 이해의 범위 안에 들어온다. 학문의 원리를 온통 밝혀낼 수 있다. 그 경지에 이른 사람을 석학이라고 한다. 초등학교 1학년생과 석학은 백지 한 장 차이밖에 없다. 초등학교 1학년 학생이 바로 석학이 될 수 있다.

“2와 둘은 어떻게 다른가?”라는 질문을 받은 학생은 당황한다. 예상하지 못했을 뿐만 아니라, 대답을 준비할 시간도 없었다. 질문을 이해하기도 어려운 것 같다. 그럴 때면 무엇을 묻는지 설명한다. “수학에서는 2라고 하는 것을 문학에서는 둘이라고 한다. 2와 둘이 같다고 하는 것은 누구나 다 안다. 그러나 2와 둘은 같기만 하지 않고 다르기도 하다. 2와 둘이 어떻게 다른지 말하면 수학과 문학의 차이점이 한층 명확해진다”라고 한다.

“2와 둘은 어떻게 다른가?”라고 하는 질문에 대한 대답을 들어보자.

2는 세계 공용의 숫자이고, 둘은 한국어 단어이다.

2는 누구에게든지 항상 꼭 같고, 둘은 사람에 따라서, 또는 경우에 따라서 다르다.

2는 항상 2이지만 둘은 둘이면서 하나일 수 있다.

세계 공용의 숫자와 한국어 단어의 차이는 명쾌하다. 그러나 이미 드러나 있는 사실을 지적해서 말한 데 그쳤다. 일상성을 깨뜨리고 새로운 사고의 단서를 찾아내는 발상의 전환을 보여주지는 못한다.

항상 같은 것과 경우에 따라서 다른 것의 구분은 거기서 한 걸음 더 나아갔다. 둘이 서로 다를 수 있는 경우를 정리해서 논하면 수학과는 다른 문학의 이론을 전개할 수 있다. 새로운 발견의 가능성을 많이 확보하고 있다. 창조의 성과를 이룩할 수 있는 길에 들어섰다.

2는 항상 2이지만 둘은 둘이면서 하나일 수 있다고 한 것은 새로운 발견의 가능성을 실제로 구현한 창조의 성과이다. 말은 간단하면서 내포하는 의미는 아주 크다. 어느 하나를 일방적으로 선택하지 않고, 논란의 여지가 많은 쟁점, 경우에 따라서 달라지는 양상을 널리 포용하고 있다. 학문연구의 바람직한 성과는 그런 표현 형태를 갖추고 있다.

이 경우에도 위에서 들지 않은 대답이 얼마든지 있다. 내가 생각한 범위를 넘어선 곳에 참으로 뛰어난 대답이 있을 것이다. 그것이 무엇인지 나로서는 알지 못하니 말할 수 없다. 용기를 가지고 달려 나가는 사람이 무한하게 열려 있는 새로운 탐구의 주역이 된다.

자료 찾아 대답하기

2와 둘은 어떻게 다른가 하는 질문을 던지고 도서관에 가서 필요한 자료를 조사한 다음 다시 와서 대답하라고 하면 한층 진전된 구술고사를 치를 수 있다.

도서관에 있는 그 많은 책 어디에 찾는 자료가 있는지 아는 것이 실력이다. 우선 몇 단계 추리를 해야 한다. 문학작품에 둘이 어떻게 나타나 있는가 알려주는 자료는, 둘이 한국어 단어이므로 한국문학에서 찾아야 한다. 간략하면서도 뜻이 깊어야 하니, 산문보다 시가 적합하다. 시 가운데 짧은 것이 좋다. 오늘날의 시보다 옛날 시가 한국문학의 전통을 이해하는 데 유리하다.

시조가 그런 조건을 두루 갖춘 최상의 자료이다. 고시조를 집성한 책을 뒤지기로 한다. 둘을 명사로 쓴 것만 찾을 것인가 관형사로 쓴 것도 무방한지 문제가 되는데, 관형사로 쓰기도 하는 것이 문학의 다양성이라고 판단한다. 찾아낸 것들 가운데 전형적인 본보기라고 할 수 있는 것만 들기로 한다. 현대 표기로 바꾸어 적는다.

이제 수학의 2와 문학의 둘이 서로 얼마나 다른지 분명한 예를 들어 보일 수 있게 되었다.

수학의 2:

1+2=3

1-2=-1

2+2=4

2-2=0

1×2=2

2×2=4

문학의 둘:

우리 몸 갈라 난들 두 몸이라 아지 마소.
분형연기하니 이 이른 형제니라.
형제야 이 뜻 알아 자우자공 하자스라.

우리 둘이 후생하여 네 나 되고 내 너 되어,
내 너 그려 끊던 애를 너 날 그려 끊어보렴.
평생에 내 서러워하던 줄을 돌려볼까 하노라.

앞에서 "분형연기"라고 한 것은 "分形連氣"이다. "형체를 나누고 기운이 연결되어 있다"는 말이다. 그렇기 때문에 이른 바 형제라고 했다. "자우자공"은 "自友自恭"이다. "스스로 우애를 가지고 스스로 공경한다"는 말이다. 형제는 둘이면서 둘이 아닌 하나라고 했다.

뒤에서 "후생"이라고 한 것은 "後生"이다. "다음 생"이란 말이다. 내가 너를 그리워 애끊는 고통을 다음 생에는 네가 내가 되어 나를 그리워하면서 겪어보라고 했다. 둘이 둘이기만 할 수 없어 그리워하고, 둘로 나누어진 것이 다음 생에는 반대가 될 수 있다고 했다.

2와 둘이 다른 점을 이처럼 예증을 들어 보여주는 것은 문학에서 사용하는 방법이다. 모든 문학 작품은 예증이다. 문학론은 예증이 가지는 특징과 의미에 대한 이해를 논술해야 한다.

수학의 2는 항상 일정하고, 다른 것들과 관련을 보이는 본보기들 사이에 체계적인 관계가 있다. 새로운 본보기를 만들어내는 것이 아주 힘들다. 최상의 수학자라도 2에 관한 새로운 수학을 만들어낼 수 있을지 의문이다.

문학의 둘은 경우에 따라서 달라지고, 다른 것들과 관련을 보이는 본보기들이 각기 독립되어 있다. 새로운 본보기를 만드는 것이 쉽게 가능하다. 초등학교 학생이라도 둘에 관한 시를 지을 수 있다.

수학의 2는 그 자체로 폐쇄되어 있다. 2가 의미를 가지고 이해되기 위해서 밖에 있는 무엇과 연결되지 않는다. 그러므로 문화가 달라지고 시대가 바뀌어도 2에는 아무 변화도 없다. 그것은 절대적인 불변의 영역이다.

문학의 둘은 다른 것과 연관되어 있다. 둘이 앞의 시조에서는 형제이고, 뒤의 시조에서는 사랑하는 사람이다. 형제의 우애, 사랑하는 사람들 사이의 그리움이 둘의 의미이다. 둘에 대해서 어느 정도의 관심을 어떻게 가지는가, 둘을 가지고 무엇을 말하는가 하는 것은 문화적 상황이나 시대 변화에 따라서 달라진다. 그것은 상대적인 가변의 영역이다.

철학 불러오기

이런 해명을 더욱 다듬어 일반화하면 이론이라고 할 것이 마련된다. 그렇게 하면 철학의 영역에 들어선다. 수학과 문학의 관계를 이론을 갖추어 해명하려면 철학이라고 하는 제3의 영역이 필요하다. 철학을 낯설게 여기거나 두려워하지 말자. 철학 또한 수학이나 문학만큼 쉽게 친할 수 있다.

자료 찾아 대답하기와 이치 따지기는 각기 그 나름대로의 결함이 있어 서로 도와야 한다. 이치는 추상적이므로 자료에서 예증을 구해야 구체적으로 이해된다. 자료는 아무리 많이 모아도 더 있다. 자료는 경향이나 가능성을 말해줄 따름이고 대상 전체에 대한 확정적인 해명은 배제한다. 그 작업은 이치의 필연성을 따져야 할 수 있다. 한 대상과 다른 대상의 관계를 해명하는 것도 이치 따지기의 소관이다.

철학은 수학과 문학 사이에 자리 잡고 있다. 셋을 비교해야 서로의 관계와 차이를 잘 알 수 있다. 그것이 이치 따지기의 기본과업이다. 셋의 관계나 차이를 해명하는 데는 문학의 방법, 철학의 방법, 수학의 방법이 각기 있어 셋 다 써야 한다. 문학의 방법으로 셋을 다 말하고, 다시 철학의 방법으로 셋을 다 말하고, 수학의 방법으로 셋을 다 말해야 온전한 해명이 이루어진다.

"수학·철학·문학은 어떻게 다른가?" 문제가 다시 이렇게 제기된다. "이 문제에 대한 해답은 문학의 방법, 철학의 방법, 수학의 방법을 사용해 말하라." 대학입시 구술고사에서 이렇게 묻는 것은 무리인가? 그럴 수 있는 날이 오기를 기다리면서, 지금은 우선 내가 앞서서 가능한 논의를 전개하고자 한다. 내가 전개하는 논의가 정답인 것은 아니다. 하나의 가능한 시험일 따름이다. 다른 사람은 이보다 더 나은 새로운 이론을 전개할 수 있다.

철학에서는 2와 둘에 관해서 어떻게 말하는지 밝혀야 철학이 문제 해결의 어떤 측면에서 관여하는지 밝혀진다. 철학에서는 2와 둘 가운데 둘을 사용하고 2를 사용하지 않는다. 그러나 철학의 둘은 문학의 둘과 다르다. 문학의 둘은 경우에 따라서 얼마든지 달라지지만 철학의 둘은 고정되어 있다. 그 점에서 수학의 2와 같다. 그러면서도 "1+2=3"인 것은 아니다. 둘과 하나의 관계만 문제되고, 셋과의 관계는 문제되지 않는다. 하나와 둘의 관계에 대해서 다음과 같은 상반된 견해가 있다.

(가) 하나는 하나이고, 둘은 둘이다.

(나) 하나가 둘이 되고, 둘이 하나가 된다.

(다) 하나는 하나이면서 둘이고, 둘은 둘이면서 하나이다.

이렇게 갈라지는 것은 수학과 다르다. 이렇게 갈라지고 더 없는 것은 문학과 다르다. 이렇게 갈라진 것들은 각기 그것대로의 특성을 가지고 공존할 수 있어 문학과 상통하고, 타당성 여부를 놓고 논쟁하고 있어 수학과 상통한다.

(가)는 수학에서처럼 불변의 원리를 말한다. (나)와 (다)는 문학에서처럼 가변의 원리를 말한다. (가)의 둘은 각기 따로 존재하고, (나)와 (다)의 둘은 투쟁하는 관계에 있다. 그러면서 (나)에서는 화합과 투쟁이 단계별로 나누어져 있고, (다)에서는 화합이 투쟁이고 투쟁이 화합이다.

수학으로 이루는 결실

2와 둘이 수학, 철학, 문학에서 어떻게 나타나는지 예증을 들어 살핀 바를 최종적으로 정리하는 데 수학의 방법이 가장 큰 힘을 발휘한다. 정리한 결과를 제시하면 다음과 같다.

수학: 2=2　　2≠둘

철학: 2=둘　　둘≠둘

문학: 2≠둘　　둘≠둘

수학으로 이루는 창조의 결실은 이처럼 의문이나 반론의 여지가 없는 완벽한 체계를 갖춘다. 말은 아주 간단하면서 무한히 많은 사실을 지니고 있어 감탄하지 않을 수 없게 한다. 발상의 전환은 산만하게 자유롭게 이루어지지만 거기서 시작한 새로운 창조는 체계화된 결과에 이르러야 완결된다는 것을 명확하게 입증한다. 사고의 높은 경지에 이르러 함부로 다가가기 어렵게 한다.

철학으로 이루는 결실

수학에서 제시한 바가 무엇을 뜻하는지 일상적인 말로 옮겨 설명하는 것은 수학이 스스로 할 수 없고 철학의 소관이다. 철학은 학문에 대한 학문이어서 수학·철학·문학 비교론은 철학에서 잘 할 수 있다.

수학의 2=2는 동일성의 원리이다. 2는 언제나 2여야 하고 1일 수는 없다. 동일한 것은 항상 동일해야 한다. 2≠둘은 순수성의 원리이다. 2를 둘처럼 다의적으로 이해하지 말아야 한다. 순수한 개념에 다른 것이 끼어들지 말아야 한다.

철학의 2=둘은 순수성 상대적 배제의 원리이다. 철학의 둘은 한편으로 수학의 2와 같고, 다른 한편으로는 문학의 둘과 같다. 개념의 순수성이 그 자체로 유지되면서 또한 다른 것들을 포괄해야 한다. 둘≠둘은 동일성 배제의 원리이다. 동일한 것이 그대로 유지되지 않아야 한다. 위에서 든 (나)에서 "하나가 둘이 되고, 둘이 하나가 된다"고 하고, (다)에서 "하나는 하나이면서 둘이고, 둘은 둘이면서 하나이다"라고 한 것이 그런 경우이다.

문학의 2≠둘은 순수성 절대적 배제의 원리이다. 문학의 둘은 수학의 2와 다른 가변성이나 상대성을 가진다. 개념의 순수성이 그 자체로 유지되지 않고 다른 것들을 포괄한다. 둘≠둘은 동일성 배제의 원리이다. 둘이 동일성을 그대로 유지하지 않고 하나일 수도 있어야 문학이 성립된다. 철학에서와 달리 문학에서는 이 조항이 모든 경우에 적용된다.

철학에서 정립한 이론을 간추려보자. 수학은 동일성과 순수성의 원리로 이루어져 있다. 철학은 순수성 상대적 배제와 동일성 배제의 원리로 이루어져 있다. 문학은 순수성 절대적 배제와 동일성 배제의 원리로 이루어져 있다.

철학으로 이루는 창조는 이처럼 체계화된 결실을 그 자체로 제시하는 데 그치지 않고 그 의미나 의의에 대해 스스로 풀이하면서 이해를 구한다. 완벽한 체계를 고수하려고 하지 않는 열린 자세를 지녀 융통성이 있다. 수학의 체계에는 접근할 수 없는 사람도 철학과는 대화를 트면서 수학으로 들어가는 길을 발견할 수 있다. 어쩔 수 없이 어려운 말을 하면서도 이해하는 사람이 많아지도록 하려고 애쓴다.

문학으로 이루는 결실

문학연구는 수학이나 철학에 견줄 수 있는 독자적인 방법이 없다. 철학의 방법을 가져다가 필요에 따라서 변형시켜 사용한다. 그러나 문학창작은 독자적인 방법이 뚜렷하다. 문학창작은 음악이나 미술과 나란히 놓을 수 있는 예술이고, 수학이나 철학과 한 자리에 서는 학문은 아니라고 할 수 있다. 그러나 문학창작은 형상이면서 인식이다. 형상이라는 점에서는 음악이나 미술과, 인식이라는 점에서는 수학이나 철학과 경쟁한다. 수학이나 철학과 경쟁해서 어느 정도

승산이 있는가? 미리 염려하지 말고 결과를 보자.

1+2=3

1-2=-1

2+2=4

2-2=0

1×2=2

2×2=4

이것은 밤하늘에 빛나는 별이다.
누구나 우러를 수 있지만 누구의 것도 아닌,
가장 높고 영원한 별이다.

하나는 하나이고 둘은 둘이다
하나가 둘이 되고 둘이 하나가 된다.
하나는 하나이면서 둘이고 둘은 둘이면서 하나이다.

이것은 여기 저기 흩어져 있는 땅덩어리이다.
위에서 보면 서로 같고 다르지만,
우리 모두 한 곳에서 나고 자라 저쪽은 사람 살 곳이 아니라고 한다.

우리 몸 갈라 난들 두 몸이라 알지 마오.
우리 둘이 후생에 가서 네 나 되고 내 너 되리.

이것은 산이고 나무고 잎이다.
우리 자신의 마음이고 눈짓이다.
이루지 못한 소망이고 미래의 꿈이다.

수학 · 철학 · 문학에서
天 · 地 · 人 三才를 본다.
삼재는 셋이다.
삼재는 하나이다.
눈을 다시 뜨면
셋이 하나인 줄 아는 통찰을 얻는다.

위아래가 없는 곳에서
별은 생겨나고 소멸한다.

땅덩어리들이 나날이 가까워져
가고 오니 방향이 자주 바뀐다.

마음을 비우면 하늘이 그 속에 들어오고
꿈이 커서 땅을 짊어지고 다닌다.

문학으로 이루는 창조의 성과는 이처럼 쉬운 말을 한다. 어느 한 가지로 개념화되어 있지 않은 언어를 사용해 체계를 넘어선다. 발상의 전환이 마침내 창조의 성과에 이르러 탐구 과정이 끝났다고 하지 않고, 창조의 성과가 발상의 전환임을 보여준다. 그 자체로 폐쇄되어 있는 체계를 거부하고 발상의 전환을 더욱 새롭게 하는 것이 최고 경지에 이른 창조의 성과라고 한다. 깨달은 사람이 따로 있지 않고 누구나 이미 깨닫고 있다는 것을 알아야 한다고 한다.

보완을 위한 문답

(문) 말로 한 것은 물론이고, 수학으로 정리한 결과도 가지런하지 않은 것은 무슨 까닭인가 ?

(답) 수학의 기호에 부분적인 부등호가 없기 때문이다. 철학의 둘≠둘에는 부분적인 부등호를, 문학의 둘≠둘에는 완전한 부등호를 붙여야 하는데, 그렇게 하지 못했다. 정도의 차이는 기존의 수학에서 잘 다루지 못하므로, 새로운 수학이 필요하다. 그런 내용의 새로운 수학이 이미 개발되어 있는데 모르는 탓에 이용하지 못했을 수 있다. 그 어느 쪽인지 판별하고 필요한 작업을 다시 하려면 더욱 진전된 연구를 해야 한다.

(문) 시조 두 편의 예증은 어디서 찾았는가?

(답) 심재완, 『정본시조대전』(일조각, 1984), 563면에 나란히 실려 있다. 앞의 것은 郎原君 李偘(?-1699)의 작품이고, 뒤의 것은 작자 미상이다.

(문) 시조에서 보인 것과 같은 둘의 예증이 오늘날도 흔하게 있는가?

(답) 아니다. 현대시에서는 찾지 못했다. 현대시는 "나"의 노래이다. "너"가 더러 나와도 "둘"을 이루지 않는다. 그 사이에 생각이

달라졌다. 일방적인 발상이 우세해졌다. 왜 그렇게 되었는지 밝히는 것이 연구해야 할 과제이다.

(문) 철학에서 말한 것들이 각기 무엇인지 정체를 밝혀라.

(답) "하나는 하나이고, 둘은 둘이다"는 형식논리이다. "하나가 둘이 되고, 둘이 하나가 된다"는 변증법이다. "하나는 하나이면서 둘이고, 둘은 둘이면서 하나이다"는 생극론이다.

(문) 시의 앞뒤가 다른 것은 무슨 까닭인가 ?

(답) 수학·철학·문학이 각기 다르다고 한 앞 대목에서는 상극을, 수학·철학·문학이 서로 다르지 않다고 한 뒷 대목에서는 상생을 말했다. 天·地·人 三才가 셋이면서 하나라고 한 것이 그 말이다.

밤하늘의 별은 누구나 우러를 수 있지만 누구의 것도 아니며 가장 높다고 한 것은 모자라는 생각이다. 마땅히 타파해야 할 경직된 관념이다. 별 또한 다른 모든 것과 함께 위아래가 없는 곳에서 생겨나고 소멸한다. 그 점에서 사람의 삶과 다를 바 없다.

여기 저기 흩어져 있는 땅덩어리는 위에서 보면 서로 같고 다르지만, 우리 모두 한 곳에서 나고 자라 저쪽은 사람 살 곳이 아니라고 한다고 한 데서는 사상의 전통이 서로 달라 생기는 충돌을 말했다. 땅덩어리들이 나날이 가까워져 가고 오니 방향이 자주 바뀐다고 하는 것은 오늘날의 상황이다. 비행기를 타고 여러 곳을 오가면 방향이 자주 바뀌는 것을 경험한다.

그렇게 말하면서 사상의 상대적인 관계를 말했다. 정지되어 있는 상태에서는 형식논리가 타당하고, 움직이는 것을 상극의 측면에서 파악할 때면 변증법이 타당하며, 움직임의 양면 상극과 상생을 함께 파악해야 비로소 생극론이 필요하다. 그 가운데 어느 것을 선택하고 나머지를 배격할 일은 아니다. 서로 왕래하면서 상대방의 관점에서서 자기를 되돌아볼 수 있다. 서로 대립된 생각을 하나로 합쳐 상극이 상생이게 할 수 있다.

앞에서는 문학은 산이고 나무고 잎이며, 우리 자신의 마음이고 눈짓이며, 이루지 못한 소망이고 미래의 꿈이라고 해서 문학이 다른 것들과 구별되는 특징을 말했다. 문학을 불신하고 비난하면 항변하면서 맞서야 한다. 뒤에서는 마음을 비우면 하늘이 그 속에 들어오고, 꿈이 커서 땅을 짊어지고 다닌다고 하면서 문학이 다른 둘을 포용한다고 했다. 문학은 문학이므로 다른 것들과 맞서고, 문학은 문학이 아니므로 다른 것들과 하나가 된다.

더 보태 말하기

여기까지 이른 것은 대단한 진전이다. 수학·철학·문학의 차이를 이렇게 해명하는 원리는 세계를 통틀어 처음 발견되었다. 발상의 전환에서 시작한 작업이 창조 작업의 구체적인 결실을 얻었다. 창조 작업은 연구의 내용과 방법에서 함께 이루어졌으므로 의의가 더 크다.

이 결과가 만족스러운 것은 아니다. 미비점을 찾아 계속 보완해야 한다. 연구의 내용과 방법 양면에서 새로운 시도를 계속해야 한다. 모든 사람이 동의할 것은 아니다. 다른 사람은 다른 작업을 해서 상이한 결과를 보여줄 수 있다.

수학·철학·문학을 별개의 것으로 놓고 차이점을 찾다가 마지막에서는 그 셋이 별개가 아니라고 했다. 그 최종 통합 작업을 수학이나 철학에서는 하지 못하고 문학에서 했다. 말을 더 보태면, 수학은 이성에 머무르고, 철학은 이성에서 통찰로 나아가려고 하면서도 뜻을 이루지 못하고, 문학은 통찰을 보여준다고 했다.

그 점은 큰 시빗거리가 될 수 있다. 내가 문학을 전공하기 때문에 편파적인 판정을 했다고 다른 두 분야에서 나무랄 수 있다. 그렇다면 다른 쪽에서는 어떻게 할 수 있는지 보이라고 말하고 싶다. 통합 작업을 세 분야에서 세 차례 한 다음에야 진정한 대통합을 할 수 있다고 믿는다.

토 론

❑ 문: "2와 둘은 어떻게 다른가?"라는 질문을 받고 당황하는 것은 무슨 까닭인가?

❑ 답: 예상 문제를 뽑아 대답을 준비하기나 하고, 처음 만나는 문제에 관해 스스로 생각하지 못하기 때문이다. 시키는 대로 따르기만 하고, 자기 스스로 공부하지는 않기 때문이다.

❑ 문: 잘못된 교육에 희생되고 있는 학생들을 동정하지 않고 무리한 요구를 할 수 있는가?

❑ 답: 정상 회복이 무리한 요구일 수 없다. 자기 힘으로 정상을 회복하고 있는 학생을 선발하는 것이 최상의 입시이다. 교육이 잘못되고 있다고 개탄하고 있으면 끝이 없다. 잘못된 교육을 바로잡을 수 있는 인재를 선발하고 양성하는 것이 대학의 임무이다.

❑ 문: 교육을 바로잡으려면 어떻게 해야 하는가?

❑ **답**: 복잡한 논의를 피하고 핵심을 바로 말하겠다. 교사의 질에서 공교육이 사교육을 압도해야 한다. 고등학교 교사는 모두 박사학위 소지자로 하고, 대학교수와 동일한 자격과 대우를 하는 것이 마땅한 대책이다. 개인적인 실패자로 간주되는 박사 실업자를 최상의 인재로 활용하기 위해서도 이렇게 해야 한다. 박사논문에서 수준 높은 창조 작업을 요구해야 하는 조건을 추가해야 한다.

❑ **문**: 문학 창작은 창조 작업이라고 했다. 그림은 어떤가?

❑ **답**: 위의 논의에서 문학은 예술을 대표했다. 언어를 사용하는 예술이므로 철학이나 수학과 비교하기 쉽기 때문이다. 그림 또한 창조를 본질로 하는 예술이다. 모든 사람이 서로 다른 그림을 그리고, 그릴 때마다 새로운 작품을 만든다. 다르고 새롭다는 것을 생명으로 삼는다. 그림 그리기에서는 나이가 어려도 아무 어려움 없이 발랄한 창조력을 보일 수 있는 것이, 성인들보다 더 잘 보일 수 있는 것이 커다란 장점이다. 이 점에서 다른 모든 예술보다 앞선다. 피카소는 말했다. "나는 어린아이처럼 그리려고 평생 노력했다". 어린아이의 그림처럼 창조력이 살아 있는 학문을 하기 위해서도 평생 노력해야 한다. 오랫동안 힘써 학문을 제대로 해야 모방이나 답습에서 벗어나 자기 세계를 개척해 인류의 창조력을 새롭게 하는 데 기여한다.

❑ **문**: 법학은 외워 공부하면 되는가?

❑ **답**: 법학도 학문이다. 창조력을 가지고 새롭게 개발해야 한다. 고시에서는 그런 사실이 무시되고 기존의 지식을 외도록 한다. 고시로 법관을 선발하는 것 자체가 잘못이어서, 법학대학원 제도를 도입

하고 있다. 인생 만사에 대한 광범위한 이해를 가지고 법학을 공부해야 법관 노릇을 제대로 할 수 있다고 인정하고 제도를 바꾸고 있다.

국내의 법조문이나 익히는 것이 법학 공부라고 여기는 것은 큰 잘못이다. 시장 개방이 법률 서비스에까지 미치면 한국의 변호사들은 살아남지 못할 것이라고 한다. 파국을 피하려면 넓은 세상을 알고 국제간의 분쟁에 정통해야 한다. 새로운 산업에 대해서 깊이 알아야 한다. 고시 위주의 공부로는 감당할 수 없는 과제이다.

모든 학문은 창조이므로 외워 할 수는 없다. 법학뿐만 아니라 외워 공부하면 된다고 잘못 알려진 다른 학문 의학이나 약학도 창조하는 역량으로 새롭게 발전시켜야 한다. 외기를 잘 하는 학생들만 이런 학문을 하는 곳에 모여들면 발전을 스스로 이룩하지 못해 다른 나라에서 이룩한 성과를 따르기만 하는 후진국의 처지에서 벗어나지 못한다.

❑ **문**: 대학에 순위가 있는 것을 어떻게 생각하는가?

❑ **답**: 순위가 정해져 있는 탓에, 상위 대학은 노력할 필요가 없고, 하위 대학은 노력해도 되지 않는다고 여겨 발전이 없다. 개개인의 노력에 대한 평가가 대학의 순위로 대치되는 것은 더욱 부당하다. 입학으로 일생이 결정되었다고 여기는 탓에 대학 교육이 제대로 되지 않는다.

❑ **문**: 한국의 최상위 대학이 세계 대학의 순위에서는 많이 뒤떨어져 있는 것은 무슨 까닭인가?

❑ **답**: 최상위 대학이라는 것이 입학생의 성적을 두고 하는 말일

따름이고, 교육의 내용에서 특별히 나은 점이 있는 것은 아니기 때문이다. 학생의 입학성적은 세계 대학 순위 결정에서 고려하는 사항이 아니다.

❑ **문**: 많이 잘못된 것 같다. 어떻게 바로잡아야 하는가?

❑ **답**: 두 가지 문제를 함께 들어, 다른 나라의 경우는 어떤지 생각해보기로 하자. 대학의 순위가 있는 곳은 미국과 일본이다. 대학의 순위가 없는 곳은 프랑스이다. 우리는 앞의 경우에 속하면서 미국이나 일본과 다르다.

미국 대학의 순위는 스스로 노력해 변한다. 일본 대학의 순위는 정부의 지원에 차등이 있어 변하지 않는다. 최상위 대학은 특별히 지원한다. 우리는 어느 쪽도 아니다. 스스로 노력해도 변하기 어렵다. 지원에 차등이 거의 없다. 미국의 최상위 대학이 세계 대학 순위의 최상위를 차지하는 것은 국내 경쟁에서 이긴 결과이다. 일본 최상위 대학이 세계 대학 순위 상위군에 드는 것은 정부 지원 덕분이다. 한국의 최상위 대학은 세계 대학 순위 상위권에 들어갈 수 있는 여건을 갖추지 못하고 있다. 학생 대 교수의 비율, 연구비, 이 두 가지 조건이 하위인데 상위에 들어서지 못한다고 나무라기나 하는 것은 무리이다.

프랑스에는 세계 대학 순위 상위권에 드는 대학이 없다. 자기 나라 안에서 대학 순위가 없기 때문이다. 국가고시에 의해 대학입학 자격을 얻으면 어느 대학에나 입학하고 쉽게 전학한다. 학위의 질은 지도교수가 누군가에 따라 평가된다. 대학 순위를 정할 때 영어를 사용한 논문만 계산하는 것이 또 한 가지 이유이다.

대학의 순위와는 무관하게, 프랑스에는 세계 최상위의 학자들이 있다. 프랑스에서 프랑스어로 출판한 전작저서를 미국 사람들이 영어로 소개하고 풀이한 논문이 지나치다고 할 정도로 많이 나와 미국 대학 순위를 높이는 데 기여한다. 국제적인 순위라고 하는 것에서 절대적인 의의를 가지는 원작은 고려하지 않고, 무시해도 좋을 해설 논문만 중요시하는 기이한 사태가 벌어진다.

도서관을 들어 비교해보자. 인문·사회학문 연구에서는 도서가 절대적으로 중요하기 때문이다. 미국에서는 대학 도서관이 도서 모으기 경쟁을 해서 상당한 성과를 거두었다. 일본에서는 최상위 대학 도서관만 국가 지원이 집중된 덕분에 내용이 충실하다. 프랑스에서는 필요한 책을 모두 국립도서관에 모아놓고 누구나 이용하게 하고, 대학 도서관은 모두 대단치 않다.

우리는 미국의 전례를 따르고 있으나, 어느 대학도 기부금을 넉넉히 모아 스스로 발전하면서 순위를 바꾸는 경쟁을 하지 못한다. 미국처럼 되는 것은 불가능하다. 일본에서와 같은 집중 지원이 없어 최상위 대학 도서관이라도 세계적 수준에서 평가하면 하위권이다. 석사과정을 개설하는 것조차 무리이다.

일본 방식의 집중 지원을 제도화하고, 논문은 반드시 영어로 써서 영어권 학술지에 내야 한다고 강요하면, 한국 최상위 대학의 세계 순위가 올라갈 수 있다. 그러나 그것은 영어권의 장단에 놀아나 생긴 허영이다. 특정 대학의 순위 향상으로 한국 대학 교육이 바람직하게 되지는 않는다. 내실이 더욱 소중하다. 우리말 논저는 세계적인 순위 향상에 도움이 되지 않으니 그만두라고 하면 얼마나 우스운가?

프랑스의 경우가 참고할 만한 모형이다. 특정 대학 도서관을 집중 지원하지 말고 국립도서관을 강화해 누구나 혜택을 누리게 하는 것이 마땅하다. 어느 대학 교수이든 창조하는 학문을 할 수 있게 해야 한다. 뛰어난 연구와 교육이 여기저기서 이루어지면서, 세계 최상위의 업적을 우선 우리말로 이룩해야 한다. 그 혜택을 먼저 국내에서 누리고 밖으로 내놓아야 한다. 영미 학문을 재탕하는 논문을 영어로 써서 영미학술지에 발표해야 한국의 위상이 높아진다고 여기는 것은 착각이다.

❑ **문**: 제도가 바뀔 가능성이 있는가?

❑ **답**: 상당한 기간 동안 어려울 것 같다.

❑ **문**: 그러면 어떻게 해야 하는가?

❑ **답**: 불리한 위치에 있는 쪽에서 학문혁명을 일으켜 세상이 달라지게 해야 한다. 하위권 대학은 불리한 위치에 있는 피해자이므로, 선두에 서는 사람이 나올 수 있다. 상위권 대학은 잘 나가고 있다는 착각을 깨는 업적을 내놓아야 한다. 각자의 분발과 노력이 무엇이보다 긴요하다.

계명대학에 기대를 한다고 말하는 것만으로 부족하다고 여겨 제주대학에 가서 집중강의를 하고 왔다. 지방학에서 한국학으로, 한국학에서 동아시아학으로, 동아시아학에서 세계학으로 나아가면서 학문혁명을 일으켜야 한다. 혁명은 피해자가 주도해야 하므로 지방학에서 시작된다.

제6강 구조분석의 본보기

기본방향

실증주의를 넘어선다고 한 세 대안을 제1강에서 거론했다. 셋 가운데 해석학과 현상학은 난해한 이론이라면, 구조주의는 유용한 방법이다. 체득해 사용하면서 발전시키고, 수정하고 극복하는 것이 마땅하다. 내 연구에서 이미 많이 해온 작업이어서 새삼스럽지 않다고 할 수 있으나, 새로운 작업을 들어 명확한 예증을 보이고자 한다.

구조주의에서 하는 일은 구조분석이다. 구조분석이란 질서를 발견하고 기술하고 평가하는 작업이다. 작품을 이해하기 위해서는 구조분석을 해야 한다. 구조분석을 거쳐야 작품이 어떻게 이루어져 있고 무엇을 뜻하는지 알 수 있다. 문학연구는 작품론을 핵심과제로 삼고, 작품론은 작품의 구조분석을 통해 이루어진다.

문학작품을 읽어서 문맥에서 뜻하는 바를 이해하는 작업은 구조분석의 선행과정 또는 예비과정이므로 구조분석과 혼동하지 말아야 한다. 문맥상의 의미에 대해 자세하게 부연해 설명하면 구조분석과는 거리가 멀어진다. 문맥상의 의미와 구조는 표면과 이면, 개별과 총괄, 확산과 집약, 우연과 필연의 관계를 가지고 있다.

근래 텍스트 언어학이 등장해서 대단한 일을 한다고 자부한다. 그러나 고영근, 『텍스트이론』(아르케, 1999)을 보면, 텍스트언어학은 문학작품의 구조분석에 들어가기 위한 예비작업인 문면이해의 기초적인 작업을 하는 것이 아닌가 하는 의문이 생긴다. 과연 그런지 구체적으로 점검하기 위해서 그 책에서 텍스트 분석을 한 자료를 하나 본보기로 가져와 구조분석을 해서 보이고자 한다.

문학작품의 구조는 음성적 질서, 시간적 질서, 공간적 질서의 세 측면의 질서에서 분석될 수 있다. 그 셋을 '음성적 구조', '순차적 구조'(syntagmatic structure), '병립적 구조'(paradigmatic structure)라고도 한다. 이 셋은 어느 쪽을 선택하려고 하지 말고 서로 관련시켜 분석해야 한다. 그 어느 쪽에서 출발하는 작업이라도, 셋을 함께 다루어 입체적인 분석을 하는 것이 바람직하다.

문학작품의 구조는 '언술'(text) 내부에 갇혀 있지 않고 '상황'(context)을 향해 열려 있다. 그래서 위에서 든 셋보다 더욱 포괄적인 '상황적 구조'를 밝히는 데 이르러야 한다. 한 작품과 다른 작품과의 관계, 작품을 창조하거나 전달하는 사람과 수용하는 사람의 관계, 작품의 사회적 · 역사적 의미나 의의가 '상황적 구조'에 해당한다. 그런 것들은 따로 놀지 않고 복합되어 있으므로 총체적인 분석을 필요로 한다.

첫째 본보기

위와 같은 원리에 의거해 실제 분석을 어떻게 하는지 한 본보기를 들어 말하기로 한다. 선택한 자료는 李賢輔의 시조이다. 실증주의 작업에서는 이 작품의 작자, 창작 시기, 창작 장소 등에 관해 고찰하고, 말뜻을 풀이하고 만다. 현지에서 '귀먹 바위'라도 하는 '聾巖'이 작가의 고향에 실제로 있어 작자가 호로 삼고, 이 작품을 지었다고 사실을 말하는 것이 가장 긴요한 일이다.

밖에서 돌다가 말 수 없다. 작품 언술에 들어가 더 많은 것을 알아내야 한다. <시조의 이론 그 가능성과 방향 설정>, 『우리문학과의 만남』(홍성사, 1978, 기린원, 1988), 167-177면에서 이미 한 작업이 있으나 재론한다. 필요한 순서를 밟아 다시 더욱 정밀한 분석을 하고자 한다.

> 聾巖에 올라보니 老眼이 猶明이로다
> 人事ㅣ 變ᄒᆞᆫ들 山川이ᄯᆞᆫ 가실가
> 巖前의 某水某丘ㅣ 어제 본 ᄃᆞᆺ ᄒᆞ예라

문맥상의 의미 이해

제1행: 귀먹은 바위는 (올라선 노인과 어울린다). (노인도 귀를 먹어 듣지는 않고 보기만 하니) 늙은 눈이 오히려 밝아진다.

제2행: (벼슬길에 나아가 겪다가) 버려두고 떠나온 人事는 변해도, (향리로 돌아가 다시 찾은) 山川은 변하지 않았다. (귀먹은 사람으로 자처하면서 인사에는 관심을 가지지 않기로 하고서, 관심의 대상을 바꾸어 산천을 바라보니 눈이 다시 밝아진다.)

제3행: 본 지 오래 된 某水某丘를 두고 (시간의 경과를 넘어서서) 어제 본 듯하다고 했다. (시간에 따라 변하는 인사의 삶과 시간의 흐름을 넘어선 산천의 경지가 있다.) (노인의 지혜를 갖추어야 거기 이르니 늙은 눈이 오히려 밝아진다고 했다.)

음성적 구조

3	4	3	5
농암		노안	다
3	3	4	3
인사		산천	가
3	5	4	3
암전		어제	라

음절수의 배치에서는 첫째 줄 넷째 토막이 5로 늘어나 유장한 느낌을 주다가, 둘째 줄 첫째 토막과 둘째 토막이 둘 다 3으로 줄어들어 긴장을 조성한다. 둘째 줄 첫 토막과 둘째 토막은 음절수가 다른 무질서의 질서를 어기고, 질서의 무질서를 나타냈다. 그러나 셋째 줄에서는 기준음절수를 되찾아 안정을 얻었다.

세 줄 모두 마지막 토막이 "ㅏ"로 끝나고, 세 줄 모두 첫째 토막과 셋째 토막에서, "ㄴ", "ㅅ", 모음과 "ㅈ"의 같은 음성이 되풀이되어 변화보다 반복을 중요시하는 안정감이 있다. 그러면서 첫째 줄의 "ㄴ"은 몽롱하고, 둘째 줄의 "ㅅ"은 산뜻하고, 셋째 줄의 모음과 "ㅈ"은 분명한 느낌을 준다.

반복되고 대칭이 되며 단계적인 전개가 분명한 구조를 통해서 잘 다듬어진 생각을 나타냈다. 혼란이나 모색 때문에 흔들리지 않는 단정하고 위엄 있는 자세를 보여준다.

순차적 구조

세 행이 각기 독립된 문장으로 이루어져 뚜렷이 구별되는 진술을 한다. 한 줄 안에서 끝나는 문장이나, 두 줄에 걸린 어구가 없도록 해서 줄 단위로 생각을 정리했다.

첫째 줄: (늙은 눈이 오히려 밝아진다는) 이해할 수 없는 역설이다. (종결어미가 단정이어서 의문이 더 커지게 한다.)

둘째 줄: (산천을 바라보니 눈이 다시 밝아진다는) 이해할 수 있는 역설이다. (종결어미가 반문이어서 쉽게 수긍하지는 않게 한다.)

셋째 줄: (노인의 지혜를 갖추어야 시간의 경과를 넘어선다는) 의미가 심화된 역설이다. (종결어미가 감탄이어서 발견의 감격에 동참하게 한다.)

병립적 구조

가변의 人事 ↔ 불변의 山川

부정 ↔ 긍정

삶에는 두 국면이 있다는 것을 인사와 산천이라는 말로 나타냈다. 인사는 시간의 흐름을 좇아 살아가는 利害相衝의 영역이다. 산천은 시간의 흐름을 초월해서 움직이지 않는 寂然不動한 경지이다. 앞의 것에서 뒤의 것으로 나아간다고 했다.

인사와 산천은 서로 배척하니 상극의 관계에 있다. 그러나 인사 때문에 산천을 되찾을 수 있게 되었으니 그 둘은 상생의 관계도 가진다. 젊은 시절에 버려두고 간 산천과 늙어서 되찾은 산천은 의미가 다르다. 앞의 산천은 인사와 상극의 관계만 가지고, 뒤의 산천은 인사와 생극의 관계를 가진다.

상황적 구조

氣質之性에 따라서 살아가지 않고 本然之性을 되찾자고 하는 조선 전기 사림문학의 이념을 구현했다. 음성적 구조, 순차적 구조, 병립적 구조가 모두 사림파의 이념 구현에 아주 적합하게 이루어져 있다. 산천을 찾는 것이 求道의 길임을 명확하게 해서, 李賢輔는 이 작품 한 편으로 江湖歌道를 이끄는 위치에 설 수 있었다.

이런 작품에서 기질지성과 본연지성의 거리를 되도록 멀리 두고자 한 것이 동시대의 관인문학과 달랐다. 관인문학에서는 그 둘을 가깝게 두어 심각한 문제가 생기지 않게 하고, 본연지성을 구태여 찾을 필요가 없게 했다. 기질지성을 그 자체로 긍정하고자 하는 반대 노선이 동시대의 방외인문학에서 제기되고, 조선후기에 다양하게 확대되었다.

이런 작품에서는 세계와의 대립과 갈등을 본연지성에 입각한 세계의 자아화로 넘어선다. 같은 갈등을 기질지성에 입각한 세계의 자아화로 넘어서는 다른 계열의 서정시도 있다. 자아의 세계화를 이룩하는 교술시도 있다. 자아와 세계의 대결을 전개하는 서사나 희곡도 있다.

둘째 본보기

이번에는 산문을 한 편 다루기로 한다.『월인석보』권1 詳節部의 <瞿曇氏興家記>(4-8장)이다. 고영근 위의 책에서 텍스트 분석을 한 것이다. 고영근 위의 책에 있는 현대역을 들면 다음과 같다. (359-360면)

(가) 옛날의 아승기겁 시절에 한 보살이 왕이 되어 나라를 아우에게 맡기고 도리를 배우러 나아가시어 구담바라문을 만났다. 당신의 옷을 벗고 구담의 옷으로 갈아입으시고 깊은 산에 들어가서 과일과 물을 드시고 좌선하시다가 나라에 구걸하러 오셨는데 모두 몰라보고 소구담이라고 하였다.

(나) 보살이 성 밖 사탕수수 밭에 정사를 만들고 혼자 앉아 있었는데, 도적 500명이 관청의 재물을 훔쳐 정사 옆으로 지나가니 그 도적이 보살의 전세 원수였다.

(다) 이튿날 나라에서 도적의 발자취를 좇아 와서 그 보살을 나무에 꿰어 두었는데, 대구담이 천안으로 보고 허공에 날아 와 묻되,

"자네가 자식이 없는데 무슨 죄인가?"

보살이 대답하시되,

"곧 죽을 나인데 자손을 의논하겠는가?"

(라) 그 왕이 사람을 시켜 쏘아 죽었다.

(마) 대구담이 슬퍼하여 관에 넣고 피 묻은 흙을 파 가지고 정사에

돌아와 왼쪽 피는 따로 담고 오른쪽 피는 따로 담아 놓고 이르되,

"이 도사가 정성이 지극할 것 같으면 하늘이 당당히 이 피를 사람이 되게 하실 것이다"

(바) 열 달만에 왼쪽 피는 남자가 되고 오른쪽 피는 여자가 되니 성을 구담씨라 하였다. 이로부터 자손이 이으셔서 구담씨가 다시 일어나셨다.

문맥상의 의미 이해

고영근은 이 자료를 분석해 "큰 텍스트는 우선 여섯 개의 작은 텍스트로 나누어지고 이들은 다시 개별문장으로 구분될 수 있다"하고, "문장에 따라서는 대화텍스트를 안는 일도 없지 않았다"고 하는 결과를 얻었다.(367면) 그것은 글의 외형을 말한 데 지나지 않는다. 글의 내용에 관해서는 아무 말도 하지 않았다.

글의 외형상 어떻게 분단되어 있는지 아는 것은 '문면이해'에 도움이 되는 기초적인 작업일 따름이다. '문면이해'를 제대로 하기 위해서는 거기서 더 나아가 분단되어 있는 부분들끼리의 전후관계를 밝혀야 한다. 고영근이 말한 '응결성' 분석을 해야 한다. 그 작업이 내게는 문맥상의 의미 이해이다.

해결해야 할 의문이 우선 (나)와 (다)의 관계에 있다. (나)에서 도적이 주인공 보살이 수도하는 정사 곁으로 지나가기만 했는데, (다)에서는 나라에서 주인공을 잡아 나무에 꿰어두었다. 그것은 무슨 까닭인가? 주인공 보살을 도적으로 오인했다. 그 말이 생략되어 있는 줄 알아야 앞뒤가 연결된다.

그처럼 간단하지 않고 풀어내기 어려운 의문이 더 있다. (나)에서 "그 도적이 보살의 전세 원수였다"고 한 말과 (다)에서 대구담이 "자네가 자식이 없는데 무슨 죄인가?"라고 한 말은 전혀 별개인 것 같지만, 주인공이 전세에 도적에게 원수질 일을 한 탓에 이생에서 목숨을 잃을 뿐만 아니라 자손이 없는 징벌까지 당하게 되어 있음을 대구담이 알고 염려했다는 것을 독자가 스스로 알아내야 전후가 연결된다.

거기까지 생각이 미치면, 안다는 것에 등급이 있음을 짐작할 수 있다. 보살이라고 한 주인공이나 도적은 원수를 지고 갚는 인연에 대해서 알지 못하고 그 실행자 노릇을 하기만 한다. 대구담은 그 내막을 일부만 안다. 그 내막을 누가 다 알고 관장하는지 말하지 않았다.

(라)와 (마)·(바)가 연결되는 것은 무슨 까닭인가 하는 것은 더 큰 의문이다. 어떤 말이 생략되어 있는지 찾아내어 해결할 수 없다. (라)에서 죽은 보살이 후손을 두도록 하는 이적을 대구담이 스스로 행하지는 않았다. 그것은 대구담의 기원을 받아들여 '하늘'이 한 일이다. 원수를 지고 갚고, 죽고 살고 하는 전환을 알아서 관장하는 것이 하늘이 하는 바인 줄은 짐작하겠으나 그 내막이나 원리는 설명하지 못한다.

(가)에서 (바)까지가 어떻게 해서 한 텍스트의 여러 부분을 이루는가, 그런 부분들이 어떤 유기적인, 논리적인 관계를 가지는가 하는 것은 '응집성'의 문제라고 했다. 이 글의 여러 부분은 서로 너무나도 다른 내용이어서 응집성이 분명하지 않고, 쉽사리 밝혀낼 수 없다. 그 방법을 찾으려면 한 걸음 더 나아가야 한다. 문맥상의 의미 이해

만으로는 작품이 무엇을 말하는지 제대로 알 수 없으니 작품구조를 분석해야 한다.

작품구조를 분석하려면 음성적 구조, 순차적 구조, 병립적 구조, 상황적 구조를 모두 살펴야 하는 것이 원칙이다. 그러나 이 글은 산문이어서 음성적 구조는 문제되지 않는다. 순차적 구조를 먼저 밝히고, 병립적 구조로 나아가는 것이 이번에도 적절한 순서이다. 그 성과를 모아 상황적 구조에 관해 말할 수 있다.

순차적 구조

(가)에서 (바)까지의 여섯 부분, 그것들을 다시 나눈 개별 문장이 순차적 구조를 이루는 구실을 하지 않는다. 순차적 구조는 그보다 큰 단위에서 형성되어 있다. 그 단위를 '단락'이라고 지칭한다.

첫째 단락: (가) 부분이 이에 해당한다. 주인공은 왕위를 물려주고 도를 닦아 도사로 인정되는 행운을 얻었다.

둘째 단락: (나)·(다)·(라) 부분이 이에 해당한다. 주인공은 전세에 도적들에게 원수를 진 인연 때문에 도적으로 오인되어 죽고 자손을 두지 못하는 불운을 당했다.

셋째 단락: (마)·(바) 부분이 이에 해당한다. 주인공은 죽었으나 대구담의 도술과 정성 덕분에, 주인공이 흘린 피가 모여 후손이 생겨나는 행운을 얻었다.

'단락'의 내용을 서로 대립되는 관계에 따라서 간추린 '단락소'는 다음과 같다.

첫째 단락소: '행운'

둘째 단락소: '불운', 첫째 단락소 '행운'의 부정인 '불운'

셋째 단락소: '행운', 둘째 단락소 '불운'의 부정이고, 첫째 단락소의 '행운'의 부정의 부정인 '행운'

첫째 단락에서 도를 닦는 작은 행운이 둘째 단락의 불운을 넘어서서 셋째 단락의 행운을 이룩하는 데까지 나아갔다. 주인공이 만약 왕위를 그대로 지키고 도를 닦지 않았다면 둘째 단락의 불운으로 모든 것이 끝났다. 마땅히 도를 닦아야 한다는 것을 알려준다. 그러나 셋째 단락의 행운이 무엇이고 어떻게 가능한가 하는 의문은 순차적 구조 분석으로 밝힐 수 없으므로 병립적 구조 분석으로 나아가야 한다.

병립적 구조

병립적 구조를 분석한 결과를 먼저 제시하면 다음과 같다.

(갑)		(을)		(병)
현세의 경험	↔	**전세와 연결된 인연**	↔	**영원히 이어지는 재생**
민담		전설		신화

(갑) "현세의 경험"은 주인공이 왕위를 아우에게 물려주고 도를 닦아 도사로 인정된 영역이다. 그 영역에서 주인공은 스스로 작정해

뜻하는 바를 이루었다. 왕위를 탐냈을 수 있는 아우를 만족시키면서 자기는 더 큰 것을 얻고, 자기가 본래 누구인지 몰라보는 사람들보다 우위에 있는 도사가 되었다. 세계와의 대결을 자아의 우위에 입각해서 벌여, 자아의 민담적 가능성을 확인했다. 그것은 민담의 전개이다. 생략된 부분이 없고, 풀어야 할 의문이 남아 있지도 않은 것이 민담의 특징이다.

(을) "전세와 연결된 인연"에서는 뜻하지 않던 불운이 닥쳐와 주인공이 처참한 패배를 했다. 도적에게 원수진 전세의 인연 때문에 도적으로 오인되어 피살되고, 그것 때문인지 확실하지 않으나 자손이 없는 징벌까지 당하는 뜻밖의 사태가 벌어졌다. 세계와의 대결이 세계의 우위에 입각해서 벌어져, 세계의 전설적 횡포가 드러났다. 불운의 내막을 아는 도사가 따로 있어 경고를 해도 사태를 반전시키지 못했다. 그것은 전설의 전개이다. 생략된 부분을 보충해서 이해해야 하는 것이 전설의 특징이다.

(병) "영원히 이어지는 재생"은 앞의 것들과 별개의 차원이어서 서술의 방식도 아주 다르다. 생략된 부분을 보충하는 대신에, 말이 되지 않는 말을 말이 되게 이해해야 한다. "열 달만에 왼쪽 피는 남자가 되고 오른쪽 피는 여자가 되니"라고 한 말은 셋으로 나누어야 한다. "잉태한지 열 달만에 사람이 태어난다", "왼쪽의 남자와 오른쪽의 여자가 합쳐야 생명을 잉태한다", "남자의 피와 여자의 피가 결합되어 자식을 이룬다." 그런 명제들을 응결성을 무시하고 응집성도 버려 말이 되지 않게 섞어놓아 사고의 비약을 촉구하는 것이 신화의 특징이다. 자아와 세계의 상호우위에 입각한 대결이 경험이나 논리로는 납득할 수 없게 진행되어 신화적 질서를 보여준

다. 그렇게 하면서 특정 인물이 아닌 모든 사람, 사람만이 아닌 모든 생물이 생명을 복제하는 원리를 제시했다. 생명뿐만 아니라 천지만물 모든 것이 서로 대립적인 관계를 가지면서 영원히 이어지는 근본 원리를 말했다. 신화는 그처럼 포괄적인 의미를 지닌다.

(갑)·(을)·(병)은 별개의 것인데 누적되어 공존한다. 그래서 무엇을 말하는가? (갑)은 현세의 시간이고, (을)은 전세와 연결된 시간이고, (다)는 영원한 시간이다. (갑)에 머무르지 말고 (을)을 생각하도록 하고, (을)로 끝난다고 여기지 말고 (병)을 알아차리는 사고의 비약을 촉구한다. 그것이 어떤 의의를 가지는가는 상황적 구조를 들어 논의해야 한다.

상황적 구조

인도에서 불교문학이 이루어질 때 "현세의 경험", "전세와 연결된 인연", "영원히 이어지는 재생"에 관한 가르침이 모두 필요해서 기존의 소재를 모아 이야기를 구성했다. 교리불교를 대중불교로 바꾸어놓기 위해 개방적인 자세를 가졌다. 앞의 두 영역에 관해서 말하는 데 쓴 소재는 인도문학에 흔히 볼 수 있던 것이다. 『라마야나』(*Ramayana*)의 주인공도 왕위를 아우에게 전하고 도를 닦으러 숲으로 들어갔다. "영원히 이어지는 재생"에 관해서 추상적인 원리를 들어 해명하는 것은 대중에게 이해되기 어렵다고 보아 기존의 신화를 차용하는 방편을 택했다.

『월인석보』를 편찬할 때에는 불교의 대중화에 뜻을 두지 않았으며, 유교이념의 제한을 넘어서서 상상력의 폭을 최대한 확대하기 위해서 이런 이야기를 적극 활용하는 것이 절실하게 요망되었다. 왕위를 버리고 도를 닦는 자세를 가지고자 한다는 것이 권력쟁탈에서 저지르는 죄과에 대한 정신적 보상이고 위안이었다. 알지 못하고 있는 악업 때문에 언제라도 닥칠 수 있는 참상에 대해서도 마음의 준비를 해두어야 했다. 천지가 영원하고 생명이 무한한 영역으로 눈을 돌리면서 생각을 크게 가지고 일시적인 승패나 득실에 집착하지 않기를 바랐다.

그 어느 쪽에서든지 이 작품은 문학이 다층적인 갈래와 표현을 갖추고, 인생에 대해 성찰의 폭을 크게 넓히도록 하는 구실을 했다. 『월인석보』가 전파되는 과정에서 상이한 층위가 각기 그것대로 수용되어 한국문학을 더욱 풍요롭게 했을 수 있다. 민담 층위는 異人이야기, 전설 층위는 뛰어난 영웅의 패배담, 신화 층위는 창세무가의 인류기원담과 각기 연관을 가지기도 하고, 그 셋이 합쳐져서 소설에 들어갔을 수도 있었을 것이다.

논의의 확대

문학작품의 구조분석은 문학연구에서 항상 하는 일이다. 특별히 드러내서 별도로 거론하지 않는다고 해서 그런 작업이 없었다고 속단하는 것은 무리이다. 구조분석을 제대로 해서 연구에 실제로 도움이 되도록 하기 위해서는 다른 작업과 함께 해서 다각적인 고찰에 포함시키는 것이 마땅한 줄 알고 그렇게 하고 있다.

문학작품의 구조는 어느 경우나 음성적 구조, 순차적 구조, 병립적 구조, 상황적 구조, 이 넷으로 이루어져 있으므로 그 가운데 어느 것을 택하고 어느 것은 버리지 말아야 한다. 그러나 그 넷에 관한 분석이 항상 같은 정도로 필요한 것은 아니다. 작품에 따라서는 그 가운데 어느 것이 긴요한 구실을 하거나, 분석상의 문제점이 많아 집중해서 다룰 필요가 있다.

문학작품의 구조분석이란 천지만물의 기본 원리인 질서를 무질서와 함께 발견하고, 상극과 상생이 하나이면서 둘이고 둘이면서 하나인 생극을 확인하고 구현하는 작업의 하나이다. 문학작품은 그런 구조를 잘 집약해 갖추고 있어 소중하고, 세상을 움직일 수 있는 힘을 가지며, 그것을 분석하는 훈련을 통해 사고를 가다듬도록 하는 교재로서도 큰 구실을 한다. 그렇기 때문에 문학연구는 역사연구이고 사상연구이며, 역사창조를 위한 지침일 수 있다.

토 론

❑ 문: 순차적 구조, 병립적 구조라는 용어가 공인되어 있는가?

❑ 답: 내가 번역해서 『구비문학개설』(일조각, 1971)에서 처음 쓴 말이다. 다른 번역도 있어 공인되었다고 하기는 어렵지만, 구비문학 전공자들 사이에서는 널리 통용된다. 무슨 말인지 잘 이해할 수 있어, 원래의 말을 잊고 사용할 수 있도록 한 것이다.

❑ 문: 둘 다 분석해야 하는가?

❑ 답: 어느 쪽을 택할 것인가를 두고 학파가 나누어져 있다. 프로프(Vladimir Propp)에서 비롯한 민담연구에서는 순차적 구조, 레비-스트로스(Claude Lévi-Strauss)의 신화학에서는 병립적 구조가 핵심적인 의의를 가진다고 한다. 두 가지 견해를 받아들여 둘 다 분석해야 총괄적인 이해가 이루어진다.

❑ 문: 순차적 구조를 먼저, 병립적 구조를 나중에 분석하는 것이

적절한 순서인가?

❑ 답: 구체적이고 명확한 데서 추상적이고 모호한 데로 나아가는 것이 적절한 순서이다.

❑ 문: '단락소'는 무슨 말인가? '화소'와는 어떤 관계가 있는가?

❑ 답: 단락소는 한 단락이 지닌 의미를 다른 단락과의 관계에서 최대한 추상화한 것이며, 구조주의에서 마련한 개념이고 용어이다. 화소는 이야기를 이루는 요소이며, 구조주의 이전의 개념이고 용어이다. 이야기 하나 안에 들어 있는 단락소는 몇 개가 대립되는 관계를 가지고, 화소는 수가 제한되지 않고 각기 별개의 것들이다. 영어로는 단락소가 'motifeme'이고, 화소는 'motif'여서 마치 단락소가 화소에서 추출되는 것 같다. 우리말 용어를 혼란을 시정할 수 있게 만들어 사용한다. 이것 또한 내가 한 일이다.

❑ 문: 구조분석은 얼핏 보아 이해되지 않는 난해한 작품에만 필요한 작업인가?

❑ 답: 누구나 이해하는 작품에 관한 무의식적인 이해를 드러내 논할 때 더욱 유용하다. 무슨 말인지 알기 어려운 작품을 갈피를 잡게 하는 것도 소중한 사명으로 한다.

❑ 문: 구조분석을 하면 알 것을 다 아는가?

❑ 답: 구조분석은 한 번 하고 말 수 있는 것이 아니다. 여러 겹 다시 해서 세밀한 데까지 이르러야 더 많은 것을 알 수 있다. 이 작업은 심층적 읽기라고 하는 편이 적합하다. 다음 강의에서 예증을 보이고자 한다.

❑ 문: 구조분석은 문학 작품 이해에만 필요한가?

❑ 답: 다른 모든 것에도 구조분석이 필요하다. 가치관 분석이나 사회구조 분석이 또한 긴요한 작업이다. 그런 것들이 문학 작품 특히 소설에 풍부하게 나타나 있으므로 소설을 자료로 삼아 분석을 시도한다. 다음 강의에서 하고자 하는 일이다.

❑ 문: '현장론적 구조분석'이라고 한 것은 어떤 의의가 있는가?

❑ 답: 『인물전설의 의미와 기능』(영남대학교출판부, 1979)에서 이야기의 언술과 상황이 불가분의 관계를 가지고 얽혀 있는 양상을 분석하면서 그런 용어를 사용했다. 구비문학 현지조사에서는 순차적 구조, 병립적 구조, 상황적 구조의 통괄이 가능해 구조분석의 방법 발전을 위한 최상의 모형을 얻을 수 있다.

❑ 문: 민담 · 전설 · 신화는 엄격하게 구별되는가? 견훤 이야기는 어느 쪽인가?

❑ 답: 셋은 서로 겹치기도 하고 엄격하게 구별되지 않지만 상이한 사고형태이다. 궁예 이야기까지 보태서 살피면 더욱 흥미롭다. 버림받은 아이가 잘 되었다는 것은 민담이다. 나라를 세워 잘 나가다가 망했다는 것은 전설이다. 영원한 시간에 지속되고, 초월적인 세계와 통하는 보편적 이치를 구현하는 것은 신화이다. 견훤 이야기는 앞의 둘 만이고, 궁예 이야기는 신화이기도 하려고 자기 스스로 노력했으나 실패했다.

제7강 안팎에서 읽고 따지기

다시 하는 작업

구조분석은 다루는 대상에서 질서를 찾아내는 작업이다. 드러나지 않은 질서를 찾아내 이해를 심화하면서 개별적인 사실에서 일반화된 원리로 나아간다. 그래서 많은 것을 얻지만 질서를 갖추지 않고 있는 내용은 소홀하게 취급하는 결함이 있어 보완책이 필요하다. 자료가 무엇을 말하고 있는지 그 자체로 면밀하게 살피는 것이 또 하나의 긴요한 방법이다. 길고 복잡한 자료에는 이제부터 제시하는 방법이 더욱 유용하다.

안으로 들어가 정밀하게 읽어야 무엇을 말하는지 알 수 있다. 나타나 있는 그대로를 받아들이는 데 그치지 않고 숨은 의미를 찾고, 감추어둔 주장을 간파해야 한다. 숨은 의미나 감추어둔 주장이 무엇인지 따지고 시비하려면 안에 들어가 정밀하게 읽고 있기만 할 수 없다. 밖으로 나와 크게 살피기도 해야 한다. 다른 자료와 견주어보기도 해야 한다. 그 양면의 작업이 잘 호응되게 해서 따지면서 읽기를 성과 있게 하고 쓰면서 읽기로 나아가야 한다.

서론을 길게 펴는 것은 마땅하지 않다. 실제 작업을 들어야 이해 가능한 논의를 전개할 수 있다. 다루는 자료는 생소하지 않은 것이어야 한다. 金萬重의 소설 『謝氏南征記』와 『九雲夢』을 이용하기로 한다. 이 두 작품에 관해 『소설의 사회사 비교론』(지식산업사, 2001)에서 고찰한 대목을 옮기면서 줄이고 다듬는다. 현대역을 해서 논한 본문만 남겨두고 원문을 밝힌 주는 생략한다. 다른 주도 없애 번거로움을 던다. 전공자가 아니라도 관심을 가지도록 하고 싶다. 인용구 출처 등 기타 필요한 사항을 확인하고자 하면 원래의 것을 찾아 읽기 바란다.

두 작품을 다룬 방법에 차이가 있다. 『謝氏南征記』는 안에서 정밀하게 읽는 데 더욱 힘쓰고, 『九雲夢』에서는 밖으로 나와 크게 살피는 것을 요긴한 일로 삼았다. 『구운몽』을 『사씨남정기』와 비교하기도 하고, 기본 설정이 유사한 두 작품 중국의 『金瓶梅』 및 일본의 『好色一代男』과 같고 다른 점을 말하기도 했다.

학문 전반의 문제를 다룬다고 하고 문학에 치우친 논의를 편다고 나무랄 수 있다. 그러나 문학은 자료 읽기와 연구 방법 정립 양면에서 좋은 예증을 제공해 학문의 발전에 크게 기여한다. 한국문학 연구는 한국학의 모범 분야이고, 문학일반론을 새롭게 이룩한 성과가 있다. 주체적이고 창조적인 역량을 가지고 학문 일반의 새로운 전개를 선도하고 있다. 과연 그런지 『소설의 사회사 비교론』 전권을 읽고 판단하기를 바란다.

『사씨남정기』

金萬重(1637-1692)은 대대로 벼슬을 하는 光山 金氏의 명문에서 태어나 최상의 지식을 쌓고, 최고의 지위에 오른 관원이며, 한문학의 높은 경지를 보여주었다. 그러면서 지배적인 이념에 대해서 회의하고 비판하는 생각을 가졌다. 국문으로 소설을 써서, 여성의 생활을 다루고, 여성의 관심사를 나타내는 특이한 일을 했다.

아버지가 병자호란 때 순절했기 때문에, 유복자로 태어나서 외가에서 자랐다. 어머니 尹氏는 아들 교육을 위해 온갖 정성을 쏟았으며, 아들은 평생토록 어머니를 극진하게 모셨다. 29세에 문과에 급제한 뒤에 순조롭게 관직에 나아가 승진을 거듭하다가 대제학의 지위에 올랐다. 집권세력인 西人의 일원이어서 영화를 누렸다. 그러다가 숙종이 남인의 지지를 받고 仁顯王后를 내치고 張嬉嬪을 왕후로 맞이한 데 대한 서인의 반대에 가담해 宣川으로, 다시 南海로 귀양을 갔다. 서인의 재기를 보지 못하고 남해 귀양처에서 56세를 일기로 세상을 떠났다.

김만중은 소설 두 편 『구운몽』과 『사씨남정기』를 썼다. 『西浦年譜』 51세 때(1687)의 기사에서 평안도 宣川에서 귀양살이를 하고 있는 동안에 어머니의 생신을 맞이해서 시를 짓고, “또한 글을 지어 부쳐서 소일거리를 삼게 했는데, 그 글의 요지는 ‘일체의 부귀영화는 몽환이다’는 것이었으며, 또한 뜻을 넓히고 슬픔을 달래기 위한 것이었다”고 한 데 『구운몽』의 창작시기와 창작의도가 나타나 있다. 그러나 『사씨남정기』는 언제 지었는지 확실하지 않다. 숙종이 인현왕후를 내치고 장희빈을 왕후로 맞이한 잘못을 바로잡도록 하기 위해서 이 작품을 지었다는 속설을 따르면 창작시기가 그 사건이 일어난 숙종 15년인 1689년 이후라고 해야 할 것이나, 그렇게 보기 어렵다.

숙종의 마음을 돌리려고 『사씨남정기』를 썼다면 한문을 사용해야 마땅하고, 교씨의 모습이 장희빈과 많이 다르지 않게 조심해야 했을 것이다. 남인의 무리는 동청과 같다고 했다는 것도 있을 수 없는 일이다. 교씨를 통해서 장희빈을, 동청을 통해서 남인을 비난한 작품이었다면 숙종이 읽기 전에 먼저 서인을 몰아내고 정권을 장악한 남인이 나서서 귀양 가 있는 김만중을 그대로 두지 않고 죄를 물었을 것이다. 숙종이 이 작품을 읽고 마음을 돌렸다는 것은 소설에서나 있을 수 있는 아름다운 상상이다.

김만중이 이 작품을 쓴 직접적인 동기는 확인할 수 없지만, 작품의 의미는 작품 자체가 지니고 있다. 작품 자체가 지니고 있는 의미를 나타내서 세상에 알리고자 한 것이 궁극적인 창작동기이다. 작품이 국한되지 않는 전형을 통해서 구현한 구체적이지 않고 포괄적인 의미를 지니고 한 시대의 총체적인 모습이기도 하므로, 자기가 겪는 일이라고 생각할 수 있는 사람이 많고, 숙종도 그럴 수 있었을 것이다.

김만중은 소설을 써서 자기 어머니에게 먼저 보이고 주위의 사람들이 읽도록 했으며, 소설을 가지고 수입을 얻을 생각은 하지 않았다. 그러나 창작의 의도와 작품의 운명은 서로 달랐다. 이 작품 또한 다른 소설들과 마찬가지로, 필사본으로 유통되는 소설을 貰冊으로 이용하고, 처음에는 목판본으로, 나중에는 활자본으로 출판되었다. 그렇게 해서 저자가 아닌 다른 여러 사람이 수입을 얻는 것은 막을 수 없었다. 필사본이든 목판본이든 활자본이든 어느 쪽에도 작자의 이름이 밝혀져 있지 않은 것은 판권이 인정되지 않았기 때문이다.

『구운몽』은 어머니의 시름을 위로하기 위해서 썼다고 하며, 『사씨남정기』에서는 여성을 주인공으로 하고서 여성이기에 겪어야 할 수난을 다루었다. 『구운몽』이 현실 안팎의 영역을 넘나들면서 삶의 조건을 초탈할 수 있는가 하는 문제를 취급했다고 한다면, 『사씨남정기』는 현실 안에서 벌어지는 갈등의 바람직한 해결을 찾았다. 『구운몽』은 우호적인 인물들 사이에서 생겨난 차질을 통해 전개되는 반면에 『사씨남정기』는 적대적인 인물들 사이에서 음모가 횡행하고 갈등이 첨예화된 험악한 세계를 보여준다. 김만중이 그처럼 서로 다른 두 작품을 쓴 것은 소설을 다양화하는 데 적극 기여한 주목할 만한 일이다.

두 작품 모두 소설의 가치를 인정하지 않던 시절의 통념을 넘어서서 소설 긍정론을 이룩하는 데 기여했다. 『구운몽』은 당대의 명사가 어머니를 위하는 효심 때문에 쓴 격조 높은 작품이라는 이유에서 비난의 대상이 되지 않을 수 있었다. 『사씨남정기』는 권선징악을 주제로 삼고 있어 긍정적으로 평가해야 할 이유가 더욱 분명했다. 김만중의 종손이 되는 金春澤은 『사씨남정기』를 한문으로 번역하고, 그 작품은 다른 소설과 달리 "백성이 행할 도리를 돈독하게 하고, 세상을 가르치는 데 도움이 된다"고 하고, 독자를 감동시켜 天道를 받드는 바른 길로 나아가게 하는 설득력을 가진다고 평가했다. 그 뒤에도 소설을 논하는 사람들은 이 작품을 소설긍정론의 논거로 삼았다.

작품 서두에서 명나라 가정연간에 중국에서 일어난 일이라고 했으나, 시간과 장소를 빌려왔을 따름이고 그 시대 중국사회를 다룬 것은 아니다. 작자 당대에 한국에서 일어난 사건을 직접 다룬다고 하면, 구상할 수 있는 폭이 줄어들 수 있고, 국왕의 무능이나 정치의 잘못을 문제 삼는 등의 특정한 사항 처리에 관해 지탄을 받을 염려도 있으므로, 시간과 장소를 옮긴 것이다. 현실을 충실하게 반영하기 위해서는 현실에서 있는 일은 아니라고 해야 했다.

유연수라는 인물이 과거에 급제해서 한림학사가 되고서, 사씨 집안의 현숙한 딸 정옥을 아내로 맞이했어도 자식이 없어, 사씨가 천거해서 교씨를 첩으로 맞이했다. 세 사람 사이의 우호적인 관계는 교씨가 사씨를 모해해서 파괴되었다. 교씨는 그 집안에 새로 들어와 書士 일을 맡은 동청과 정을 통하고 악행을 함께 꾀해, 냉진이라는 인물을 하수인으로 해서 사씨가 부정한 짓을 한 것처럼 꾸미고, 유연수가 집안 어른들에게 고해 사씨를 내치게 했다.

승상의 지위에 있는 엄숭이라는 자가 천자를 속이고 국권을 농락해 조정에도 위기가 생겼다. 유연수는 엄숭에 대해서 불만을 품고 있다고 동청이 밀고해, 벼슬을 잃고 귀양가는 신세가 되었다. 사씨는 시어머니가 꿈에 나타나 남쪽으로 가라고 지시하는 말을 따른 덕분에 위기에서 벗어나고 묘혜라는 여승에게 구출되었다. 시어머니가 사씨에게 다시 현몽해 지시한 바에 따라서 묘혜는 죽을 고비에 이른 유연수도 구해, 부부가 상봉하게 되었다. 교씨가 죽이려고 했던 아들도 찾아냈다.

동청은 국권을 농락하고 있던 엄숭에게 뇌물을 바치고 지방관원이 되어 떠나고, 교씨가 동행해서 부부가 되었다. 냉진도 동청을 따라갔다가 교씨와 정을 통했다. 천자가 엄숭의 잘못을 알아차리고 내쫓자, 냉진은 동청의 잘못을 고해 벌을 받게 하고 교씨와 함께 살기 위해 재물을 싣고 길을 가다가, 짐꾼이 재물을 가지고 도망쳐서 자기도 망했다. 그러자 형세가 역전되어, 유연수는 다시 벼슬을 하고, 교씨를 찾아내 죄를 묻고 처형했다. 그 뒤에는 유연수가 사씨와 더불어 부귀를 누리면서 잘 살았다. 사씨는 내훈과 열녀전을 지어 행실을 가르쳤다고 했다. 착한 사람은 복을 받고, 악한 사람은 앙화를 받는 법이라고 한 것이 마지막으로 한 말이다.

작품이 이렇게 전개되면서 사람과 사람 사이의 다툼을 줄곧 문제 삼았다. 사람이 다투는 것은 권세와 재물 때문이다. 권세를 얻으면 재물도 생긴다. 권세와 재물을 차지하기 위한 싸움이 일어나 국가와 사회가 파탄에 이르고, 가정의 평화마저 뒤흔든다고 했다. 조정에서 엄숭이 부리는 횡포가 한 집안의 파탄과 긴밀하게 연결되어 있으며, 서로 맞물려 전개되고 해결되었다. 엄숭에게 뇌물을 바치고 관원이 된 자의 해독을 또한 심각하게 다루었다. 권력 남용이 가정을 파괴하고, 개인의 행복을 유린하는 일이 어느 정도까지 벌어지는지 작품 곳곳에서 보여주었다.

부당한 권력은 악당의 악행과 조금도 다를 바 없다. 탐욕이 지배하는 세상이다. 뇌물을 주고 벼슬을 얻는 것은 물질적 탐욕을 만족시키기 위한 투자이다. 권력 가까이 가지 못하는 위인들은 악인의 공모자나 하수인이 되어 탐욕 추구에 동참한다. 남녀의 공모자들은 정을 통하는 관계를 쉽게 이루어, 쾌락을 나누고 힘을 합친다. 그처럼 타락된 세태를 다각도로 해부해 보이면서, 진실한 삶이 무엇인가 보여주려고 한 것이 창작의 의도라고 할 수 있다.

작품의 내부를 보자. 다각적인 해부를 위한 효과적인 방법이 될 수 있게, 설명과 묘사를 세심한 배려를 하면서 활용했다. 선악을 구분해서 평가하는 불변의 진실은 직설적인 설명으로 나타낸다. 그러나 그것으로 세상일을 결판 지을 수는 없었다. 구체적인 상황에서 선악의 관계가 어떻게 전개되는가 말하려면 장면묘사를 하고, 마음 속에서 일어나는 일에 관해서 알리는 심리묘사도 해야 했다. 새로운 사태가 벌어져 모르고 있던 사실이 밝혀질 때 장면묘사를 유용하게 썼다. 사씨가 정원을 산책하다가 뜻밖에 음률 소리를 듣는다는 장면이 그런 예이다. 작품을 어떻게 써서 무엇을 문제 삼았는지 알아보기 위해서 한 대목을 길게 인용하기로 한다.

> 부인이 혼자 書案을 의지하고 『禮記』를 보더니, 춘망이 부인더러 고하여 왈,
>
> "花園 小亭에 목단이 만발하였으니, 부인은 구경하심이 어떠하시니까?"
>
> 부인이 所望을 따라 시비 오륙 인을 데리고 정자에 이르니 柳影은 난간에 떨어지고 花香은 옷에 가득하여 진실로 美景일러라. 시비로 하여금 교씨를 청하고자 할 때, 홀연히 풍편에 거문고 소리 들리거늘, 부인이 귀를 기울이고 들으니, 곡조 요량하고 성음이 잔잔하여 완연히 구슬이 옥잔에 구르고, 이슬이 花葉에 떨어지는 듯 하는지라, 부인이 聽罷에 시비더러 일러 왈.
>
> "아름답다 이 소리여. 뉘 능히 이 곡조를 타느뇨?"
>
> 시비 왈,
>
> "교낭자의 소리로소이다."
>
> 부인이 왈,
>
> "교낭자 자주 음률을 타느냐? 마침 오늘 타느냐?"
>
> 시비 왈,
>
> "백자당이 내당에서 초원하여 부인은 비록 듣지 못하오나 교

낭자 음률을 좋아하는 고로 한가한 때 있으면 매양 타나이다."

부인이 묵묵히 다시 들으니 이윽고 거문고 소리 그치고 인하여 시가를 읊으니 당나라 名辭라.

들리는 가사가 당나라 황제 현종이 지었다는 <霓裳(예상)羽衣之曲>이라는 것이었다. 그 노래 사설을 든 부분은 생략하고 그 다음 대목을 보자.

부인 왈,

"낭자의 곡조는 霓裳羽衣之曲이라. 이 곡조 비록 시인의 숭상한 바 되었으나 만일 그때를 의논하면 唐明皇이 번화함을 좋아하다가 마침내 祿山의 난을 만나 만리밖에 찬선하고 楊太眞은 錦襁譏弄(금강기롱)을 면치 못하고 또 馬嵬慘變(마외참변)을 당하였으니 이는 亡國之音이라 족히 숭상할 것 없고, 낭자 손쓰는 법이 경망하고 성음이 또 방자하여 사람의 마음을 방탕케 하고 사람의 기운을 화평케 못 하고, 또 낭자의 읊는 시는…

생략한 대목에서는 교씨가 읊은 시가 失節한 여인이나 창녀 노릇을 한 여인이 하는 말을 나타내고 있어 마땅하지 못하다고 했다. 그 말을 듣고 교씨는 잘못을 용서해달라고 하는 말을 다음과 같이 했다.

"鄕谷間 여자 음률에 귀 없어 그른 줄 알지 못하다가 부인이 하교하심을 듣자오니 마땅히 골수에 새기고 잊지 아니하오리이다."

부인이 그 무참함을 위로하여 왈,

"내 낭자를 사랑하기로 이런 말 하니, 타인 같으면 어찌 개유하리요. 일후는 나도 부족한 바 있거든 낭자도 은휘치 말라."

하고 조용히 말하다가 각각 돌아가니라.

이날 밤 한림이 잔치를 파하고 교씨의 방에 돌아와 취흥을 이기지 못하여 난간을 의지하더니, 월색은 그림 같고, 花影은 滿窓한지라, 한림이 가사를 듣고자 하여 시울을 타라 하니, 교씨 사양하여 왈,

"첩이 이제 몸이 風寒에 상한 바 되어 능히 소리를 이루지 못하리로소이다."

한림이 왈,

"그런즉 거문고를 탐이 어떠하뇨?"

교씨 또 즐겨 아니 하거늘, 한림이 재삼 재촉하니 교씨 눈물을 흘리거늘, 한림이 고이히 여겨 물어 왈,

"네 내 집의 들어온 후로 일찍 마음 구치는 것을 보지 못하였더니, 이제 가내 무슨 일이 있건대 이렇듯 하느냐?"

교씨 답하지 아니하고 눈물을 흘리거늘, 한림이 재삼 물으니 교씨 답하여 왈, "첩이 답하지 아니하자면 한림께 죄를 언삽고, 답하자면 부인께 죄를 언삽을 것이니, 답하기도 어렵삽고 답하지 아니 하기도 어렵삽나이다."

한림 왈,

"너를 혐의치 아니 할 것이니, 은휘치 말라."

교씨 눈물을 닦고 답하여 왈,

"첩이 용열한 소리와 허름한 곡조로 어찌 상공의 귀를 더럽게 하리요마는, 다만 상공의 명을 받아 상공의 흥을 돋울 따름이라, 어찌 다른 뜻이 있으리오. 오늘 부인이 첩을 꾸짖어 왈 '상공이 너를 취함은 색을 취함이 아니라 후사를 위함이거늘, 네 항상 얼굴을 곱게 하고 상공의 눈에 아름답게 하고, 또 음탕한 소리로 상공의 마음을 미혹케 하고 先少師의 가풍을 더럽게 하니 네 죄 마땅히 죽을지라. 내 아직 용서하노니, 네 종시 고치지 아니하면 내 잔약한 여자이나 오히려 呂太后 수족 끊는 도끼와 병들고 벙어리 되게 하던 약이 있으니, 너는 조심하라' 하고 꾸짖기를 엄삼케 하시니, 첩은 본디빈한한 여자이라 상공의 은택을 입사와 영화 극진하고 부귀 지족한지라 이제 죽어도 무엇이 한 되오리까마는 다만 저어하건대 상공의 명덕을 듣지 못 하리로소이다."

한림이 청파에 대경하여 스스로 생각하되, '부인이 평일의 투기 아니 하기로 하리라 하더니 이 엇진 말인고? 또 부인이 교씨 대접하기를 예로써 하여 일찍 교씨의 단처를 말 아니 하고, 婢僕間이라도 그 죄악을 밝히지 아니 하더니 이 어쩐 말인고? 연유를 알지 못하여 침음 양구하다가 교씨더러 왈,

"너를 취함은 부인이 천거한 바이라. 비록 이런 말이 있으나, 부인의 성품이 유순하니 반드시 너를 해칠 마음이 없을지라."

사람의 행실을 가르치는 고전 가운데 으뜸인 『禮記』를 보고 있던 사씨가 시비의 말을 듣고 바깥의 경치를 구경하러 나간 것은 과거에서 현재로, 안의 폐쇄된 공간에서 밖의 개방된 공간으로, 어둠에서 빛으로 나아간 획기적인 전환이다. 경치보다 더 아름다운 음악 소리

를 듣자 더욱 큰 충격과 감동을 받아 감탄해 마지않았다. 그런데 사씨는 그 음악을 교씨가 연주한다는 말을 듣자, 생각이 달라졌다. 교씨가 노래를 하자 흠을 잡을 방법을 찾았다. 그 노래 가사가 亡國之音이고, 행실이 더러운 여성이 하는 말로 이루어져 있으니 가까이 하지 않는 것이 마땅한 도리라고 충고했다.

교씨는 잘못을 공손하게 사죄하고 가르침을 받들겠다고 했다. 작전상 후퇴를 하는 것이 불가피한 일이었다. 기회를 노리고 있다가 반격을 시도했다. 유연수가 음률을 원하자, 교씨는 몸이 아파 할 수 없다고 하다가, 재삼 독촉을 받고서, 사씨가 죽이겠다고 협박해 음악을 하지 못하게 했다고 고했다. 유연수는 사씨는 현숙한 사람이라 그런 일이 없을 것이라고 하면서 교씨를 타일렀으나, 마음속으로 의혹을 가지기 시작했다.

유연수 · 사씨 · 교씨는 서로를 필요로 하는 우호적인 관계에 있다. 사씨가 교씨를 유연수에게 천거해 첩으로 삼아 후사를 잇도록 했다. 그렇지만 사씨와 교씨 사이의 우호적인 관계 이면에는 적대적인 관계가 있다. 출신배경과 사고방식 자체가 서로 용납할 수 없는 관계에 있다. 고귀한 가문에서 교양 있게 자란 사씨는 행실을 바르게 해서 본처의 위엄이 더욱 돋보이게 하지만, 빈천한 시골 사람인 교씨는 특별한 매력을 갖추어야 남편의 사랑을 받아 첩의 지위를 유지할 수 있었다. 그 때문에 충돌이 일어나는 것은 불가피한 일이었다.

사씨와 교씨의 차이점은 자기만의 독서와 남을 위한 음악을 통해서 구체화되었다. 사씨는 자기 혼자 생활하는 공간에서 조용히 고전을 읽으면서 품격과 식견을 더욱 높였지만, 교씨는 음악을 익혀 거문고를 연주하고 가사를 노래해 남편의 환심을 사야 했다. 교씨가 중국 고전의 노래를 익혀서 부른 것은 남편의 취향을 따르고자 해서 한 일일 것이다. 그런데 사씨가 보기에는 음악은 방탕한 행실과 직결되고, 교씨가 부른 노래는 도리에 합당하지 않은 것이었다. 음악 자체를 금한다고 하는 것은 명분이 모자라니 불량한 노래는 부르지 말라고 했다.

사씨로서는 교씨를 바르게 이끌고자 하는 마음에서 정당한 충고를 했다고 자부할 만한 일을 했지만, 자기의 판단만 옳다고 하는 주장으로 횡포를 부렸다. 교씨는 사씨처럼 처신하면 자기 존재 의의가 없어지니 무리한 요구이다. 사씨는 완강하게 부인하겠지만, 그런 언동을 한 이면에는 교씨가 남편을 사로잡지 못하도록 경계하는 뜻이 있다고 보아 마땅하다.

유연수가 음악을 원하자 교씨가 거절하는 것은 당연한 일이었다. 음악을 하지 못하는 이유를 유연수에게 다른 말로 둘러서 공손하게 아뢰면서 사씨가 지시한 대로, 자기도 도리를 아는 사람이며 분쟁이 아닌 평화를 원한다는 것을 보여주었다. 그 정도로 넘어가지 않고 유연수가 기어코 사태의 진상을 알아 평화를 깨고 분쟁을 일으키려고 하자, 교씨는 사씨가 자기에게 하던 말을 털어놓았다.

교씨는 사씨가 한 말을 전혀 다르게 옮겨 부당하게 왜곡했으니 비난받아 마땅하다. 그러나 그것은 의사전달의 표면 층위일 따름이다. 사씨가 한 말의 이면적인 의미는 교씨가 유연수에게 고한 것에 근접되어 있다. 사씨가 사용한 우회적이고 고아한 언사를 직접 대놓고 협박하는 쌍스러운 소리로 바꾼 것은 교씨의 잘못이다. 사실 이상의 과장을 하면서 자기 깜냥에서 벗어나지 못한 천한 말을 함부로 사용하면서 평소의 반감을 보태서 그렇게 되었다.

그러나 교씨의 처신이 잘못되었다고 할 수는 없다. 교씨는 사씨가 드러내서 말하지 않은 가운데 은밀하게 암시한 사연을 정확하게 파악해 유연수에게 오해할 여지가 없게 바로 전달했다. 교씨로서는 그렇게 해야 유연수를 자기편으로 끌어들여 사씨와의 다툼을 유리하게 이끌 수 있었다. 불리한 위치에 있는 사람일수록 영민해야 하고, 명분이 모자라면 책략이 있어야 한다.

그래서 적대적인 관계가 생기게 된 것은 누구 잘못인가? 교씨가 음악을 한 것이 원천적인 잘못인가? 교씨가 음악을 한다고 나무란 사씨가 잘못했는가? 처첩 사이에서 있었던 일을 덮어두지 않고 기어코 캐물은 유연수의 잘못인가? 사씨의 말을 그릇되게 옮긴 교씨의 잘못인가?

독자가 교씨가 잘못이라고 생각하도록 하는 방향으로 사건이 전개되었다. 교씨의 악행이 점차 확대되는 과정을 보여주었다. 그러나 교씨의 악행을 규탄하는 것이 작품의 주제라고 할 수는 없다. 그 이상의 복합적인 내용을 갖추고 있어 다시 생각하게 한다. 선악은 상대적이어서 일방적으로 판단하기 어렵다. 우세한 쪽이 열세인 쪽에 대해 횡포를 저질러 패배를 자초한다는 것은 선악으로 설명하기 어려운 사태이다.

교씨의 행실이 악하다고 일방적으로 나무란 절대적인 선행의 화신인 사씨는 그 자체로 문제점이 있다. 교씨의 음악을 탈잡은 사씨의 언행은 작품의 표면에서는 아무런 비판도 하지 않았지만, 도덕주의, 엄숙주의, 감계주의 등의 말을 써서 특징을 규정할 수 있는 거북한 태도임을 독자는 알아차릴 수 있다. 사씨는 도덕성과 지위 양면에서 우월한 위치에 있어 자기 마음대로 행동해도 된다고 믿고 횡포를 부려 피해자의 반발을 초래했다. 교씨가 자기 존재의의를 지키도록 자극하고, 최상의 방어는 공격임을 깨달아 실천하도록 했다. 그 결과 사씨와의 우열관계를 역전시킨 교씨 또한 승리에 도취되어 무리한 짓을 하다가 처참하게 패배했다.

유연수에게도 잘못이 있다. 유연수는 처첩 사이에 아무런 갈등이 없을 것으로 믿고 있었다. 사씨가 교씨에 대해서 나쁜 생각을 전혀 가지고 있지 않으니 교씨 또한 사씨의 뜻에 순응해 집안이 계속 평화로우리라고 믿은 것은 착각이다. 유연수는 과거를 보아 장원급제하고 나라 일을 보는 데는 대단한 식견을 가졌다고 하지만, 사람의 마음은 헤아리지 못하는 무능한 위인이라, 교씨의 모해에 말려들어 사씨를 집에서 내쫓는 데까지 이르렀다. 학식만 있고 경험은 없어 세상을 모르던 유연수나 천자는 악인의 득세를 허용해 자기 자신이 험난한 지경에 이르러서야 사태의 진상을 알아차린 것을 교훈으로 삼아 마땅하다.

작가는 표면상 우호적이면서 사실은 적대적인 세 인물 사이에서 조성된 상황과 세 인물의 내심의 거리를 면밀하게 보여주면서, 세 인물이 각기 저지른 잘못을 놀라운 수준으로 예리하게 부각시켰다. 세 인물의 초상을 같은 크기로 그린 것은 아니다. 악행의 크기에 따라서 차지하는 면적을 확대했다. 사씨의 잘못은 뒤로 물려놓고, 유연수의 잘못은 이따금 문제 삼으면서, 교씨의 잘못은 계속해서 심각하게 다루었다.

그런 편향성을 보인 이유는 무엇인가? 도덕주의의 편견을 나타내는 사씨의 잘못보다 욕망을 추구하기 위해 수단을 가리지 않는 세태가 더욱 심각한 문제를 제기한다고 보아 교씨의 잘못을 다루는 데 힘썼다고 할 수 있다. 사씨를 통해 표상화된 天理를 부정하고 교씨가 보여주는 人慾을 긍정하는 사상의 전환을 마련할 수는 없어서 그 둘 사이의 싸움에서 뒤의 것이 패배하는 것이 당연하다고 했다고 할 수도 있다. 탐욕 때문에 벌어지는 악의 행적을 깊이 파헤치는 것이 현실을 핍진하게 그려 소설을 흥미롭게 쓰는 마땅한 방법이기 때문에 그랬다고 생각된다.

유연수가 사씨를 더욱 의심하도록 하기 위해서 교씨가 만들어낸 그 다음의 사건은 한층 교묘하게 전개되었다. 사씨가 교씨를 모해했다고 의심하도록 교씨가 조작한 증거를 유연수가 무시하고자 하는 뜻을 교씨가 받들어 표면상으로는 아무 일이 없는 것 같은 이면에서, 교씨가 사씨를 공격하는 교묘한 작전이 성공을 거두어 우열을 전복하는 싸움이 격화되었다.

의식과 상황의 어긋남이 계속 문제가 된다. 누구든지 상황을 정확하게 인식하고 자기에게 유리하게 이끌어가려고 하지만, 뜻한 바와 결과는 어긋난다. 선인은 선인대로 어긋나고, 악인은 악인대로 어긋난다. 순수하고 착한 마음은 상황 인식을 그르치는 약점이다. 지나친 욕망으로 상황을 만들어나가면 예기하지 않은 결과에 이르러 파멸을 자초한다. 그래서 반전이 거듭 일어난다.

고난이 극도에 이르면 반전이 있게 마련이다. 악은 반드시 망한다는 도덕적 당위성, 악은 지나쳐서 파멸한다고 하는 이치를 보아 그럴 수 있다고 인정된다. 선인의 고난이 구체적으로 어떻게 해결될 것인가는 누구도 알 수 없으므로, 꿈속의 일이나 신령의 출현 같은 초월적인 요소가 개입해서 예언을 하고, 전환의 국면을 만든다. 그러나 전환을 실제로 이루는 것은 사람이 하는 일이다. 그렇게 하는 데서 선인과 악인이 경쟁한다. 선인과 악인의 싸움은 선과 악이 그 자체로 어떤 힘을 발휘하지는 않고, 상황과 의식의 일치 여부를 둘러싸고 벌어진다.

선한 사람은 상대방이 악인인 줄 모르고 선량하다고 생각하지만, 악인은 악행을 저질러 상대방을 해친다. 상대방도 선하다고 생각하는 약점을 시정하고 상황을 바로 인식해야 한다. 그것은 힘들기는 하지만 가능하다. 선인은 무능하지만 악인은 유능하다. 선인과 악인의 다툼에서 악인이 이긴다. 그러나 악인의 승리가 결말일 수는 없고 반전이 있다. 악인은 선인을 해치고 악행을 철저하게 관철시키려고 하다가, 정도가 지나치면 실패한다. 지나친 것은 잘못인 줄 알아스스로 경계해야 하는데, 그것은 가능하지 않다. 악인은 유능하지만 그런 한계가 있다.

악인이 악행을 저지르기 위해서는 공모자나 하수인이 필요하다. 공모자와 하수인을 잘 다루는 것이 악인의 능력이다. 그러나 공모자나 하수인은 악인을 배신해 자기가 이익을 가로챈다. 그것이 악의 속성이다. 그 때문에 악인은 망하지 않을 수 없다. 교씨는 동청과 사통하고 다시 냉진과 사통하다 냉진이 동청을 배신하고, 냉진의 짐을 지고 가던 정대관이라는 위인은 냉진을 배신했다.

악인의 하수인은 사태가 불리한 줄 알면 개심해서 선인의 편으로 돌아서는 경우도 있다. 이익을 얻고자 해서 악인을 따른 하수인은 손해가 된다고 생각하면 방향을 돌릴 수 있다. 악의 세계에서는 이해관계가 신념을 대신하므로 그럴 수밖에 없다. 사씨의 아들을 죽이는 일을 맡았다가 죽이지 않고, 그 비밀을 나중에 사씨에게 알려준

시비가 그런 인물이다.

악인은 상황을 정확하게 인식하고 자기에게 유리하게 이끌어나가는 탁월한 능력을 가지지만, 하수인이 앞서나가기도 하고 마음을 돌리기도 하는 것은 헤아리지 못한다. 세상 사람들은 각기 달라 예측할 수 없는 행동을 하는 것을 아무리 유능한 악인이라도 미리 헤아리지 못한다. 선인 쪽은 선인이기만 하면 되는 것은 아니다. 선인의 의식이 상황과 어느 정도 일치하는지 살피면 여러 등급이 있다.

자기는 선하다는 관념에 아주 매몰되어 무슨 일이 일어나는지 모를 수 있다. 당장 닥친 일이 무엇인지 어느 정도 깨닫기는 해도 어찌 할 방도가 없을 수 있다. 그런 수준을 넘어서서 앞으로 일어날 일을 예견하고 미리 대비하는 것이 현명하다. 표면상으로는 권선징악의 교훈을 제공하면서, 그 이면에서 의식의 깨어남에 대해서 말한 것이 한층 긴요한 주제이다. 착한 것보다 슬기로운 것이 우선하니 마땅히 슬기로워야 한다는 것을 알게 되면 작품을 잘 읽었다.

의식의 깨어남에서 사씨가 유연수보다 앞선다. 유연수는 과거 보아 급제하고, 관원이 되어 백성을 잘 다스리는 능력이 있다고 했지만, 이미 있는 선례를 따르기만 하고 스스로 이룩한 인생 공부가 모자라 사리를 깊이 알지 못했다. 사씨가 국문으로 지은 <觀音讚>은 절묘한 글이다. 문장력이 대단하다는 것을 보여주고, 문장의 효용을 입증했다. 관음을 행실이 훌륭한 부녀에다 견주어 아주 가까워질 수 있게 했다. 영험이 땅으로 내려오고, 사소한 인연 덕분에 운명이 달라질 수 있게 했다. <관음찬>을 써달라고 부탁한 여승 묘혜 덕분에 위기에서 벗어날 수 있게 되어, 관음의 보살핌을 입었다.

수난이 닥쳤을 때 유연수는 아무 대책이 없었으나, 사씨는 어떤 사태에도 당당하게 맞서고자 했다. 사씨가 가정에 묻혀 있기만 했으면 그런 능력을 발휘할 수 없었다. 남성보다는 여성이 인생 공부에서 앞서서 가정을 이끄는 힘으로 세상을 이끌 수도 있다는 것을 보여주었다. 사씨와 교씨의 싸움이면서, 유연수와 사씨 사이의 대결이기도 해서 복합적인 의미를 가진다.

한 가정의 시련과 파탄을 보여주는 데 그치지 않고, 그것이 국가의 변란과 긴밀하게 연결되어 있음을 보여주어 질서가 무너지는 양상을 더 큰 규모로 다루었다. 가정문제와 사회문제를 연결시키는 고리 노릇을 동청이라는 인물이 했다. 동청은 행실이 다음과 같았는데 유연수가 서기로 채용했다.

> 동청은 士夫家의 자식으로 일찍 부모를 잃고 잡인으로 締結하여 한갓 술 먹고 잡기만 좋아하더니 가산이 탕패하매 托身할 곳이 없어 京師에 와서 재상가에 탁신하더라. 그 위인이 또 장차 있으니 형용이 순수하고, 언사가 민첩하고, 書法이 또 精妙하매 사대부들이 처음에는 죄다 사랑하다가 오래 된즉 不法之事를 행하고 가내 往來之人을 추출하매, 이러므로 諸處에 용납되지 못하고…

동청은 근본은 사대부이지만 행실이 불량한 시정배가 되어 남들에게 피해를 끼치면서 살아갔다. 식견 있는 사람들은 한때 가까이 하다가도 버리는데, 유연수는 그런 줄 모르고 받아들여 집안일을 맡겨 화를 자초했다. 이런 인물 동청이 교씨와 사통해 공모자가 되어 사씨를 축출한 다음 유연수를 모함해 귀양 가도록 만들고, 승상 엄숭에게 뇌물을 바치고 벼슬을 얻었다고 해서 악인이 세상을 움직이는 세태가 어디까지 갔는가 보여주었다.

천자가 태자를 책봉하고 온 천하의 죄인을 모두 사면하자 유연수도 귀양에서 풀렸으나 서울로 갈 생각을 하지 못하고, 다시 벼슬할 생각을 단념하고 일반 백성으로 살아가겠다고 작정했다. 장차 자기 농토가 있는 시골로 처자를 데리고 가서 농사지으면서 살겠다고 생각하면서 길을 가다가, 어떤 관원의 행차를 만났는데, 바로 동청이었다. 그 장면을 다음과 같이 그렸다.

> 문득 북녘에서 오는 일행 人馬 辟易하는 소리 들리더니 이윽고 赤鳳凰旗로 좌우를 옹위하고, 크게 소리하되 "행인은 피하라!"하니, 일시에 행인들이 다 피하거늘, 한림이라 죽림 사이에 몸을 숨기고 눈을 들어본즉, 이는 동청이라. 대경 왈, "이놈이 어찌 靑雲을 이루었느냐? 그 행색 보니 만일 자사가 아니면 태수라, 반드시 엄승상에게 붙어 이 벼슬을 얻음이로다." 더욱 분통함을 이기지 못하더니, 또 呵道之聲이 들리거늘, 이 금시에 시녀배들이 칠보를 옹위하고 천천히 행하니, 빛은 날빛을 희롱하고, 향내는 觸鼻하여, 威儀之景이 前行보다 倍나 한지라.

벼슬을 하던 유연수가 일반백성의 처지가 되어 벼슬아치의 행차를 만나, 소리치며 호령하는 대로 몸을 피해야 했다. 벼슬아치란 공연히 거들먹거리면서 백성 위에 군림하고 백성을 괴롭히는 존재임을 알고, 유연수는 반감을 가지지 않을 수 없었다. 그런데 그 벼슬아치가 다른 사람이 아니고 동청이었다.

무자격자 동청이 벼슬을 한 것은 엄숭을 부정한 방법으로 움직였기 때문임을 쉽사리 알아차리고 분개하지 않을 수 없었다. 자기 탐욕을 채우기 위해서 국권을 차지하고, 벼슬을 파는 짓을 하니, 용납할 수 없다. 벼슬아치 뒤를 따라가면서 벼슬아치보다 더욱 야단스럽게 꾸며 행차를 하는 여인은 바로 동청의 아내가 된 교씨이다. 동청이 벼슬을 한 연유는 알아차린 유연수가 그 여인이 교씨인 줄은 알지 못했다.

이 대목에 작품 전체에서 문제된 몇 가지 탐욕이 한꺼번에 나타나 있다. (가) 모든 벼슬아치는 야단스러운 행차를 하면서 지위를 과시한다. (나) 나라를 부당하게 차지해 횡포를 부리는 집권자는 관직을 자기 소유물로 여겨 매매해 질서의 근본을 어지럽힌다. (다) 지위에 대한 욕망 달성을 위해 수단을 가리지 않는 비열한 야심가는 자기 주인을 배신하고 벼슬을 차지한다. (라) 자기의 이익만 생각하는 타락된 여인은 간부와 공모해 남편을 위해하고 애정과 지위를 얻는 행각을 서슴지 않고 한다.

이 가운데 (라)는 작품의 결말에서 분명하게 징치되었다. (다)를 행한 인물 또한 용납될 수 없다는 것을 보여주었다. 탐욕이 지나치면 반드시 망한다는 것을 납득할 수 있게 나타냈다. 그러나 (나)는 소극적으로 처리되었다. 천자가 정신을 차리고 부당한 권력자를 내쳤다고만 하고, 부당한 권력이 그 자체로 패망을 자초하는 과정은 보여주지 않았다. (가)에 관해서는 어쩌다가 관심을 가졌을 따름이고, 일관되게 문제 삼지 않았다.

(라)의 탐욕은 권선징악의 명확한 논리에 따라 다스렸다. 악인

교씨와 맞서는 선인 사씨가 있어서 그럴 수 있었다. (다)에도 같은 논리가 적용된 듯하지만, 그렇지 않다. 주인을 배신하는 비열한 야심가와 대조가 되는 긍정적인 인물이 설정되어 있지 않아 반론이 불분명하다. 악인의 하수인 노릇을 하다가 뉘우치고 돌아선 시비만으로는 선의 모습을 보여주는 데 역부족이다. (나)에는 권선징악이 적용되었다 하기 더욱 어렵다. 국정을 바르게 운영하는 정당한 권력자가 어떤가 말하지 못했다. 유연수는 그런 인물 노릇을 하기에 많이 모자란다. (가)에 관해서는 선악의 시비를 벌이지 않았다.

(라)의 영역에서 사씨는 선하고 교씨는 악하다는 것은 재론의 여지가 없는 사실이지만, 교씨의 처신이 어째야 하는가에 관해서 사씨가 일방적으로 정한 기준이 과연 타당한가에는 의문이 있다고 앞에서 분석했다. 사씨의 도덕주의가 불가피하게 저지르는 횡포에 대한 교씨의 반항은 전혀 부당한 방향으로 전개되어 옹호할 여지가 없지만, 그 동기나 출발점을 재검토할 여지가 있다. (다)의 동청이 저지른 악행을 그것이 기존의 질서를 거역하면서 자기의 욕망을 달성하고자 하는 일탈행위라고 이해하는 것은 가능하고 필요하다. 거기다 (나)까지 보태서, 이 소설은 탐욕이 빚어낸 악행을 다루는 것을 특별한 의의로 삼았다고 할 수 있다. 사씨나 유연수보다 교씨나 동청이 더욱 생동한 인물인 것이 그 때문이다.

선인의 선행보다 악인의 악행이 더욱 긴장되고 흥미롭고 현실감 넘치는 화젯거리임을 보여주어 흥미를 끌었다. 모든 소설의 공통점을 일찍 선명하게 갖추어서 소설 형성에서 획기적인 구실을 했다. 그러면서 권선징악을 위한 작품이라고 평가되어, 소설 배격론이 소설 옹호론으로 전환될 수 있게 하는 논거를 제공했다. 그러나 권선징악은 작품의 표면에 지나지 않는다. 권선징악이 제대로 적용된 영역은 한정되어 있으며, 선악의 개념이 무엇인가 하는 문제에 대해서 다시 살피지 않을 수 없게 한다. 선악의 문제를 현우의 문제와 함께 다루어, 의식이 깨어나는 것이 무엇보다도 소중하다고 하는 다른 일면의 진실을 말했다.

사람의 善惡이나 賢愚는 절대적인가 상대적인가? 미리 정해져 있는가, 상황에 따라서 달라지는가? 각자 자기 나름대로 지니고 있는 특성인가, 사람들 사이의 관계에 따라 바뀌는가? 善은 善이고, 惡은 惡인가? 善이 惡이고, 惡이 善일 수 있는가? 賢은 賢이고, 愚는 愚인가? 賢이 愚이고, 愚가 賢일 수 있는가? 善은 賢이고, 惡은 愚인가? 善은 愚이고, 惡은 賢일 수 있는가? 둘로 갈라진 생각 가운데 앞의 것에 근거를 둔 한 시대의 질서가 국가에서도 가정에서도 무너지는 위기상황을 문제 삼아, 질서 회복의 당위성을 입증하려고 하면서 뒤의 것이 타당하지 않는가 하는 의문을 자아낸 것이 작품 심층의 주제이다.

『구운몽』

『구운몽』의 주인공 양소유의 생애는 '영웅의 일생'에 의해 전개된다. 그러나 무력의 영웅이 아니고 애정의 영웅이다. 영웅과 영웅이 싸우는 시대는 가고 남자와 여자가 애정을 나누는 시대에 이르렀다고 한 점이 『金瓶梅』나 『好色一代男』과 상통한다. 비교고찰을 하면서 작품 내부로 들어가기로 한다.

세 작품 모두 한 남성과 여러 여성의 관계를 다루었다. 『구운몽』은 한편으로 『호색일대남』처럼 한 남자와 여러 여자의 관계를 다루어 상대역이 바뀌는 데 따라 새로운 사건이 벌어지는 삽화적 구성을 갖출 수 있다. 그러면서 다른 한편으로는 『금병매』에서와 같이 여성 인물이 겪은 사건도 일관성 있게 보여주었다. 여성의 일생을 보여주는 인물이 『금병매』에서는 潘金蓮이고, 『구운몽』에서는 진채봉이다. 그렇지만 潘金蓮은 여러 남성과 다면적 관계를 가졌으나, 진채봉은 한 남성과 정혼한 다음 이별의 수난을 겪고 다시 만났다.

『금병매』는 『潘金蓮傳』에다 『西門慶傳』을 보탰다고 할 수 있고, 『구운몽』은 양소유의 생애와 진채봉의 생애가 복잡하게 얽힌 유기적 구성을 갖추었다. 양소유가 처음 만난 상대가 진채봉이게 하고, 다른 상대를 여럿 만난 뒤에 진채봉과의 혼약이 이루어지도록 해서, 한 남자와 한 여자의 관계에다 한 남자와 여러 여자의 관계를 덧보탰다. 한 남자와 한 여자의 관계에 끼어든 다른 여러 여자는 혼인 방해자이다. 그러면서 다른 여러 여자도 양소유의 배필이 될 수 있는 자격을 충분히 갖추어 그 나름대로 주역 노릇을 해서 유기적 구성이 다면화되었다.

한 남성과 여러 여성의 관계를 다루는 삽화적 구성은 남성의 관심사를 나타낸다. 남성에게는 한 번 관계를 맺은 여자를 다시 찾지 않고 떠나가고자 하는 욕구가 있다. 그러나 여성은 떠나간 남자가 자기를 잊지 않아 다시 만나게 되기를 바란다. 사건을 그렇게 전개하려면 유기적인 구성을 해야 한다. 『구운몽』은 『호색일대남』은 물론 『금병매』보다도 유기적인 구성을 더 잘 갖추어 여성의 관심사를 적극 받아들였다. 한국소설의 다른 여러 작품도 그런 특징을 뚜렷하게 갖추어 여성독자와 친밀한 관계를 가졌다.

『구운몽』에서는 양소유가 장수가 되어 나아가 외적을 물리치는 것은 나중에 겉치레 삼아 나오는 사건이고 생애의 전 기간 동안 여인들의 사랑을 차지하는 데 뛰어난 능력을 발휘하는 애정의 영웅 노릇을 한다. 양소유가 과거를 보러 가다가 난리를 만나 산속에 들어가 피했을 때 거문고와 퉁소를 주고 연주하는 법을 가르치고 "후일에 필히 쓸 곳이 있으리라"고 했다. 도승이 영웅에게 무기를 주고 적군을 물리치는 방법을 가르친 것과 달리 악기를 주어 여인의 마음을 사로잡을 수 있게 했다. 양소유가 도사에게 혼사에 대해서 물으니, "그대의 아름다운 인연은 여러 곳에 있다"고 했다.

양소유가 집을 떠나 과거 길에 올랐다가 맨 처음 진채봉을 만났다. 진채봉은 이층에 있고, 양소유는 길을 가다가, 우연히 내려다보고 쳐다보게 되어 서로 매혹되었다. 그것은 『금병매』에서 潘金蓮과 西門慶이 눈이 맞은 사건과 기본 설정이 동일하다. 두 사람이 직접 접촉할 수는 없으므로 매개자가 있어야 한 점도 서로 같다. 우연한 기회에 남녀의 사랑이 이루어지도록 하는 통상적인 방법을 양쪽에서 함께 사용했다.

양소유가 길을 가다가 버들이 風流롭고 情이 많음을 기리는 노래 楊柳詞를 지어 읊는 소리를 樓上에서 들은 진채봉이 문을 열고 내려다보았다. 양소유는 진채봉의 아름다운 모습에 매혹되었다. 두 사람은 서로 보기만 하고 아무 말도 하지 못했다. 그 여자는 어사의 딸 진채봉이었다. 진채봉은 "여자의 장부 좇음은 종신의 대사라, 일생 영욕과 고락이 달렸으니, 문군은 과부라도 오히려 상여를 좇았으니 이내 나는 처자의 몸이니 비록 스스로 중매하는 혐의를 피치 아니하나, 부녀의 절행에는 해롭지 아니하다"고 생각하고, 시를 지어 유모에게 주고 양류사를 읊던 남자를 찾아 전하라고 하고, 양소유가 또한 답하는 시를 유모 편에 전했다. 두 사람이 주고받은 시는 각기 다음과 같다.

樓頭種楊柳　　누 앞에 버들을 심었으니
擬繫郎馬住　　낭군의 말을 매어 머물게 하더니,
如何折作鞭　　어찌하여 꺾어 채찍을 만들어
催下章臺路　　재촉하여 장대 길로 내려가뇨?

陽柳千萬絲　　버들이 천만 실이나 하니
絲絲結心曲　　실마다 마음 굽이에 맺혔도다.
願作月下繩　　원컨대 월하의 노를 만들어
季傳春消息　　봄소식을 전코자 하노라.

『금병매』의 여주인공 潘金蓮은 하층민이며 여러 남자를 겪은 음란한 여인이고, 어사의 딸인 진채봉은 교양을 갖춘 상층의 처녀인 점은 서로 달랐지만 남자를 보고 매혹된 것은 같았다. 그런데 『금병매』에서는 남자가 적극적으로 나서서 매개자 왕파에게 자기의 뜻이 이루어지도록 해달라고 부탁했는데, 『구운몽』에서는 여자가 먼저 매개자 유모더러 자기의 뜻을 나타내는 편지를 전해달라고 했다. 그런 차이점이 왜 생겼는지 문제가 아닐 수 없다.

작품에서 묘사한 사회의 풍속이나, 작품을 쓴 사람의 의식이 서로 달라 그런 차이점이 생긴 것은 아니다. 남녀 어느 쪽의 독자에게 중점을 두었는가 하는 것이 결정적인 차이점이다. 『금병매』는 독자가 西門慶이 되어 潘金蓮을 바라보면서 서문경과 같은 생각을 하도록 한 작품이다. 『구운몽』은 독자가 진채봉이 되어 양소유를 바라보면서 진채봉과 같은 생각을 하도록 한 작품이다. 남성 독자를 위한 소설인 『금병매』는 남녀관계는 바로 성행위라고 했으며, 정신적인 이끌림은 그 자체로 의의가 없고 성행위의 자극제일 따름이라고 여겼다. 여성 독자를 위한 소설인 『구운몽』에는 여자와 남자 사이의 정신적인 이끌림이 황홀하다고 했으며, 성행위는 필요한 절차이기는 해도 드러내서 묘사할 의의는 없다고 했다.

그러한 차이점을 두고 다양한 해석을 할 수 있다. 『금병매』는 사실주의, 『구운몽』은 이상주의를 택했으니, 『금병매』 쪽이 더욱 가치가 있다는 주장이 제기될 만하다. 그러나 소설의 임무는 그리는 대상의 사실적인 묘사가 아니고, 작자와 독자로 참여하는 사람들 사이의 토론을 절실하게 전개하는 것이다. 소설은 거울이라는 견해를 버리고, 토론장이라는 견해를 받아들여야 한다. 『구운몽』은 남성 작자가 쓴 작품이면서 여성 독자가 바라는 바를 적극적으로 나타내서 여성의 주장을 적극화한 것이 가치이다.

두 작품 가운데 어느 쪽은 사실적이고, 어느 쪽은 이상적이라고 하는 것은 부적당한 판정이다. 남성독자에게는 남녀관계를 성행위로 다룬 소설이 사실적이다. 그러나 여성독자에게는 여자와 남자 사이의 정신적 이끌림을 잘 나타낸 소설이 사실적이다. 이렇게 말하면 여성의 성적 욕구를 얕잡아보는 남성의 편견 때문에 그릇된 발언을 한다는 반론이 제기될 수 있다. 어느 연구자도 남녀 양성을 구비하고 있지 못했으므로, 이에 대해서 공정한 판단을 할 수 없다. 그렇지만 남녀관계를 연구한 여성 전문가가 밝혀 논한 바를 차선의 증거로 삼는 것은 가능한데, 그 결과는 남자는 성행위를, 여자는 정신적 이끌림을 더욱 소중하게 여기는 것으로 나타났다.

남녀의 정신적 이끌림을 성행위보다 더욱 소중하게 여기는 소설은 사실적이지 않다고 비난하는 것은 남성의 편견이다. 김만중은 사실적인 소설을 쓸 능력이 없어서 환상적인 이야기를 펼쳐 보인 것은 아니다.『사씨남정기』에서 교씨와 동청이 놀아난 대목을 보면 그런 말을 할 수 없다. <端川節婦詩>를 소설로 옮기는 것도 쉬운 일이다. 어머니를 첫 독자로 생각하고 여성 취향의 소설을 쓰기 위해서 각별한 노력을 한 결과가『구운몽』에 잘 나타나 있는 것을 주목하고 평가해야 한다.

서두에서 南岳 衡山 이상세계에서 승려인 성진과 도가의 팔선녀가 만나 이 세상으로 유배되었다고 한 설정은 남녀의 정신적 이끌림의 신이로운 필연성을 입증하는 최상의 환상적 방법이다. 양가집 딸 진채봉이 지나가는 총각을 보고 한 눈에 반해 일생의 반려자로 삼겠다고 작정하는 그런 불가사의한 이끌림은 실제로 얼마든지 있는데 소설에다 그대로 옮겨놓으면 작위적이라는 비난을 듣는다. 그 때문에 생기는 어려움을 김만중은 남악 형산에서의 만남을 설정해서 풀었다. 양소유와 여덟 아내는 남악 형산에서 만나 품었던 소망을 이 세상에서 유감없이 실현하고 그 곳으로 되돌아가 모든 것이 허망함을 깨달았다고 해서, 사랑을 성취해 행복을 누리기를 바라 마땅하지만 이룬 것이 있다 해서 도취하거나 집착하지는 말아야 한다고 했다.

그렇게 하는 데서 한 걸음 더 나아가 "一切有爲法 如夢幻泡影" 이라고 해서 사랑과 이별, 성취와 상실, 행복과 불행이 둘이 아니고 하나라고 가르친 것이『구운몽』의 결말이다. 그것은 다른 두 작품에서 나타낸 불교사상과 표면상 유사하다. 『금병매』의 결말에서는 절에 맡겨진 西門慶의 유복자가 노승과 함께 공중으로 사라졌다고 했다. 『호색일대남』에서는 이 세상이 '浮世'여서 온통 허망하다고 거듭 말했다.

그러면서 불교를 이해하는 방식에서 상당한 차이점이 있다. 『호색일대남』에서 '浮世'인 이 세상은 모든 것이 허망하므로 무슨 짓이든지 거리낄 것 없이 욕망을 추구해 마땅하다고 한 것이 작품의 출발점이다. 출발점이 닫혀 있는 것만큼 결말은 열려 있어, 노년에 이른 주인공이 욕망 추구를 확대하기 위해 새로운 세계를 찾아 떠나는 모험을 한다고 했다. 그렇게 해서 선악의 구분을 무시하고, 부정해야 할 것을 긍정했다. 그런데 『금병매』와 『구운몽』에서는 주인공이 열려 있는 가능성을 마음껏 실현해 바라는 바를 모두 이룬 다음 삶이 허망하다고 하는 결말에 이르렀다.

그러나 『금병매』와 『구운몽』은 결말이 아주 다르다. 『금병매』의 결말에서 보이는 패망이나 징벌이 『구운몽』에는 없다. 西門慶은 횡사하고 뒤를 이을 자식을 두지도 못했지만, 양소유는 부귀를 이룰 대로 다 이루고 많은 자식을 두어 영광을 잇도록 했다. 모든 것을 상실해 허망하다고 하는 것과 무엇이든지 다 이루었어도 허망하다고 하는 것은 다른 말이다. 『구운몽』에서 말한 "一切有爲法 如夢幻泡影"은 선과 악, 성취와 상실의 구분을 넘어선 깨달음이다. 그래서 공허하다고 할 수도 있고, 차원이 더 높다고 할 수도 있다.

이상에서 지적한 차이점은 세 작품의 기본성향을 분별하는 데 소중한 의의가 있어 사회의식과 결부시켜 고찰할 필요가 있다. 불교가 『호색일대남』에서는 욕망 추구를 합리화하고, 다른 두 작품에서는 욕망 추구를 제어하는 구실을 했다. 시민의식과 귀족의식이 그처럼 서로 다르게 나타났다고 할 수 있다. 삶이 허망하다는 것이 『금병매』에서는 세태비판과 깊이 연결되고, 『구운몽』에서 공허하다고도 할 수 있고 차원이 높다고도 할 수 있는 인생론으로 제시된 것은 시민을 비판하는 귀족의식과 자기의 삶을 스스로 되돌아보는 귀족의식의 차이라고 할 수 있다. 그러나 세 작품 모두 그렇게 구분해서 이해할 수 있는 사상을 인간관계의 복잡한 양상을 통해 보여주어 다양한 의미를 구현하고 있다.

『금병매』는 淫書로 지목되어 배격되었다. 그러나 음서만이 아니고 사회현실에 대한 고발이 심각하게 나타나 있는 것을 바로 알아 작품을 평가해야 한다고 한다. 世情에 대해서 통달한 정도에서 『금병매』를 능가하는 작품은 없다고 한다. 『구운몽』은 이상주의소설이고 사상소설이라고 한다. 그렇게 말하고 마는 것은 일면적인 평가이다. 『구운몽』은 사상보다는 애정을 찾는 독자들에게 인기가 있어 널리 읽혔다. 작품의 두 가지 면모가 따로 노는 것은 아니다. 남성작가가 자기 쪽의 관심사에서 벗어나 여성의 요구를 적극 받아들인 애정소설을 쓰기 위해 이상주의 사상이 필요했다고 보면 그 양면이 하나로 연결된다.

『구운몽』은 『금병매』·『호색일대남』과 함께 한 남자와 여러 여자의 관계를 다루었다. 진채봉과 양소유가 사랑을 맺게 된 사연을 취급하는 데 그쳤다면 여성 취향의 애정소설이라는 견해가 타당할 수 있으나, 양소유는 二妻六妾의 여덟 여인을 아내로 삼았다. 그것은 남성 위주의 혼인이고, 여성에 대한 남성의 횡포이다. 양소유와 자기를 동일시한 남성독자는 양소유가 한 여인씩 차지할 때마다 새로운 즐거움을 느낄 수 있다. 그것이 작품의 표면이다. 그러나 여덟 여인과 양소유의 만남에서 여성 쪽이 줄곧 주도권을 가진다. 여성독자는 자기를 여덟 여인과 차례대로 동일시하면서 새로운 삶을 누리는 간접체험을 할 수 있다. 그것은 작품의 이면이다.

처지가 서로 다른 여덟 여성은 각기 자기에게 맞는 방식으로 양소유와의 사랑을 성취한다. 상층의 여성이든 하층의 여성이든 그 점에서 차이가 없다. 서로 다른 여성이 서로 다른 남성과 만나 각기 자기 나름대로 살아갔다고 하지 않고, 한 남성의 사랑을 성취하는 경쟁을 벌이도록 해서 직접 비교할 수 있게 한다. 처지가 다르면 사랑을 성취하는 방법과 과정이 어떻게 다른가 분명하게 확인할 수 있게 한다. 그 양상을 살피면서 남녀 어느 쪽의 독자라도 흥미를 느끼면서, 상층이면 행복한 것도, 하층이라고 해서 불행한 것도 아님을 깨달을 수 있다.

여덟 여인이 양소유와 만난 순서대로 들면 (1) 진채봉, (2) 계섬월, (3) 정경패, (4) 가춘운, (5) 적경홍, (6) 심요연, (7) 백능파, (8) 난양공주이다. 사회적인 위치의 상하를 들어 정리하면 커다란 격차가 있다. (8) 난양공주는 공주여서 최상위이다. (3) 정경패는 고위관원의 딸이어서 그 다음 위치이며 공주가 되어 난양공주와 동격이 되었다. (1) 진채봉은 상층에서 몰락한 처지이다. 어사인 아버지가 역적으로 몰려서 죽고 고아가 되었다. (6) 심요연은 지체 구분 밖의 외국인이다. (7) 백능파는 용왕의 딸이니, 지체 구분 밖의 異物이다. (2) 계섬월은 서울 기생이고, (5) 적경홍은 시골 기생이다. (4) 가춘운은 정경패의 시비여서 가장 천하다.

남주인공이 시민인 『금병매』에서는 시민 이하 층의 여자만 상대역이어서, 지체의 차이가 그리 크지 않다. 西門慶의 여자들이라도 처첩은 구분이 있고, '金·瓶·梅'로 지칭된 세 첩은 李瓶兒·潘金蓮·春梅 순서로 지체가 한 단계씩 더 낮았다. 그러나 지체가 낮으면 욕정을 충족하기 위해 수단을 가리지 않는 정도가 더 심해지는 것을 보여주었을 따름이다. 『호색일대남』에 등장하는 여자들도 지체의 차이가 있지만, 구분해서 문제 삼지 않았다. 그 두 작품은 신분의 차이를 보여주기는 했어도 특별한 관심사로 삼지 않았다.

『구운몽』에서는 신분의 차이가 계속 문제가 되었다. 남자 주인공이 하급귀족에서 상급귀족으로 상승하는 변화를 보이면서, 상대역인 여자가 최상층에서 최하층까지, 공주에서 시비까지 분포되는 양상을 다루었다. 남녀관계가 사회층위에 따라 달라진다는 것을 통해 사회층위론을 전개했다고 할 수 있다. 한 남자와 한 여자의 관계는 다룰 수 있는 사건의 폭이 좁고, 여러 남자와 한 여자의 관계는 생각하기 어렵고, 여러 남자와 여러 여자의 관계에 관심을 가지도록 할 시기는 아니므로, 한 남자와 여러 여자의 관계를 통해서 그런 작업을 했다.

상층의 여자는 남자와의 만남을 성취하기 위해서 복잡한 절차를 거쳐야 한다. 혼례를 작정하고 성취하기까지 수많은 단계가 있다. 그러나 하층의 여자는 남자와의 만남에 아무런 절차도 없다. 중매자도 없고, 혼례의 절차를 거치지 않고 바로 동침할 수 있다. 한 사회에서 동시대에 사는 사람들 사이에 상하 지체의 차이가 얼마나 큰가 하는 것을 보여주는 데 이보다 더 좋은 사례는 없다. 남녀관계로 상하관계를, 상하관계로 남녀관계를 보여주는 범위를 『구운몽』은 『금병매』나 『호색일대남』에 비해 월등하게 넓혔다.

상하관계와 남녀관계 가운데 남녀관계는 절대적이고 상하관계는 상대적이다. 절대적인 남녀관계를 들어 상대적인 상하관계를 보여주는 것이 그 반대의 경우보다 작품을 쓰기도 쉽고 공감을 얻는데 유리하다. 그런데 상하관계를 거쳐 남녀관계로 되돌아오는 전개를 보였다. 상하관계를 매개로 남녀관계를 다루었다. 상하관계를 확인하면서 남녀관계는 뒤집어놓았다. 남녀관계를 뒤집어놓으면서 상하관계도 뒤집었다. 하층의 여성이 상층의 여성보다 더 많은 자유를 가지고 남녀관계를 스스로 만들어내면서 남자에 대한 우위를 입증한다고 해서 상층의 우위는 명목에 지나지 않는다고 했다.

난양공주를 등장시킨 것은 최상층 여자의 본보기를 보일 필요가 있었기 때문이다. 최상층 여자 공주의 배필을 구하는 부마 간택은 여자 쪽에서 주도권을 가지고 남자 쪽에게는 거부권도 없음을 알려주어 상하의 구분이 남녀의 구분보다 더 크다는 것을 밝혔다. 부마가 된 남자는 최상의 지위를 얻는 대신에 자유롭지 못하게 살아가야 하니 여난을 겪는다고 할 수 있다. 남녀의 대결에서 여자가 이겨 그렇게 된 것이 아니다. 상하의 대결은 있을 수 없다고 하는 사회적 장벽을 보여줄 따름이다.

양소유와 정경패의 관계는 상층끼리의 결연이어서 여러 단계에 걸쳐 이루어진다. 정경패의 집에서 양소유를 사위로 삼으려고 하자 양소유는 여장을 하고 그 집에 가서 도사에게 배운 음악을 연주해서 사랑을 구하는 뜻을 암시했다. 정경패는 속은 앙갚음을 하기 위해서 자기 시비 가춘운의 도움을 청해, 가춘운이 선녀로 가장해서 양소유를 유혹하도록 했다. 양소유가 상대방이 선녀가 아닌 가춘운임을 알아차리고 나무라자 다음과 같은 대화가 오고갔다.

"사람을 섬기려 하며 먼저 속임이 부녀의 도리 어떠하뇨?"

춘운이 꿇어 대답하되, "다만 장군의 호령만 듣고 천자의 조서는 듣지 못하였나이다."

양생이 그윽히 차탄하여 가로되, "옛 신녀는 아침에 구름이 되고 저녁에 비 되더니, 춘랑은 아침에 신선이 되고 저녁에 귀신이 되니 족히 대적하리로다. 강한 장수의 군이 약한 이 없다 하니 비장이 저러하니 대장은 알리로다."

보다시피 남녀관계를 전투에다 견주었다. 선녀로 가장한 시비 가춘운의 공격을 감당하지 못했으니, 시비가 그렇게 하도록 시킨 장수 정경패는 싸워서 이길 수 없는 상대라고 양소유가 고백하고 백기를 들었다. 양소유와 정경패는 서로 만나지 않고 싸워 정경패가 승리했다. 남녀관계를 이끌어나가는 주도권 다툼에서 남성을 패배시키고 여성이 승리하고자 하는 여성의 희망을, 예사 작가는 생각하기 어려운 교묘한 사건을 설정해 관철시켰다.

정경패가 양소유에게 시집가기 전에 자기 시비를 먼저 보내 동침하게 한 것은 남녀불평등이다. 가춘운은 시비라는 이유에서 주인의 남편에게 첩이 되어야 하고, 혼례도 갖추지 않고 몸을 허락해야 하는 것은 더욱 불공평하다. 그러나 그것은 사회관습이므로 어떻게 할 수 없었다. 그런 관습을 타파해야 한다고 주장하는 소설이 나올 수 있는 시기는 아니었다. 작가가 할 수 있는 일은 그런 관습의 남존여비를 그 내부에서 여존남비로 바꾸어놓고자 하는 여성의 여망을 받아들여 작품화하는 것뿐이었다. 여성의 내밀한 요구를 받아들여 그렇게 전개되는 작품을 쓰는 데 『구운몽』의 작자는 동시대 국내외의 다른 어느 소설가보다 앞섰다.

진채봉과 양소유의 결연에 관해서는 양소유가 산속에서 만난 도사가 "이 혼인 길이 어둡기가 밤 같으니 천기를 어디 미리 누설하리오"라고 했다. 많은 장애가 있어 어렵게 이루어지는 인연의 한 본보기를 진채봉과의 관계를 통해서 보여주었다. 진채봉은 어떤 어려움이 있어도 양소유와의 만남이 이루어지리라고 믿고 기다렸다. 부모가 정한 혼사라도 그래야 하지만, 자기가 정한 배필이니 더 말할 것도 없다. 고난을 견디면서 기다리는 여인의 심정에 깊이 공감하게 하는 것이 작가의 임무라고 여겨 진채봉의 이야기를 앞에다 내놓았다.

외국인 자객인 심요연이나 용왕의 딸인 백능파를 등장시킨 것은 자기가 사는 사회 밖에는 남자처럼 무예를 익히고 배우자를 적극적으로 구하는 여인이 있음을 암시하는 의의가 있고, 양소유가 사는 세계 밖에 다른 세계가 있음을 암시해서 양소유가 성진으로 되돌아갈 수 있는 길을 여는 데도 기여한다. 기생인 계섬월과 적경홍은 많은 남자를 상대하다가 마음에 드는 사람을 발견하면 적극적으로 유혹을 해서 배필을 삼고자 했다. 자유로운 처지를 잘 활용해서 최상의 선택을 하는 대상이 된 것이 양소유에게 커다란 행운이었다.

남성독자는 자기를 양소유와 동일시하면서 용모나 성격이 서로 다른 여덟 여인과 결연하는 간접체험을 할 수 있다. 그러나 여성독자는 자기를 여덟 여인과 차례대로 동일시하면서 각기 다른 처지에서 상이한 절차를 거쳐 양소유와 같은 남성과 결연하는 간접체험을 할 수 있다. 남성독자는 작가 김만중 같은 사람이고, 여성독자는 김만중의 어머니 같은 사람이다. 김만중이 어머니를 위해 이 작품을 지었다고 할 때부터 양쪽 독자가 생극의 관계를 가졌다.

『구운몽』은 남녀 양쪽 독자에게 환영받아 작품이 널리 유통되고 높이 평가되면서 양쪽 독자는 경쟁하게 했다. 그렇다면 어느 쪽이 우세인가? 사건의 전체적인 전개에서는 남성이 우위에 있음을 확인하고, 남성독자는 안심했을 수 있다. 그러나 그것은 사회관습의 반영일 따름이다. 남녀결연이 이루어질 때마다 여성이 주도권을 가지는 것을 보고 여성독자는 즐거웠을 수 있다. 그것은 작가가 애써 이룩한, 표리를 전도하고 숨은 진실을 발현한 성과이다.

『구운몽』이 남녀 어느 쪽의 독자에게 더욱 흥미로운가 하는 문제는 영원히 해결되지 않는다. 어느 누구도 남녀 양성을 구비하지 않아 공정한 판단을 할 수는 없다. 그러나 남성의 흥미는 사회관습을 재확인하면서, 여성 쪽에서 느끼는 흥미는 사회관습을 어기면서 이루어진다. 작품을 오늘날 다시 읽으면서, 남성독자는 과거로 돌아가고자 하는 유혹을 받을 수 있고, 여성독자는 남녀관계에서 주도권을 가지고자 하는 요구가 오랜 연원을 가졌음을 확인할 수 있다.

비교의 대상으로 삼은 동아시아소설 세 편은 모두 한 남자와 여러 여자 사이의 남녀관계를 다루면서 귀족과 시민 사이의 상하관계를 동시에 문제 삼았다. 『금병매』는 지위는 상실하고 학식은 남은 귀족의 관점에서 귀족이 향락을 일삼는 시민의 삶에 적극적인 관심을 가져 핍진한 묘사를 하면서, 반감을 나타내고 비판을 하기도 하는 이중의 태도를 보였다. 『호색일대남』은 시민이 욕망 추구에 몰두하는 시민의 삶에 관해 스스로 술회하면서 귀족의 감각을 받아들여 품격을 높인 결과 색정담이 서정시가 되게 했다. 그런데 『구운몽』은 그 두 작품과 상당한 거리가 있다.

『구운몽』은 최고위의 귀족이 자기와 같은 주인공의 삶을 다루면서, 여성의 관점을 택해 자기도취에서 벗어났다. 남녀관계의 주도권을 여성에게 넘겨주고, 하층의 여성일수록 남녀의 우위를 역전시킬 수 있는 재량권을 더 많이 가지는 것이 마땅하다고 했다. 오늘날의 여성이 보기에는 많이 부족하다고 할 수 있으나, 그 정도의 작품을 쓰는 것이 쉬운 일이 아니다.

동아시아소설은 17세기 이전에 이미, 한 남자와 여러 여자의 관계를 통해 귀족과 시민의 경쟁적 합작을 이룩하는 작품구조를 제대로 완성도 높은 대작을 마련해 중세에서 근대로의 이행기 세계소설사의 선두주자가 되었다. 그런 성공이 침체의 원인이 되었다. 그 뒤의 소설은 이미 마련한 성과를 부분적으로 수정하는 데 만족하고 근본적인 혁신을 할 수 없었다. 17세기까지에는 이렇다 할 성장을 이룩하지 못하고 준비단계에 머무르고 있던 유럽소설은 18세기 동안의 전환을 거쳐 19세기에 들어서야 여러 남자와 한 여자의 관계를 다루는 또 한 가지 형태의 소설을 확립해 근대소설을 이룩하는 데 앞섰다.

간추려 말하면

『사씨남정기』는 勸善懲惡 소설이라고 해왔다. 처 사씨는 善, 첩 교씨는 惡의 전형이다. 선한 사람은 선하고, 악한 사람은 악하다. 선인은 악인을 도우려고 하는데 악인은 선인을 해친다. 그 때문에 선인이 수난을 당하지만 결국 악인이 망하고 선인이 승리한다.

그러나 이것은 작품의 표면이다. 내면은 그렇다고 할 수 없다. 표면의 권선징악 때문에 작품이 읽히는 것은 아니다. 내면에서 전개되는 반론이 독자를 흥미롭게 하고 긴장되게 한다. 표면은 대강 읽어도 보이지만, 내면은 자세하게 살펴야 드러난다. 작자는 말하지 않은 것 같은 내면을 독자가 발견하고 과연 그런지 따지고 자기 생각을 가지고 쓰면서 읽기를 해야 얻는 것이 많다.

자세하게 살펴야 드러나는 내면에서 사씨는 선을 내세워 우월한 위치가 더욱 돋보이게 한다. 거기 맞서는 교씨는 악을 생존수단으로 삼는다. 사씨가 교씨도 자기처럼 선하라고 하는 것은 존재 이유를 부정하는 횡포이다. 그렇다고 해서 사씨가 악하고 교씨가 선한 것은 아니다. 선악이란 경우에 따라서 달라 일률적으로 판정하기 어렵다. 賢愚가 선악 못지않게, 생각하기에 따라서는 더욱 긴요하다. 선인은 어리석어 악인의 지혜를 당해내지 못하는 것이 심각한 사태이다.

『구운몽』은 男女不平等을 보여준다고 해왔다. 한 남성이 여덟 여성을 아내로 삼는 것은 용납할 수 없다. 잘못된 사회의 그릇된 관습을 당연한 것처럼 그리니 결코 좋은 작품일 수 없다. 양성평등을 추구하는 오늘날의 관점에서 엄중히 비판하고 배격해야 한다. 그러나 이것은 작품의 표면이다. 표면과는 다른 이면이 있어 여성 독자들을 사로잡았다. 한 남성과 여덟 여성의 관계를 다루면서 남녀의 결연을 여덟 번 보여주었다. 여성의 지체에 따라 결연 방식이 다른 것이 흥밋거리이다. 어느 경우에든지 결연에서 여자가 주도권을 가졌다. 처지에 따라 주도권을 행사하는 방식이 달랐다.

일부다처의 설정을 기존의 관습에서 가져온 것은 이웃 나라의 유사한 소설과 다르지 않다. 오직 이 작품에서만 여성 주도의 결연을 보여주는 방식으로 여성들의 잠재적인 욕구를 나타냈다. 표면에서는 남성 독자가 남주인공과 자기를 동일시하도록 하는 남성소설이고, 내면에서는 여성 독자가 여덟 여성의 삶을 체험한다고 가상하게 하는 여성소설이다. 어느 쪽이 더욱 흥미로운지 남녀 양성을 구비한 사람이 없어 공평하게 판정할 수 없다.

작품을 표면만 보고 평가하는 것은 잘못이다. 내면을 알아보지 못하면서 연구를 한다, 논문을 쓴다 하는 것은 웃기는 일이다. 표면에서는 기존관념을 그대로 따라 쉽게 받아들여지게 하고서, 알 만한 사람만 알 수 있는 내면에서 혁명을 하는 것이 좋은 작전이다.

토 론

❑ **문**: 『구운몽』에서 남주인공이 여덟 여인과 결연하는 사건을 각기 독립시켜 이해할 수 있는가?

❑ **답**: 남주인공을 경우에 따라 다르게 설정해 여덟 여인과의 관계가 여성 주도로 이루어지는 다양한 방식을 보여준다면, 그것은 내면의 표면화이다. 무대를 국내로 하고 사회상을 자세하게 그리면서 이렇게 했다면 더욱 놀라운 결과를 얻었을 것이다. 그러나 김만중이 지닌 표면상의 위신 때문에 가능할 수 없었다. 그러나 우리는 내면을 찾아내 읽고 평가할 수 있다.

❑ **문**: 내면을 찾아내면 표면은 부정될 수 있는가?

❑ **답**: 아니다. 내면과는 다른 표면이 엄연히 존재하고 그 나름대로 가치를 가진다. 『구운몽』은 (가) 영원한 깨달음의 영역인 초월의 세계, (나) 국내외의 다툼이 전개되는 권력의 세계, (다) 남녀가 경합하는 애정의 세계를 함께 다루었다. 이것들은 문학의 세 역영인데 흔히 따로 취급한다. 오늘날 한국에서 (나)를 다루는 남성용 방송극과 (다)를 다루는 여성용 방송극이 다른 시간대에 방영된다. 『구운몽』은

둘을 합치고, (가)까지 갖추었다.

『구운몽』은 (가)로 (나)를 싸고, (나)로 (다)를 쌌다. (가)는 (나)보다, (나)는 (다)보다 우월하다는 관념을 그대로 두고서, (가)를 (나)로, (나)를 (다)로 뒤집었다. 上下와 男女가 가치의 서열에 따라 구분되는 당시 사회의 질서를 표면에 나타내면서, 내면에서는 하층이 상층보다, 여성이 남성보다 적극적으로 자기 삶을 이룩한다는 것을 보여주었으므로 그 어느 쪽도 부정될 수 없다. 양면을 구비해서 훌륭하다.

❏ 문: 지금 말한 원리가 다른 문학작품에도 존재하는가? 브레히트(Brecht) 서사극의 경우는 어떤가?

❏ 답: 서사극은 표면의 관습을 깨고 내면의 주장을 바로 내놓기 때문에 앞에서 다룬 작품과 견주면 유사한 점보다 상이한 점이 더 크다.

❏ 문: 시대가 달라졌으므로 주장할 것을 바로 내놓아야 하지 않는가?

❏ 답: 문학은 연설의 무대가 아니고 토론장이어야 한다. 상이한 주장을 함께 취급해야 포괄하는 범위가 넓고 설득력이 커진다.

❏ 문: 사회주의적 사실주의에 대해서는 어떻게 생각하는가?

❏ 답: 강령을 실행하는 긍정적 주인공을 생동하게 그려 설득력을 높이라고 하는 것이 이중으로 무리이다. 긍정적 주인공을 생동하게 그리는 것은 달성하기 어려운 희망이다. 내세우는 강령이 찬성자들에게는 새삼스러울 것이 없고, 반대자들의 반발을 불러일으킨다. 혁명투쟁기에는 그래도 볼 만한 작품이 있었으나, 소비에트 체제가

들어선 다음에는 공산당에서 요구하는 정치적 제약 때문에 작품을 제대로 쓰기 어려웠다. 당대의 모순은 덮어두고 혁명이 일어날 때에 구체제와 싸운 일이나 되풀이해서 다루라고 하니 과장은 늘어나고 충격은 줄어들었다. 『소설의 사회사 비교론』에서 이에 관한 고찰을 했다.

❑ 문: 사실주의는 버려야 하는가?

❑ 답: 사회주의적 사실주의가 그 지경이 되었다고 해서 비난을 사실주의 전반으로 확대해 사실주의를 포기해야 한다고 하는 것은 잘못이다. 사회주의적 사실주의 잘못을 시정하면서 사실주의를 바로잡고 재인식해야 한다. 사실주의를 새롭게 마련해 전에 없던 가치를 창조해야 한다. 틀에 박힌 방식에서 벗어나 기존의 설정과 발상을 혁신해야 한다. 『사씨남정기』와 『구운몽』도 그 나름대로의 사실주의를 이룩했다. 그런 전례를 참고해 오늘날 우리가 할 일을 해야 한다.

『소설의 사회사 비교론』에서 소설이 무엇인가 하는 일반론을 정립하기 위해 『사씨남정기』를 포함한 네 작품을 예증으로 삼았다. 그 가운데 하나인 케냐 작가 은구기(Ngugi)의 『울지 마라, 아가야』(*Weep not, Child*)를 다시 보자. 어린 아이의 시각에서 세상의 변화를 살핀 조그마한 작품이지만, 소설의 사실주의를 다시 마련해 세계소설사의 방향을 재정립한 의의가 있다.

오늘날 우리 소설은 사회상을 묘사해야 사실주의 소설이 된다고 하는 인습을 벗어나지 못하고 다룬 내용이 너무 협소하다. 다른 한 편에서는 유럽에서 하고 있는 소설의 해체를 따라야 한다고 한다.

유럽에서 소설의 전범을 마련했다고 여기는 것은 잘못이다. 눈을 크게 뜨고 아프리카소설을 살피고 넘어서야 한다. 우리 소설의 고전에서도 배워 더 나은 것을 만들어야 한다.

❑ **문**: 표리부동이라고 한 것이 훌륭한가?

❑ **답**: 그렇다. 자기 시대 17세기의 표면과 내면의 관계를 핍진하게 보여주는 소설을 써서 사물의 본질이 표리부동임을 일깨워주었다. 『西浦集』과 『西浦漫筆』에서 각기 보여준 표리를 소설에서 더욱 절실하게 나타냈다. 사물 인식의 원리를 문학을 근거로 삼아 정립할 수 있게 했다. 그런데 김만중을 전공하고 소설을 연구한다는 사람들조차 표면만 보고 내면은 무시하니 잘못이다. 표면만 말하고 마는 헛소문에 구애되지 말고, 표리부동의 원리를 발견해 학문 일반론으로 정립해야 한다. "표면에서 내면으로"라고 한 이번 학기 작업의 핵심에 해당하는 것을 얻어내야 한다.

❑ **문**: 지금 한 말이 사회학문에 어떤 기여를 할 수 있는가?

❑ **답**: 안팎에서 읽고 따지면서 표리부동을 밝히는 방법이 사회구조나 의식형태를 밝혀내는 데 바로 쓰일 수 있다. 스스로 경험하는 것은 안에서 읽기이다. 경험의 범위를 넘어서서 전체의 맥락을 알아내고, 다른 대상과 비교하는 밖에서 따지기를 함께 진행해 서로 호응되게 하는 것이 마땅하다.

❑ **문**: 표리부동의 원리가 자연학문에도 적용되는가?

❑ **답**: 물질 연구에서도 적용되어야 하지만, 생명 연구에는 반드

시 필요하다. 생명 연구가 긴요한 과제로 등장해 자연학문과 인문학문의 만남을 피할 수 없다. 표리부동이라고 한 것은 생극론의 다른 이름이다. 생극론이라는 말을 너무 많이 써서 일단 피하고 다른 방식으로 논의를 전개했다. 표리부동 또는 생극론은 학문 전반의 원리이다.

제8강 구비철학을 찾아서

논의의 유래

이 글은 2005년 2월 17일 전라남도 진도에서 열린 한국구비문학회 모임에서 발표했다. 구비문학과 다른 학문의 관계를 고찰하는 것이 공동주제여서 나는 철학과의 관계를 선택했다. 발표문을 손보아 학회지에 넘긴 뒤에 다시 고치고, 강의를 한 다음에 더 다듬은 것을 여기 내놓는다.

학회 발표 때에도 토론이 있었으나 시간 제약 때문에 많이 모자랐다. 강의는 글을 읽어나가는 방식을 택하지 않고 토론하듯이 했다. 충분한 시간을 가지고 묻고 대답했다. 학회에 모인 전문가들은 당연히 그렇다고 여겨 그냥 넘어간 사안에 대해서 강의 참석자들은 새삼스러운 의문을 가졌다. 논의를 다각도로 깊이 하니 내용이 새로워졌다.

좋은 착상이 깊이 숨어 있다가 밖으로 나왔다. 내면의 각성 덕분에 표면도 달라졌다. 이러한 사실은 구비철학의 창조력이 기록철학보다 앞선다는 증거이다. 구비철학에서 생명을 얻어야 기록철학에서 창조가 이루어진다고 하는 이치를 체험으로 입증했다.

구비문학과 구비철학

구비문학이라는 말은 30여 년 전에 정착되었다. 구비철학은 아직 생소한 말인데 이제부터 널리 쓰면서 필요한 연구를 하자고 주장하려고 한다. 구비문학과 기록문학의 관계를 해명해 문학연구를 혁신한 전례를 구비철학과 기록철학에다 적용해 철학 이해의 새로운 지평을 열고자 한다.

구비문학은 다면적인 성격을 지녀 여러 학문에서 연구할 대상이다. 그런 작업의 하나로 여기서는 구비문학을 구비철학으로 다루고자 한다. 구비문학 연구를 더욱 확대하고 발전시키기 위해 이 작업이 필요한 것만은 아니다. 한국철학에 대한 새로운 이해와 평가에 기여하는 것을 더 중요한 과제로 삼는다.

구비문학은 언어이다. 언어의 일반적인 특징을 보여주면서, 구두어가 서사어와 어떻게 다른지 말해주는 생생한 연구 자료이다. 구비문학 녹음 자료 및 전사 출판 자료가 구두어 이해를 위해 큰 기여를 한다. 이 시대가 서사서만 후대에 전하는 편향성을 시정하는 데 『한국구비문학대계』나 그 비슷한 보고서가 큰 구실을 하리라고 기대한다.

구비문학은 민속이다. 문학 가운데 민속이라는 이유에서 민속문학이라는 말이 널리 쓰인다. 민속의 영역을 구분해보면, 행위민속이나 물질민속과는 다른 언어민속이다. 구비문학을 민속으로 연구한 업적이 이미 풍부하게 축적되어 민속 일반론 발전에 기여하고, 언어민속론이 특히 잘 나가는 분야이게 한다.

구비문학은 문학이다. 다면적 성격 가운데 문학이라는 점을 특별히 강조해 구비문학이라는 용어를 사용한다. 구비문학을 자료로 삼아 문학 일반론을 새롭게 정립하고 기록문학과의 관계를 밝히고, 그 자체의 특성을 해명하는 작업에서 많은 연구 성과를 거두었다. 그것이 우리 학계의 자랑스러운 업적이어서 널리 알릴만하다.

구비문학은 정보이다. 미래를 예언하는 정보를 제공해준다는 말이다. 세상에 떠돌아다니는 말 가운데 사실인가 의심되고 사실이 아닐 가능성이 큰 정보이지만 무시할 수 없는 의미를 가진 것들을 구비문학에서 다루어 마땅하다. 진인 출현설에서 미확인비행물체(UFO) 논란에 이르기까지 그런 예를 여럿 들어 검토한 바 있다. 언론정보학, 사회심리학, 종교학 등에서 잘 하지 못하는 작업을 구비문학의 연구의 영역을 넓혀 감당하자고 했다.

구비문학은 철학이다. 위에서 든 논의가 구비문학은 철학이라고 하는 데까지 이어지는 것이 당연하다. 철학은 구비철학과 기록철학으로 이루어져 있다. 철학 일반에 대한 새로운 이해를 하고, 기록철학이 형성된 바탕을 알기 위해 구비철학을 연구해야 한다.

무엇을 하려는가

1971년에 출간한 『구비문학개설』에서 민요, 설화, 탈춤, 판소리 등을 구비문학으로 통칭하고 전반적인 이해의 체계를 수립한 것은 획기적인 사건이다. 구비문학은 문학이며 문학으로 연구해야 한다. 문학은 구비문학과 기록문학으로 이루어져 있다. 이것이 그때 제기된 주장이다. 기록문학 전공자들은 이에 동의하지 않았으나, 문학사는 구비문학과 기록문학이 관련을 가져온 내력임을 입증해 반론의 여지가 없도록 했다. 그 성과가 1982년부터 2005년까지 내놓고 고쳐 다시 내고 한 『한국문학통사』에 집약되어 있다.

구비문학은 구비철학으로 이해할 수 있다. 이렇게 말하는 것이 지금부터 펴고자 하는 논의의 출발점이다. 구비문학이 구비철학이라면 구비문학의 가치를 더욱 적극적으로 평가하고 연구의 수준을 한층 높일 수 있다. 구비문학 전공자들끼리 이렇게 다짐하면 되는 것은 아니다. 구비문학은 문학이며 문학으로 연구해야 하고, 문학은 구비문학과 기록문학으로 이루어져 있다고 하면서 기록문학 전공자들을 상대로 전개한 것과 같은 투쟁을 다시 해야 한다. 구비철학은 철학이며 철학으로 연구해야 하고, 철학은 구비철학과 기록철학으로 이루어져 있다는 주장을 관철시키기 위해 기록철학 전공자들과 싸워야 한다.

발언의 강도를 높이면 싸움에 이기는 것은 아니다. 연구의 개척, 축적, 확장 등에 다각도로 힘써야 한다. 문학사가 그렇듯이, 철학사에서도 구비철학과 기록철학이 관련을 가져온 내력을 밝혀야 철학사를 제대로 이해해야 한다고 입증하는 것이 핵심 과제이다. 문학사의 경우보다 더 오랜 기간 동안 한층 힘든 작업을 해야 달성할 수 있는 목표를 제시하고 분발을 다짐하는 출정식을 준비하려고 한다.

문학사를 바꾸어놓는 것보다 더욱 벅찬 이 작업을 내가 온통 맡아 나설 수는 없다. 그만한 시간이 없고 힘이 모자란다는 것을 시인하고 과욕을 버리고, 용서를 구한다. 이제 학문의 길에 들어서는 젊은 이들이 수십 년의 작업을 구상하고 감당하기를 간절하게 바란다. 얻은 성과를 주고받고 서로 격려하면서 함께 올라가야 정상 등정이 가능하다.

기록문학 전공자들을 상대로 논쟁을 벌이고, 다시 기록철학 전공자들에게 도전해 무엇을 얻자는 것인가? 새로운 인식의 지평을 활짝 열어 학문의 역사를 바꾸어놓자는 것이다. 구비문학을 모르고 하는 기록문학 연구는 헛것이다. 마찬가지로 구비철학이 철학의 모체이고 바탕임을 생각하지 못하고 기록철학만 들여다보는 것은 바보짓이다. 헛것을 버리고 진실을 찾고 바보짓에서 벗어나는 통찰을 얻어야 학문을 제대로 한다.

기록문학과 구비문학의 관계를 고찰하는 지난 시기의 작업은 외롭게 진행했다. 구비철학을 찾아가는 길은 더 험하지만 전례가 있어 도움을 받을 수 있다. 외면에서 내면으로 나아가 둘을 함께 파악하는 방법을 개척하는 시도의 이 작업을 하므로 하나로 방향이 뚜렷하다. 기록문학이나 기록철학으로 나타나 있는 표면의 기록은, 구비문학이나 구비철학에서 확인되는 내면의 구비가 있어서 창조되었다는 사실을 입증하고 둘 사이의 얽힘을 해명하면 학문 발전에서 획기적인 의의를 가지는 진전을 이룩한다.

취지를 알리고 동참자를 구하기 위해 기본적인 사실부터 다룬다. 구비문학의 다면적인 성격을 열거하고 그 가운데 하나가 철학이라고 한 서두의 논의는 이미 알고 있는 사람에게는 필요하지 않다. 구비철학에 대한 기본적인 이해 또한 새삼스러운 것이 아니다. 그래도 생략할 수는 없다.

구비철학의 사례로 거론하는 것들은 대부분 알려져 있다. 더 찾아내고 상론해야 마땅하지만 각론이 중요한 것은 아니다. 구비철학의 의의를 구비문학 전공자들이 재인식해 철학이 무엇인가 하는 문제를 다시 제기해 기록철학 전공자들이 지닌 편견을 타파하는 논쟁을 일으킬 준비를 하는 것이 여기서 하고자 하는 일이다.

구비문학 가운데 구비철학으로 이해하고 평가할 수 있는 것은 훨씬 더 많다. 김헌선, <구비문학과 철학의 상관성>, 『구비문학연구』 13 (한국구비문학회, 2001)라는 기존 연구에서 구비문학의 거의 전 영역을 점검했다. 이 글이 발표된 학술회의의 발제 논문인 임재해, <구비문학에 의한 현실문화 만들기의 가능성과 필요성>에서 구비철학에 대한 다양한 이해의 필요성을 말하고 유교윤리의 한계를 넘어서는 孝不孝, 烈不烈 계통 설화를 주목하자고 했다.

구비철학을 넓게 찾고 깊이 연구해야 한다. 그러나 우선순위가 있다. 기록철학과의 대결을 유리하게 이끌 것들을 먼저 선택해 비교론을 전개해야 한다. 앞에서 든 사례 가운데 유식이 무식이고 무식이 유식임을 말해주는 것이 그런 관점에서 특히 소중하다. 진리의 발견으로 높이 평가해야 할 그런 견해가 어떤 기록철학에서도 나타나지 않기 때문이다.

철학은 쉬운 말을 어렵게 하고, 문학은 어려운 말을 쉽게 한다고 『철학사와 문학사 둘인가 하나인가』(지식산업사, 2000) 서두에서 말했다. 유식이 무식이고 무식이 유식이라는 것은, 쉬운 말을 어렵게 해서 유식이 무식이게 하는 철학에서는 할 수 없는 말이다. 어려운 말을 쉽게 해서 무식이 유식임을 알리는 문학에서나 할 수 있는 말이다. 문학의 표현법을 사용하는 구비철학은 철학 글쓰기에 매여 있는 기록철학보다 더욱 앞서는 철학이다.

지금까지의 논의는 구비철학의 가치를 입증하자는 것이면서 그 이상의 의의를 지닌다. 학문 혁신을 위한 실제 작업의 한 본보기를 구비철학에서 찾으려고 한 것이 더욱 소중한 작업이다. 구비철학은 철학이고, 철학사는 구비철학과 기록철학이 관련을 가져온 역사라는 사실이 새로운 학문을 하는 지침이 된다고 밝혀 논하려고 했다.

구비철학 인식의 내력과 방향

글로 쓴 기록철학이라야 철학이라고 하는 것은 기록문학이라야 문학이라고 하는 것과 같은 부적절한 견해이다. 표면만 알고 내면은 모르는 무지이다. 철학도 문학처럼 글이기 전에 말이었다. 문학이 구비문학에서 시작되었듯이 철학 또한 구비철학에서 시작되었다.

구비철학이 기록철학보다 선행했다는 것은 명백한 사실이다. 인도의 『베다』나 석가, 또는 공자의 가르침은 구전되다가 기록되었다. 인도에서는 후대에도 크게 깨달은 사람은 일자무식이라고 했다. 글은 쓰지 않고 말만 한 소크라테스를 유럽철학의 시조로 받든다. 철학은 기록에서 비롯했다는 주장은 성립되지 않는다.

이른 시기 구비철학에서 기록되지 않은 것은 사라졌다. 『論語』가 있어 孔子의 사상을 알 수 있다. 소크라테스에 관한 이해는 플라톤에 의거한다. 기록되지 않고도 전해지려면 구전이 이어질 수 있게 하는 특이한 구조를 갖추어야 한다. 기록되어 전하는 것을 보면 그런 특성이 없다.

기록철학이라야 철학이라고 하게 된 다음에도 기록철학에 관한 강의나 논의는 구두로 이루어졌다. 근대 이전의 기록철학은 민족어가 아닌 공동문어를 사용했다. 공동문어를 그대로 말로 할 수 없어 민족어 구어를 사용해야 했다. 그 부분도 구비철학이라고 한다면 구비철학은 기록철학과 계속 동반관계를 가졌다. 동반관계에서 구비철학이 대단한 활약을 하기도 한다.

그러나 '구비철학'(oral philosophy)이라는 말은 전에 없다가 아프리카 철학 연구에서 사용되기 시작했다. (『철학사와 문학사, 둘인가 하나인가』, 지식산업사, 2000, 61-69면에서 전개한 논의를 가져와 재론한다.) 철학은 글이어야 한다고 할 때에는 아프리카에는 철학이 없다고 했다. 그것은 자존심이 크게 상하는 일이므로, 반론을 제기해야 했다. 아프리카인의 자아 각성을 위해 철학에 대한 재인식도 반드시 필요했다.

(Albert G. Moseley ed., *African Philosophy, Selected Readings*, Englewood Cliffs, New Jersey: Prentice Hall, 1995; P. H. Coetzee and A. P. Roux ed., *Philosophy from Africa, a Text with Readings*, Johannesburg: International Thomson Publishing Company, 1998에서는 아프리카 구비철학을 발견하고 평가한 글을 모았다. Safro Kwame ed., *Readings in African Philosophy, an Akan Collection*, Lanham, Maryland: University Press of America, 1995이라는 것은 아프리카 철학의 문제를 아칸 민족의 구비철학을 통해서 논의한 논문 선집이다. Kwame Gyekye, *An Essay on African Philosophical Thought, the Akan Conceptual Scheme*, Cambridge: Cambridge University Press, 1987에서는 아칸 민족의 철학을 들어, 아프리카철학의 실상을 고찰했다.)

아프리카 구비철학의 본보기를 들어보자. 가나의 아칸(Akan) 민족은 철학을 '니안사'(nyansa)라고 한다. 그 말은 '지혜'를 뜻한다. 모든 존재에 대한 체계적인 설명을 지혜의 내용으로 삼는다. '오니아메'(Onyame)라고 하는 절대적인 존재 또는 신이 있어 천지를 창조하고, 하위의 신들도 만들어냈다고 한다. 사람은 불멸의 '오쿠라'(Okra)라고 하는 '영혼'이 신과 바로 연결되어 있어 신의 아들이지만, 다른 한편으로는 '순숨'(Sunsum)이라고 하는 '정신', '호남'(Honam)이라고 하는 '육체'도 갖추고 있어 신과는 다르다.

말리의 도곤(Dogn) 민족은 한층 추상화된 생각을 한다. 유일신인 '암마'(Amma)가 최초의 원리이고, 모든 것이 있게 한 원인이다. '암마'에 의해 만들어진 '놈모'(Nommo)는 言이고, 水이고, 熱이며, 둘로 나누어져 작용하고 운동하면서 만물을 생성한다고 한다. 사람이 생겨나는 데도 쌍을 이루는 '놈모'가 계속 작용했다. 많은 복합적이고 복잡한 현상이 그 작용으로 이해되고 설명된다.

폴리네시아 사람들의 철학도 관심의 대상으로 등장하고 있다. 세계철학사를 개관한다고 한 책에서 (Eliot Deutsch and Ron Bontekoe ed., *A Companion to World Philosophies*, Oxford: Blackwell, 1997), 유럽 밖에서 나타난 철학의 연원을 중국 · 인도 · 폴리네시아 · 아프리카 · 불교 · 이슬람에서 찾았다. 폴리네시아는 문자를 사용하지 않은 곳이어서 구비철학밖에 없다. 이야기나 노래 형태의 구비전승에 우주와 생명, 인간과 역사에 관한 견해가 있다.

우주의 질서는 훌륭한 조화를 이루고 있으며, 사람은 그 일부로 살아간다. 부조화를 일으키는 재난이나 비극도 있지만 극복되고 만다. 마우이(Maui)라는 반신반인의 장난꾼 영웅이 새로운 질서를 이룩하는 주역 노릇을 한다. 하와이 원주민의 오랜 전승을 모은 『쿠무리포』(*Kumulipo*)에 그런 생각이 다채롭게 나타나 있다. 『동아시아 구비서사시의 양상과 변천』, 문학과지성사, 1997, 422-431면에서 이에 관해 고찰했다.)

구비철학이라는 말을 중국에서 사용하는 것은 아니다. 그러나 소수민족의 철학사를 내면서 구비철학을 철학으로 받아들였다. (蕭萬

源 外 主編,『中國少數民族哲學史』, 合肥: 安徽人民出版社, 1992가 그 좋은 예이다.) 일찍부터 문자를 사용한 漢族만 철학을 하지 않고 문자를 사용하지 않는 여러 소수민족의 구비전승 가운데 철학으로 평가할 것이 적지 않다고 한다. (앞의 책과 함께 肖万源 外 主編,『中國少數民族哲學・宗教・儒學』. 北京: 當代中國出版社, 1995; 조동일,『동아시아 구비서사시의 양상과 변천』, 서울: 문학과지성사, 1997에서 자료를 얻는다.)

布依族은 淸氣와 濁氣가 갈라지더니 淸氣는 위로 올라가 하늘이 되고, 濁氣는 아래로 내려와 땅이 되었다고 한다. 壯族은 커다란 氣가 셋으로 갈라져서, 하나는 하늘, 하나는 바다, 하나는 땅이 되었다고 한다. 白族은 盤古와 盤生 형제가 생겨나, 盤古는 변해서 하늘이 되고, 盤生은 변해서 땅이 되었다고 했다. 반고의 신체 각 부분이 해・달・별이 되고, 반생의 신체 각 부분이 변해서 나무・강・흙이 되었다고 한다. 彝族은 혼돈 가운데 바람이 일더니 창조주가 생겨나 천지만물을 창조했다고 했다. 창조주는 金・木・水・火・土를 만들어 창조의 재료로 썼다.

구비철학이 아프리카, 폴리네시아, 중국 소수민족군에만 있는 것은 아니다. 세계 모든 곳의 어느 민족이든 구비철학을 이룩했다. (André Jacob dir., *L'univers philosophique* , Paris: Presses Universitaires de France, 1989에서는 아프리카 여러 곳, 남북 아메리카 원주민, 오세아니아, 말레이민족, 시베리아, 집시, 코르시카사람들의 사례를 여러 필자가 분담해서 간략하게 고찰했다.) 그런데 자세하게 논의되지 못하고 있는 것은 연구를 주도해온 유럽문명권 학자들이 접근할 기회가 없었거나, 아니면 전승을 잃어버려 다루기 어렵게 되었기 때문이다.

위와 같은 사례를 들어 구비철학을 논할 때에도 기록철학이라는 말은 하지 않고 있다. 기록철학이 없는 경우에만 구비철학을 관심의 대상으로 삼기 때문이다. 기록철학이 철학이라고 하는 곳에서는 구비철학을 무시했다. 구비철학과 기록철학은 함께 고찰하고 둘의 관계를 문제 삼는 것은 전에 없던 일이고 여기서 처음 한다. 구비철학과 기록철학이라는 두 용어는 유래가 다르다. 구비철학은 'oral philosophy'의 번역이지만, 'written philosophy'는 기록철학의 옮긴 말이다.

왜 새로운 작업을 하는가? 두 가지 이유가 있기 때문이다. 한국은 기록철학이 발달한 곳이면서 구비철학의 유산이 또한 풍부한 점이 특이하다. 구비문학과 기록문학의 관계로 문학을 이해하고 문학사를 고찰해 얻은 성과를 철학에 적용해 둘의 경계를 넘어서는 데 나는 특별한 관심이 있다. 그래서 한국의 특수성을 찾자는 것은 아니다. 세계 학문이 나아갈 길을 찾는 데 남다른 기여를 하고자 한다.

기록철학의 유무와 관련 없이 구비철학은 독자적인 영역을 가진다. 구두로 전해질 수 있는 특이한 구조를 가지고, 관습을 깨뜨리고 상식을 넘어서는 중대 발언을 해서 소중한 이치를 깨우쳐주는 것이 구비철학의 본령이다. 구비문학이라야 그럴 수 있는 조건을 갖춘다. 모든 구비문학은 구비철학이다. 그러나 구비문학 가운데 문학으로서의 가치가 큰 것이 있고 작은 것이 있다는 사실이 구비철학에도 해당한다. 모든 구비철학을 한꺼번에 논하려고 하지 말고 특히 뛰어난 것들을 찾아내는 데 힘써야 한다.

철학 연구의 사정 때문에 그런 작전이 필요하다. 문학 연구보다 철학 연구는 뛰어난 창조를 더욱 선호한다. 몇몇 정상급 철학자가 철학사를 온통 지배하는 관례를 바꾸어놓는 것을 구비철학에 관한 논의의 선결과제로 삼기는 어렵다. 구비철학에도 위대한 창조가 있어 정상급 철학자와 맞선다는 것을 입증하는 데 먼저 힘쓰는 것이 마땅하다.

구비문학론이 문학 연구를 바꾸어놓는 성과를 잊지 말자는 것은 아니다. 문학은 특별히 잘난 사람만 하는 별난 것이 아니고 누구든지 나날이 살아가면서 얻는 지혜의 창조물임을 구비문학에서 입증한 획기적인 전환을 구비철학에서도 기대한다. 지나치게 행세해 창조를 방해하는 거물 철학자들의 전제왕국을 무너뜨리고 민주화를 이룩하는 밑으로부터의 혁명을 구비철학에서 시작한다.

구비철학도 철학이라고 하려면 철학이라고 인정될 수 있는 증거를 제시하기만 하면 된다. 지금 여기서는 구비철학과 기록철학을 비교해 평가한다. 구비철학은 기록철학보다 지체가 낮기 때문에 지혜가 앞선다고 말하려고 한다. 내면의 진실을 드러내 표면의 통념을 깨는 충격을 주어야 한다.

세상이 잘못된 이유

중국 소수민족의 창세신화와 유사한 것이 한국에도 있어 구비철학의 연원을 이룬다. 공간의 영역을 천상과 지상, 이승과 저승으로 갈라놓고, 서로 어떤 관계를 가졌는지 말한다. 사람이 사는 곳은 지상이고 이승이다. 천상에서 뜻한 바를 지상에서 실현하는데, 제대로 되지 않아 부정이 많다 하고, 법도가 엄정한 곳은 저승이라고 했다. 자연철학에서 사회철학으로 관심을 옮기고서 다면적인 해석이 가능한 복잡한 이야기를 전개한다.

제주도의 <천지왕본풀이>를 들어보자. 천상에서 내려온 천지왕이 지상의 부인과 결연해 낳은 대별왕과 소별왕이 서로 싸우고, 해와 달이 여럿 나타난 것을 활로 쏘아 지금과 같이 조정했다고 한다. 그렇게 해서 탁월한 능력을 가진 지배자는 하늘과 연결되는 혈통을 가져 천체의 괴변을 해결할 힘을 가졌다고 하면서, 그런 권력자들 사이에 다툼이 있었음을 알려준다.

대별왕과 소별왕은 이승 차지 시합을 했다. 천지왕은 대별왕에게는 이승을, 소별왕에게는 저승을 다스리라고 했는데, 소별왕이 부정한 수단으로 내기에 이겨 이승을 차지한 까닭에, 저승은 법도가 엄정하지만 이승은 질서가 어지럽다고 한다. 사회가 잘못된 내력을 설명하는 말이어서 후대에 첨가되었을 것 같지만 그렇지 않다. 몽골의 창세신화에도 같은 내용이 있어 (노로브냠, <한국과 몽골의 창세신화 비교연구>, 서울대학교 석사논문, 1999에서 밝힌 사실이다), 양쪽이 함께 지닌 오랜 층위라고 보는 편이 타당하다.

세상이 부정으로 형성되었다는 것은 주목할 만한 사회철학이다. 경험에 입각해서는 이해할 수 없는 신이한 내력이 있어 세상이 처음 형성될 때에는 깨끗하기만 했는데 사람들이 부정을 저질러 더럽혀졌다고 하는 흔히 있는 생각을 거부했다. 부정이 신이한 내력에서 시작되었다고 하면서 경험에 입각한 인식이 존재의 근원과 합치된다고 한다. 부정이 존재 자체의 속성이니 어떻게 대처하면서 살아가야 하는가 하는 심각한 문제를 던진다.

올라가고 내려가기

문자를 사용하고 기록철학이 시작된 다음에는 구비철학의 구실이 약해지는 것이 세계 전체의 일반적인 현상이지만, 우리는 그렇지 않다. 좋은 증거를 元曉에게서 찾을 수 있다. 원효는 기록철학의 높은 봉우리를 이룩했으면서 구비철학을 활성화했다. 원효 자신이 두 가지 철학을 함께 한 것만이 아니고, 일반 민중이 원효를 두고 하는 이야기에서 구비철학의 빛나는 창조물을 계속 마련했다. (<원효설화의 변모와 사상 논쟁>, 『한국의 문학사와 철학사』, 지식산업사, 1997에서 이에 관해 고찰했다.)

『三國遺事』 권5 <二惠同塵>을 보자. 惠空 스님이 恒沙寺에 있을 때, 원효가 여러 경전을 풀이하면서 매번 스님을 찾아가 의심나는 곳을 묻고, 희롱하는 말을 주고받았다. 어느 날 두 사람은 시냇가에서 물고기와 새우를 잡아먹고 돌바닥 위에 대변을 보았다. 혜공이 그것을 보고 "네가 눈 똥이 내가 잡은 물고기이다"라고 했다고 한다. (이에 관해서 제 14강에서 자세하게 살핀다.)

두 사람은 승려인데 살생을 하고 헛소리를 했으니 무슨 기이한 일인가? 이런 의심이 부쩍 들면 무엇을 말하는지 알아낼 수 있다. 똥과 물고기를 두고 네 것이 내 것이고, 내 것이 네 것이라고 했다. 진리 탐구는 혼자 하는 일이 아니고, 대화와 토론을 필수적인 방법으로 한다. 함께 하는 일이 뒤바뀌면서 하나가 된다. 그런 과정을 거쳐 마침내 피아가 구별되지 않는 경지에 이르러야 한다.

물고기가 똥이고 똥이 물고기이니 깨끗한 것이 더럽고, 더러운 것이 깨끗하다. 물고기는 깨끗하고 똥은 더럽다는 분별을 넘어서야 한다. 물고기가 똥이고 똥이 물고기라는 것은 한 걸음 더 나아가

삶이 죽음이고, 죽음이 삶이라는 말이다. 삶과 죽음의 분별을 넘어서야 하는 것이 더 큰 목표이다. 원효가 기록철학에서 논증하고 주장한 바가 구비철학에서 한층 충격적인 형태로 나타나 설득력을 높였다.

혜공과 원효가 만나 어느 정도 기이한 언행을 했으므로 이런 이야기가 생겨났을 것이다. 그러나 듣고 전하는 사람이 더 많은 창조력을 보탰다. 다음에 드는 것들은 사실 여부에서 자유로운 구비창작물로서 특별한 의의가 있다. 원효에 관한 구비철학이 원효의 기록철학과 당당하게 맞선다는 것을 보여주었다. (지금까지 다룬 사례는 제14강에서 상론한다.) 원효는 당나라에 가다가 심한 폭우를 만나 토굴에서 비를 피하고 잠을 잤는데 깨어보니 옛 무덤이었다. 하룻밤 더 머물자 귀신이 나타나 놀라게 했다. 굴이라고 여기면 편안하게 자고, 무덤인 줄 알자 귀신이 나타나니 모든 것이 마음에서 생겨나는 줄 깨달아 이미 불법을 얻었으니 중국에 갈 필요가 없다면서, 원효는 의상과 헤어져 되돌아왔다고 했다.

『宋高僧傳』에 전하는 사건을 다른 데서 다채롭게 각색하고 말을 보탰다. 원효가 그 날 밤에 토굴 속의 샘물을 마셨는데 날이 밝고 보니 시체 또는 해골에 고인 물이었다고 했다. 구역질이 나서 토하려 하다가 모든 것이 마음에서 생기는 이치임을 문득 깨달았다고 했다. 원효의 학문이 의상과 다른 이유를 사실과 거리가 한층 멀어진 설화에서 더 설명했다.

『삼국유사』에서 동해안 낙산사에 관음보살이 나타났다 해서 찾으러 갔다고 한 이야기에서도 義湘과 원효의 대조적인 성향이 잘 나타나 있다. 의상은 보살을 만나려고 목욕재계하고 온갖 정성을 다 갖추었다. 보살은 용의 무리가 옹위하고 수많은 보배로 장식되어 있어 모습이 쉽사리 드러나지 않았다. '眞'과 '俗'이라는 말을 써서 논의를 진행해보자. '진'은 '진'이라고 하니, 높이 받들면서 찾아야 할 것은 더욱 멀어졌다. 그러나 원효는 그렇지 않았다.

원효가 만난 보살은 벼를 베거나 개짐을 씻고 있는 여자였다. 만나서 장난짓거리 말을 나누었다. 그것은 '진'과 '속'이 둘이 아니라는 말이다. 원효가 수많은 저술에서 역설한 사상의 핵심을 이야기를 만드는 사람들이 꿰뚫어보고 누구나 알 수 있게 나타냈다. 그러면서 원효가 모자라는 점까지 지적했다. 물을 달라고 하니 여자가 개짐을 빤 물을 떠주자, 원효는 쏟고 다른 물을 떠서 마셨다고 했다. 더럽고 깨끗하다는 분별에서 아주 벗어나지 못해 원효의 깨달음이 온전하지 못하다고 지적했다.

그 이야기는 거기서 끝나지 않고, 신라 말의 선승인 梵日에게로까지 이어져 불교사를 꿰뚫었다. 범일이 찾아낸 보살은 시골 아낙네의 철없는 아들놈이 동무삼아 노는 상대라고 했다. '속'이라야 '진'이라는 논리에 이른 셈이다. 그것이 선종의 사상이다.

고승은 높은 경지에 이르렀다고 우러러 보면서 칭송할 것은 아니라고 했다. 귀족불교에서 초탈을 내세우는 잘못을 타파하고 모든 격식을 깨는 것이 고승의 할 일이라고 했다. 원효와 비슷한 행적을 보인 다른 몇 사람의 이상스러운 승려들을 등장시켜 고답적인 불교를 불신하고 민중의 발랄한 삶을 긍정하는 것이 마땅하다고 했다. 숭고가 아닌 골계를 찾고, 격식을 버리고 비속을 택했다.

유식 위의 무식

원효 이야기를 다시 보자. 사복이라는 인물과의 관계가 『삼국유사』 권7 <蛇福不言>에 있다. 위의 논의에 포함될 수 있는 것이지만 오늘날의 구전과 연결시켜 다루려고 별도의 항목을 만들었다.

사복은 과부인 어머니가 남편 없이 낳은 아들이다. 사복이란 이름이 뱀처럼 기어 다니는 아이라는 뜻이다. 열 살이 되도록 일어서지 못하고 말도 못했다. 사복은 원효에게 자기 어머니 장사를 함께 지내자고 했다. 원효가 "나지 말라, 죽는 것이 괴롭다. 죽지 말라, 나는 것이 괴롭다"고 하자, 사복이 말이 많다고 나무라고 "죽고 사는 것이 괴롭다"고 했다. 사복은 어머니 시신과 함께 땅속에 들어가고 원효 홀로 돌아왔다.

같은 유형의 설화가 여럿 구전된다. 사건은 달라도 기본 구조는 일치한다. 세상에서 크게 알아주는 유명인이 무명인에게 지는 뜻밖의 일이 일어났다고 하는 점이 서로 같다. 인물 선택이 다양하고, 분포가 넓다.

경상북도 영덕군 영해면에서 현지조사를 하면서 몇 가지 사례를 발견했다.(『인물전설의 의미와 기능』, 영남대학교출판부, 1979) 이름난 시인 申維翰보다 신유한의 말을 모는 하인이 시를 더 잘 지었다. 남을 속이기를 일삼는 金先達이 속아 낭패를 본 일이 있었다. 천하장사 申乭石 장군이 어디 가서 누군지 모를 사람에게 지고 왔다.

전국적인 범위의 설화 조사에서는 더 많은 자료가 보고되었다. 그 가운데 하나만 골라 개요를 든다. 뛰어난 이인 李之菡조차 모르는 일을 소금장수는 알았다. 이지함은 물이 차올라온다는 것만, 소금장수는 경계선이 어디인가 하는 것까지 알았다. 이 유형은 전국에 널리 분포되어 있다.

(『한국구비문학대계』『별책부록 1 한국설화유형분류집』, 성남:

한국정신문화연구원, 1989의 “231-3 토정보다 나은 소금장수(부인)” 유형이다. 각권 『1-2 경기도 여주』, 『4-1 충청남도 당진』, 『4-3 충청남도 아산』, 『4-4 충청남도 보령』, 『4-5 충청남도 부여』, 『5-3 전라북도 부안』, 『6-2 전라남도 함평』, 『6-6 전라남도 신안』, 『7-15 경상북도 구미 · 선산』에 자료가 보고되어 있다. 비교고찰을 하고 싶으나 논의 진행에 방해가 될까 염려해 보류한다.)

이 유형의 설화는 무엇을 말하는가? (가) 가장 높다는 것보다 더 높은 것이 있다. 끝이 시작이다. (나) 낮은 것이 높고, 높은 것이 낮다. 미천한 것이 존귀하고, 존귀한 것은 미천하다. 무식이 유식이고, 유식은 무식이다. 높고, 존귀하고, 유식하다는 것을 자랑하면 역전이 빨리 다가온다.

(가)는 총론이라면, (나)는 각론이다. 둘 다 존재 일반의 원리이면서 사람이 살아가는 모습이다. (가)는 생극론의 성립 근거이고, (나)는 생극론을 이루는 중요한 이치의 하나이다. 이런 깨달음을 갖추는 데서 구비철학이 기록철학보다 앞섰다.

오륜에 관한 시비

사람은 五倫이 있어 다른 동물들보다 존귀하다. 이것이 유학의 기본사상이다. 朱熹가 나타나 그 근거를 한층 분명하게 해서 반론을 제기할 수 없게 했다. 그러나 18세기 氣철학자들은 절대적인 것 같은 권위를 조심스럽게 비판하면서 이치가 그렇지 않다고 깨우치려고 했다.

洪大容은 <毉山問答>에서 말했다. “五倫五事 人之禮義也 群行呴哺 禽獸之禮義也 叢苞條暢 草木之禮義也 以人視物 人貴而物賤 以物視人

物貴而人賤 自天而視之 人與物均也”(五倫이나 五事는 사람의 예의이고, 무리를 지어 기어 다니면서 서로 불러 먹이는 것은 금수의 예의이고, 떨기로 나며 가지가 뻗어나는 것은 초목의 예의이다. 사람의 견지에서 物을 보면 사람이 귀하고 物은 천하다. 物의 견지에서 사람을 보면, 物이 귀하고 사람은 천하다. 하늘에서 보면 사람과 物이 균등하다)고 했다.

탈춤 대사는 한 걸음 더 나아갔다. 사람만 五倫이 있다는 주장을 심하게 야유했다. 개에도 오륜이 있다고 했다. “毛色相似하니 父子有親이오, 知主不吠하니 君臣有義요, 孕後遠夫하니 夫婦有別이요, 小不敵大하니 長幼有序요, 一吠衆吠하니 朋友有信이라.” 지금은 이런 말마저 번역해야 이해할 수 있게 되었다. “털빛이 비슷하니 父子有親이요, 주인을 알아보고 짖지 않으니 君臣有義요, 새끼 밴 다음에는 지아비를 멀리 하니 夫婦有別이요, 작은 것이 큰 것에게 대들지 않으니 長幼有序요, 한 마리가 짖으면 뭇 놈들이 짖으니 朋友有信이라.”

오륜이란 다름 아니라 산 것들이 살아가는 모습이다. 사람만 오륜이 있다는 것은 사람만 살고 있다는 말이다. 이렇게 주장하면 큰일난다. 윤리적 질서의 근본을 부정하는 대역죄를 저지르니 목숨을 부지할 수 없었다. 윤리가 모든 것의 근본이라고 여기던 시대였다. 탈춤 대사란 함부로 하는 말이라, 귀 기울여 듣고 문제 삼을 것이 아니니 그냥 지나갔다. 글을 써서 이치를 논하는 사람이 같은 말을 하는 것은 있을 수 없는 일이었다.

신명이란 무엇인가

崔漢綺는 사람이 정신활동을 하는 氣를 ‘神氣’라고 하고, 사물을 인식하고 표현해 나타내는 과정을 '神氣'의 발현이라고 했다. '神氣'가 바로 '신명'이다. '神'은 양쪽에 다 있는 같은 말이고, '氣'를 '明'이라고 일컬을 수 있다. 안에 간직한 神氣가 밖으로 뻗어나서 어떤 행위나 표현 형태를 이루는 것을 두고 신명을 '푼다'고 한다.

'신명풀이'란 바로 '神氣發現'이다. 사람은 누구나 神氣 또는 신명을 지니고 살아가지만, 천지만물과의 부딪힘을 격렬하게 겪어 심각한 격동을 누적시키면 그대로 덮어두지 못해 神氣를 발현하거나 신명을 풀지 않을 수 없는 지경에 이른다. (제2권 제8강에서 신명풀이에 대해 한 차례 논의했다. 여기서는 탈춤의 신명풀이를 다른 예증을 들어 고찰해 서로 보완이 되게 한다.)

탈춤에서는 신명풀이를 몸으로 한다. 공연 전체가 신명풀이로 이루어져 있다. 그러면서 신명풀이의 철학을 구현하고 있기도 하다. 양주산대 제5과장 제2경 침놀이가 그 좋은 본보기이다. (『탈춤의 원리 신명풀이』, 지식산업사, 2006의 일부를 가져와 이용한다.) 내용이 복잡해 자세한 분석이 필요하다.

말뚝이라는 위인이 아들 · 손자 · 증손자를 데리고 산대굿을 구경하러 나왔다가, 아들 · 손자 · 증손자가 음식을 함부로 사먹고 관격이 되어 사경에 이르렀을 때, 완보라는 친구를 만났다. 말뚝이와 완보는 아들 · 손자 · 증손자를 살리려고 여러 가지로 애쓰다가, 신주부라는 의원을 불러 온다. 신주부가 침을 놓자, 아들 · 손자 · 증손자는 살아난다. 나타난 대로 보면 이런 내용이다. 무엇을 의미하는지 알아보려면 다음과 같은 분석이 필요하다.

삶	죽음
(가) 주식을 함부로 사먹고 관격이 되었다.	
(나) 술독에 거꾸로 빠졌다. 초상집에서 된 급살을 맞았다. 음마등병에 걸렸다.	
	(다) 죽은 지 석삼년 열아홉 해가 되었다. 백골천창이 되었다.
	(라) 살아나려고 손가락이 꼼지락한다. 죽지 않았으니 살려주시오.
(마) 신을 풀지 못해서 난 병이다. 3대 4대가 무당일세. 신이 나니까 뛰지.	
(바) 침을 놓으니 살아나 춤을 춘다.	

이렇게 정리해 놓고 보면, (가)에서 (나)를 거쳐 (다)로 가는 과정은 삶에서 죽음으로의 이행이고, (라)에서 (마)를 거쳐 (바)로 가는 과정은 죽음에서 삶으로의 이행이다. 삶에서 죽음으로 다시 죽음에서 삶으로 이행하는 것이 전체적인 내용이다. 이것이 바로 순차적인 구조의 핵심이다. 침을 놓으니 살아났다는 것은 흔히 있을 수 있는 평범한 일에 지나지 않는다. 그 정도라면 침놀이는 심각한 의미를 가지지 않는 구경거리라고 할 수 있다.

(나)와 (마)의 관계는 그렇게 단순하지 않다. (나)에서는 하고 싶은 대로 한 과욕이 죽음의 원인이라고 하고, (마)에서는 하고 싶은 대로 해서 신명을 풀어야 살아날 수 있다고 한다. (가)와 (바)만 보면 삶에서 죽음으로, 다시 죽음에서 삶으로 이행하는 것이 우발적 사고 해결이라고 하겠는데, (나)와 (마)가 있어 문제가 그처럼 단순하지 않다.

(나)에서 말하는 죽음의 원인은 (가)에서 말하는 것보다 심각하다. 술독, 초상집, 음마등병 등은 우발적 사고가 아니며, 하고 싶은 대로 한 과욕이 죽음의 원인임을 말해준다. (마)에서 제시한 죽음에서 삶으로 이행하는 방법은 침을 놓아 병을 치료하는 정도의 것이 아니다. 치료법의 더욱 깊은 원리를 제시해, 하고 싶은 대로 해서 신명을 풀어야 한다고 한다.

(가)와 (바)는 순차적인 구조의 서두와 결말이지만, (나)와 (마)의 대립에 관해서는 같은 말을 할 수 없다. (나)와 (마)는 둘 다 욕망에 관해 말하면서 (나)에서는 욕망이 죽음의 원인이라고 하고 (마)에서는 욕망이 삶에의 길이라고 하는 서로 반대되는 주장을 한다. 그러므로 (나)와 (마)의 대립은 작품의 병행적 구조를 만들어, 순차적 구조에서 드러나지 않는 사실을 구현한다.

(다)와 (라)는 둘 다 죽은 상태를 말하면서도 서로 반대가 된다는 점을 주목할 필요가 있다. (다)에서는 완전히 죽어 버려서 살아날 가망이 없다고 한다. (라)에서는 죽기는 죽었어도 살아날 수 있다고 한다. 죽은 지 석 삼 년 열아홉 해가 되었는데 살아나려고 손가락을 꼼지락하니, 죽었다고 하면 죽었고 살았다고 하면 살았다. 죽음이 곧 삶이라는 역설이다. 죽음이 곧 삶이어서 죽음에서 삶으로의 전환이 가능하다. (나)와 (마)의 대립은 (다)와 (라)의 대립이 있기 때문에 성립될 수 있다. 병행적 구조가 (나)와 (마)의 대립에서 특히 풍부하게, (다)와 (라)의 대립에서 가장 날카롭게 나타난다.

(가)에서 (다)까지의 전개는 하고 싶은 대로 하는 과욕이 죽음의 원인이라고 하고, 죽음에서 벗어날 수 없다고 한다. (라)에서 (바)까지의 전개는 하고 싶은 대로 하지 못하고 욕망을 억제한 것이 죽음의

원인이라고 하고, 죽음에서 벗어날 수 있다고 한다. 통상적인 주장이 앞의 것으로 제기되는 데 대해서 탈춤은 뒤의 반론을 제기한다.

과욕이 죽음의 원인이므로 욕망을 억제해야 한다고 한다면 문제가 다시 생긴다. 욕망의 억제는 활동의 최소화를 요구한다. 하고 싶은 대로 하고 신명을 풀어야 죽지 않을 수 있다면, 죽음이 극복되고 삶이 예찬된다. 삶은 신이 나니까 뛰고, 술독에 거꾸로 빠지더라도 술을 마시고, 초상집에 가서도 먹을 것을 먹고 마실 것을 마시고, 장애가 있더라도 성욕을 충족시키는 것이 마땅하다.

말뚝이는 스스로 "3대 4대 무당일세"라고 했다. 말뚝이 일가가 노래하고 춤추며, 뛰놀면서 충만한 삶을 계속해 왔다는 뜻이다. 그런 사람들이 탈춤을 만들고 즐기면서 욕망을 억제하지 않고 충족하면서 삶을 예찬하는 주장을 폈다.

말뚝이·아들·손자·증손자는 삶에서 죽음으로 이행하는 과정에서, 그리고 죽음에서 삶으로 이행하는 과정에서 서로 상반된 의미를 가지고, 두 과정의 필연성을 동시에 입증한다. 두 과정이 서로 팽팽하게 맞서 있는 것만은 아니다. 근본이 천인이고 놀기 좋아하는 성미여서 아들·손자·증손자를 다 데리고 놀이판에 나온 말뚝이는 한쪽을 선택했다. 욕망을 함부로 충족시키는 것이 죽음의 원인이므로 욕망을 억제해야 한다는 것이 자기 생각은 아니다. 그것은 강요된 탓에 마지못해 받아들인 도덕적 당위이다.

말뚝이 일가는 그런 구속에서 벗어나 하고 싶은 대로 하고 신명을 풀어야 죽음에서 벗어난 삶에 이른다는 것을 입증하고, 죽음에서 벗어나 삶에 이르는 새로운 길을 찾아냈다. 말뚝이·아들·손자·증손자의 관계에는 존재하는 위계질서를 거부하고, 말뚝이보다는 아들이, 아들보다는 손자가, 손자보다는 증손자가 신명이 더욱 과하다는 것을 보여주었다. 희망 찬 미래가 약속되어 있다고 했다.

철학사 이해 바로잡기

구비철학이 철학이라고 인정하고, 구비철학은 세계 어느 곳에든지 있었다는 사실을 알면, 철학사 이해의 관점이 달라진다. 철학사는 표면과 내면의 관계를 가진 구비철학과 기록철학을 함께 다루어야 하고, 둘의 관계를 해명해야 한다.

이와 함께 유럽문명권중심주의의 근간을 이루는 편견을 시정하고 대안을 마련하지 않을 수 없게 되었다. 철학은 고대그리스에서 시작된 유럽문명권의 독점적인 산물이 아니고, 인류의 모든 집단이 각기 이룩한 창조물이다. 유럽철학을 받아들일 때 자기 전통에 입각해 변형시키고 재창조하는 것이 당연한 일이다.

한국의 구비철학은 한국철학사 이해를 바꾸어놓는다. 우선 취급범위가 달라져야 한다. 한국철학사는 구비철학사와 기록철학사를 함께 다루어야 한다고 명시해 둘의 관계를 중요시해야 한다. 한국철학사에 대한 전반적인 이해를 바로잡아야 한다.

한국철학사를 중국철학 또는 중국에서 재정립된 불교철학의 수용사라고 하고 마는 것도 잘못이다. 구비철학이 수용에 작용해서 변혁시키고 재창조하는 작용을 했다. 한국철학이 중국철학과 달라진 이유의 많은 부분을 구비철학에서 찾을 수 있다. 기록철학이 크게 성장한 다음에도 구비철학이 활발하게 이루어져 둘이 생극의 관계를 가졌다.

한국철학이 중국철학과 달라진 두드러진 양상의 하나는 통합론적 특징이다. 元曉는 불교이론의 여러 유파를 통합하려고 했다. 知訥은 선불교의 관점에서 이론불교까지 통합하려고 했다. 구비철학의 작용으로 그렇게 되었을 것으로 생각하면서 깊이 연구할 과제이다.

理氣이원론과 氣일원론의 양립이 특히 한국에서 선명하게 나타난다. 이기이원론은 중국에서 받아들여 따르려고 힘썼지만, 기일원론은 중국의 경우보다 더욱 철저해 중국의 전례를 참고와 자극으로 삼으면서 독자적으로 이룩했다고 보아 마땅하다. 구비철학이 치밀어 올라 그런 변화가 나타났을 것이다.

이규보가 "物自生自化"라고 한 것은 스스로 깨달은 원리이다. 鄭道傳이나 金時習이 전개한 주장이 어느 전례와 연결되는 것도 아니다. 이기이원론 수용이 뚜렷하게 이루어진 다음에는 기일원론자라도 중국에서 이룩한 업적을 참고해야 했다. 그러나 중국 것과 한국 것이 많이 다르다.

張載와 徐敬德, 羅欽順과 任聖周, 王夫之와 洪大容, 戴震과 崔漢綺를 견주어보자. 한국의 기일원론은 철저한 견해를 선명한 논증을 갖추어 전개했다. 경전을 주해하면서 자기 견해를 삽입하는 구차스러운 방법을 떠나서 독자적인 논술을 갖추고 다양한 표현 형태를 사용했다. 유사한 주장과 표현을 사용하는 구비철학이 가까이 있었다. 기록철학에 대한 반론을 펴면서 구비철학이 더욱 생동하는 창조물이 되었다.

한국의 구비철학은 특별한 의의가 있다. 세계 여러 곳을 두루 돌아보면, 구비철학과 기록철학은 상당히 소원한 관계를 가지는 것이 예사이다. 구비철학은 기록철학이 없으면 큰 구실을 하다가 기록철학이 성장하면 물러난다. 한국은 기록철학의 유산이 풍부해 근대 이전의 철학사를 문명권이 아닌 민족 단위로 서술할 수 있는 유일한 곳이다. 그런데 구비철학 창조가 줄곧 활성화되어 기록철학과 당당하게 맞서 논란을 벌여왔다. 우리와 비슷한 곳을 어디서 찾을 수 있을까?

구비철학과 기록철학의 상호작용에 대한 고찰이 긴요한 과제로 등장한다. 어떻게 해야 할 것인가? 구비철학의 소중한 사례를 많이 찾아내 깊이 있게 이해하자. 기록철학에 구비철학 논법이 들어가 있는 양상을 찾아내 유사한 구비철학과 비교하자. 기록철학에서 구비철학을, 구비철학에서 기록철학을 체험한 계기와 방식을 추론하자. 상호작용의 원리와 실제를 알아내는 이론적이고 실증적인 작업을 하자.

철학 창조의 과제

생극론을 오늘날의 철학으로 이룩하고자 하면서, 나는 기록철학과 구비철학 양쪽에서 신세를 진다. 生克이라는 용어, 상생이 상극이고 상극이 상생이라는 명제, 이론적 논의의 대강은 기록철학에서 가져온다. 그러나 생극론을 이루는 생생한 내용, 실제 사례를 통한 검증, 새로운 발상 등은 구비철학 쪽과 더 많은 관련을 가진다.

철학을 생업으로 삼는 사람들은 기록철학에만 매달리고 있어 철학을 창조하지 못한다. 기록철학 연구는 글읽기에 매여 재창조의 단서를 얻지 못하는 폐단이 있다. 질곡에서 탈출해 재출발하려면 구비철학에서 발상의 자유를 얻어야 한다. 그러나 자유는 일탈일 수 있다. 구비철학은 철학이 아니라고 생각하다가, 이치의 근본에 관한 논란은 찾지 못하고 말 수 있다.

기록철학은 구비철학처럼, 구비철학은 기록철학처럼 이해해야 양쪽의 난관을 함께 타개할 수 있다. 둘을 합쳐야 표면과 내면, 이론과 실제, 규범과 자유가 하나가 된다. 기록철학과 구비철학이 함께 풍부하게 이룩되고 밀접한 관련을 가져온 곳에서 오늘날의 철학 창조를 선도하는 것이 마땅하다.

앞에서 든 『아프리카에서 온 철학』 서두의 논문(Emevwo Biaklo, "Categories of Cross-cultural Cognition and the African Condition")을 보자. 아프리카의 구비철학에 대한 인식과 평가를 촉구하면서 아프리카가 나아갈 길을 우리와 연관시키고 있다. 우리가 할 일이 무엇인지 다시 생각하게 한다.

"야만/문명, 논리이전/논리, 구비/기록, 주술/과학"으로 구분해 가치를 평가하는 것은 부당하다고 했다. 아프리카가 앞의 것들에 머무르는 것은 지적 능력이 낮은 탓이라고 여겨 이제 뒤의 것들을 따라야 발전을 할 수 있다는 주장은 잘못이라고 했다. "아시아의 몇몇 민족은 식민지 통치를 받고 뒤떨어져 있다가 산업화를 이룩하는 데까지 나아갔다"는 것을 말하고, 아프리카 또한 아프리카의 길을 가야 한다고 했다. (12면)

"아시아의 몇몇 민족"이라고 한 데 우리 한국이 가장 잘 들어맞는다. 식민지 통치를 받고 뒤떨어졌던 한국이 자기 길을 가면서 발전을 이룩한 것이 아프리카가 독자노선에서 희망을 가져야 한다는 증거라고 했다. 우리는 과연 자기 길을 가고 있는가?

후진의 야만·논리이전·구비·주술을 버리고 선진의 문명·논리·기록·과학을 받아들인 것이 발전의 이유인 것처럼 보인다. 그것은 인식되고 있는 표면이다. 인식되지 않고 있는 이면에서는, 야만·논리이전·구비·주술이라고 폄하될 수 있는 독자적인 전통을 살려 문명·논리·기록·과학을 스스로 이룩하려고 분투하면서 남의 것들을 받아들이기도 하므로 모방이 아닌 창조를 이룩한다.

내면의 진실을 알아차리고 분명하게 하는 자각이 필요하다. 아프리카를 비롯한 수많은 후진의 동지들에게 알려주어야 한다. 더욱 중요한 사실은 선진이라는 곳들도 같은 과정을 겪어 야만·논리이전·구비·주술을 출발점으로 하고 자기 혁신을 거쳐 문명·논리·기록·과학을 이룩한 것이다. 그 과정은 모르고 결과만 본뜨려고 하면서 창조가 아닌 모방을 발전의 방법으로 삼으려고 하니 이루어지는 것이 없다.

아시아·아프리카·유럽의 경우가 따로 있는 것은 아니다. 같은 길을 순조롭게 가기도 하고 차질을 겪기도 한다. 순조롭게 가니 자기네만 훌륭하다고 하는 허위의식, 차질을 겪는다는 이유로 방향을 잃고 헤매도록 하는 열등의식은 둘 다 잘못되었으므로 바로잡아야 한다. 인류 역사의 보편적 전개 과정을 밝히면서 발전 전략을 이룩해야 한다. 세계사의 역사철학을 새롭게 이룩해야 그럴 수 있다.

토 론

❏ **문**: 문학사는 구비문학과 기록문학의 관계의 역사이고, 철학사는 구비철학과 기록철학의 관계의 역사라고 하려면 동시대의 자료를 비교해야 한다. 과거의 구비문학이나 구비철학을 말해주는 자료가 있는가?

❏ **답**: 오늘날 수집한 자료를 가지고 과거를 논하는 것이 예사이다. 기록에 남은 구비도 더러 있기도 하지만….

❏ **문**: 오늘날 수집한 자료를 가지고 과거를 논할 수 있는가?

❑ 답: 역사가 무엇인가에 따라 대답이 달라진다. 역사는 처음에는 연대기였다가 사건의 역사가 되고 지금에 와서는 지속의 역사로 이해된다. 연대기는 물론 사건의 역사에도 구비문학이나 구비철학은 끼어들지 못한다. 역사를 지속의 역사로 이해하면, 지금 수집된 구비 자료가 과거 상당한 기간 동안 지속된 것으로 보고 기록문학이나 기록철학과 관련시켜 논의할 수 있다.

기록에 남은 구비도 더러 있어 보완작용을 한다. 이 강의에서 다루고 장차 제14강에서 상론할 사례, 원효가 경전을 풀이하다가 모르는 것이 있으면 혜공을 찾아가 물었다고 하는 것이 그 좋은 예이다. 혜공이 경전을 더 잘 알아 그럴 수 있었던 것은 아니다. 기록철학이 부딪힌 해결 불가능한 의문을 상위의 지혜를 갖춘 구비철학으로 풀어줄 능력을 혜공이 지녔다는 말이다.

❑ 문: 구비철학은 구비문학보다 등장시키기 더 어렵다고 했다. 이유가 무엇인가?

❑ 답: 차근차근 따져 다시 말하겠다. 구비문학의 개별적인 영역인 민요, 설화, 탈춤 등에 관한 조사와 연구가 구비문학에 대한 총괄론을 마련하기 전에 이미 있었는데, 구비철학에는 선행 작업이 없다. 기록문학에 대한 구비문학의 도전은 국문학의 내부반란이었으나, 구비철학의 등장은 우선 외부침공에 의거할 수밖에 없다. 문학연구는 다루는 대상을 만만하게 보고 시작할 수 있으나, 철학에는 우상 숭배의 인습이 있다. 구비철학은 우상이랄 것을 보여주지 못할 뿐만 아니라 우상 숭배 타파를 사명으로 삼기까지 하므로 철학으로 받아들이라고 하기 어렵다.

❑ 문: 그러면 어떻게 해야 하는가?

❑ 답: 문학 전공자들이 철학을 함께 하면서 외부침공을 격렬하게 하면서 내부반란을 기대하는 것이 마땅하다.

❑ 문: 철학은 아성이 굳어 침공해도 무너지지 않을 것 같은데…….

❑ 답: 아성을 굳히는 것이 불안하다는 증거이다. 철학 강의는 들으려고 하지 않고, 철학과는 지망자가 모자라 생긴 심각한 위기를 아성을 굳게 해서 해결할 수 없다. 사태를 더욱 악화시킬 따름이다. 살려면 문을 열지 않을 수 없다.

❑ 문: 문을 열다니?

❑ 답: 계명대학교 교육대학원의 철학교육전공을 철학논술교육전공으로 바꾸었다는 소식이다. 대학 입시를 위한 논술이 관심사로 등장하고 돈벌이가 되자 철학 전공자들이 맡겠다고 나선다. 철학과 교수가 서울대학교의 입시처장이 되어 논술 고사의 비중을 높인 것들 두고 철학 전공자들의 밥거리를 만들고자 하는 일이라고 비방하는 말이 있다. 철학이 논술을 맡겠다고 나서는 것은 나무랄 것이 아니고 크게 환영할 일이지만, 과연 능력이 있는지 의문이다.

❑ 문: 능력이 있는지 의문이라니? 함부로 얕잡아보는 말이 아닌가?

❑ 답: 한국에서 철학을 한다는 사람들은 지금까지 글읽기를 자랑거리로 삼고 글쓰기는 대단치 않게 여겼다. 철학의 우상 섬기기에 힘을 기울여 행세거리로 삼고 자기 생각을 나타내는 글을 쓰지는 않았으니 쓰나 마나 했다. 논술은 자기 생각을 나타내는 글이다. 해보지 않은 일을 가르치려고 한다. 살 길을 찾는 것은 좋으나 자기

혁신을 먼저 해서 자격을 갖추어야 한다.

❑ 문: 자기 혁신의 방법이 무엇인가?

❑ 답: 철학의 우상을 자기 마음대로 다루라고 요구할 수는 없다. 논술의 방법을 독자적으로 탐구하라는 것도 성과를 기대하기 어려운 주문이다. 논리학을 스스로 발전시키는 전문서적을 하나도 내놓지 못하고 『논리야 놀자』 따위의 번안물 학습서나 마구 내놓은 전례가 있지 않는가. 이번에는 철학이 아닌 다른 화젯거리를 마련하라고 하는 것도 무리이다. 그러면 어떻게 해야 하는가? 구비철학이 기록철학보다 더 나은 철학인 줄 알면 만사가 해결된다. 구비철학을 자기 마음대로 다루어 새로운 착상을 얻어내려고 하면 신천지가 열린다. 우상 타파를 저절로 해서 자기 말로 자기 글을 쓰는 기적이 바로 일어나도록 하는 데 이보다 나은 치료법이 없다.

❑ 문: 철학이라는 학문은 없어져야 한다고 주장한 것으로 알고 있다. 과연 그런가?

❑ 답: 그렇다. 철학이 따로 없어야 모든 학문에서 철학을 한다. 원래 모든 학문이 철학이었는데 철학이 따로 있다고 우기면서 아성을 쌓으니 다른 학문에서는 철학을 하지 않아도 되는 줄 알아 양쪽 다 망할 판이다. 철학은 용도를, 다른 학문은 이치를 잃고 있다. 이제 철학은 본래의 위치를 되찾아 학문학이 되어야 한다. 학문은 무엇이며 어떻게 해야 하는가, 학문의 영역은 어떤 관계를 가지는가, 학문의 미래는 무엇인가 하는 등의 문제를 개별학문의 경험을 풍부하게 갖추어 다루어야 한다. 논술이나 작문은 글쓰기 학문학의 소관사이다. 지금의 어문학과 철학이 합쳐져야 제대로 감당할 수 있다.

제9강 숨은 뜻 찾고 뒤집기

돌아오는 길

진실을 알려면 실상을 파악해야 한다. 실상은 가상과 반대가 되는 말이다. 가상은 무엇이고, 실상은 무엇인가?

가상은 남에게서 들어 아는 것이다. 오늘날에는 듣기보다 읽기를 더 많이 하니 책에서 읽어서 아는 것이 가상이다. 실상은 실제로 있는 것을 자기가 직접 경험해서 알 수 있다. 책에서 읽어서 아는 가상은 헛될 수 있어 실제로 경험해서 아는 실상에 의해 바로잡아야 한다.

禪家에서는 卷裡風光과 本地風光을 구별한다고 金萬重이 『西浦漫筆』에서 한 말이 잊히지 않는다. 선가에서 하는 말을 직접 만나지 못하고 김만중에게서 얻어들었으니 가상에 지나지 않는데, 가상을 넘어서서 실상에 이르도록 하는 강력한 힘이 있다. 바람과 경치를 뜻하는 풍광이 책에 있는 것이 권리풍광이고, 실제로 있는 것이 본지풍광이다. 권리풍광에서 벗어나 본지풍광에 이르러야 한다고 하려고 둘을 견주어 설명했다.

본지풍광이 무엇인지 실감나게 이해하게 하려고 김만중은 금강산의 비유를 들었다. 금강산에 관한 자료를 많이 모아놓고 정밀하게 고증해 산의 생김새를 소상하게 파악해 손바닥에 얹어놓고 말하는 듯이 하면 어떤가? 많이 알았다고 하겠지만, 권리풍광이 본지풍광은 아니다. 금강산에서 오랜 세월을 보낸 승려를 만나면 할 말이 없다고 했다.

사람이 살아가는 것은 실상 체험이다. 누구나 나날이 하고 있는 실상 체험이 인식의 원천이 되고 시비를 가리는 기준이 된다. 김만중이 남긴 글을 읽고 금강산이라야 본지풍광이라고 여기는 것은 권리풍광에 사로잡힌 소견이다. 금강산 승려가 아니라도 본지풍광에서 살아간다. 본지풍광이란 다름이 아니라 바로 자기 자신의 삶이다.

우리는 본지풍광에서 살고 있다는 사실을 모르고 권리풍광을 찾아 나선다. 자기를 돌아보지 않고 멀리 가려고 한다. 권리풍광을 지침으로 삼아 멀리 가야 대단한 진리와 만날 수 있다고 착각한다. 권리풍광에서 벗어나지 못하니 실제로는 가지 못하고, 간다고 착각하면서 길을 잃는다.

가려고 하지 말고 되돌아와야 한다. 자기 자신에게로 되돌아오는 것이 가능하지 않으면 가까운 곳까지 이르러 본지풍광의 일단이라도 체험해야 한다. 이웃 사람들이 어떻게 지내고 있는지 살피고, 치열하게 살다 간 사람들의 자취를 찾으면 내 자신에게로 되돌아오는 길을 찾을 수 있다.

권리풍광은 버리면 되는 것이 아니다. 되돌아오는 길에 만나면 권리풍광마저 유용해진다. 본지풍광 체험에 입각해 시비를 가리고 뜻을 캐면 권리풍광도 본지풍광이 될 수 있다. 선인들이 겪고 깨달았다는 기록을 권리풍광으로 남겨두지 않고 본지풍광이게 하는 고금학문 합동작전을 전개하면 많은 것을 얻을 수 있다.

권리풍광은 무슨 뜻인지 알 수 있게 나타나 있다. 본지풍광이 무엇을 말하는지는 깊이 캐보아야 한다. 숨은 뜻을 진실 체험에서 찾아 과연 그렇구나 하고 깨달아야 한다. 깨달은 바를 근거로 권리풍광에서 말하는 바를 다시 보면, 그대로 두지 말고 뒤집어야 진실과 합치된다.

본지풍광은 그대로 두면 되는 것도 아니다. 본지풍광도 뒤집어야 한다. 찾아낸 숨은 뜻을 그대로 두면 권리풍광이 되고 만다. 뒤집어야 본지풍광일 수 있다. 산다는 것은 뒤집기이다. 계속 뒤집어 새롭게 하기이다.

경과 소개

본지풍광을 찾아 현지 조사를 한 경력은 오래 된다. 내가 나고 자란 곳인 경북 동북부 지방 구비문학 전승자들을 스승으로 삼고 입산수도에 견줄만한 탐구의 과정을 거쳤다. 그래서 얻은 결실 가운데 다음 둘이 특히 중요하다.

길쌈하는 부녀자들이 부르는 이야기를 가진 민요를 조사해 연구하면서 문학이 어떤 짜임새와 의미를 가지고 생활 속에 살아 있는지 깨달은 바를 『서사민요연구』(계명대학 출판부, 1970)에서 고찰했다. 얼마 뒤에는 자리를 옮기고 작업 방법을 바꾸었다. 지체가 서로 다른 마을 사람들이 자기 고장 인물을 두고 어떤 논란을 벌이는지 조사해 문학의 사회적 기능을 새롭게 해명하는 『인물전설의 의미와 기능』(영남대학교 출판부, 1979)을 내놓았다.

그 뒤에는 멀리 나다녔다. <민중의 자아 각성, 그 현장을 찾아서>라는 제목을 걸고 『중앙일보』에 1989년 1월부터 7월까지 격주로 연재한 글 14편을 『민중영웅이야기』(문예출판사, 1992)에 수록했다. 곽제우, 김덕령, 임경업, 허균, 전우치, 박지원, 유의양, 이옥, 신재효가 무엇을 했는지 말해주는 곳을 찾았다. 제주도의 장수이야기, 고성오광대를 키운 사람들, 『배비장전』의 제주도 기생과 서울 양반, 『춘향전』의 현장 남원의 인파 등에 관한 현지조사도 했다.

최근에 그런 일을 다시 하면서 본지풍광 찾기에서 한 걸음 더 나아가고자 했다. <의식 각성의 현장을 찾아서>라는 제목을 내걸고 12회에 걸쳐 쓴 글을 『매일신문』에 2006년 3월 17일자에서 6월 2일자까지 매주 한 번씩 실었다. 연재를 시작하면서 한 말을 든다. 순번과 글 제목도 함께 소개한다.

내가 나서 자라고 지금도 활동하고 있는 고장 대구·경북, 더 나아가서 영남지방은 전통문화의 본고장이고, 새로운 사상을 이룩해 온 전통이 있어 찾아내 밝혀야 한다. 이 작업을 하면서 지방학에서 다시 출발한 한국학이 세계화를 향해 나아가도록 하려고 한다. 신라의 원효에서 조선조 말기의 최제우까지 의식 각성의 선각자들이 역사의 고비마다 잇따라 나타나 민중의 생각을 대변하면서 크나큰 변혁을 꾀했다. 널리 알려진 경우도 있고, 기억의 저편에 잠긴 것도 있다. 충분하다고 생각되는 평가를 되풀이하지는 않고 발견을 성과로 삼는다. 현지에 가서 찾아낸 사실을 글로 적혀 전하는 자료와 연결시켜 새로운 해석을 하는 데 힘쓴다.

1 원효가 깨달은 내력 전하는 곳

2 부석사 다시 보기 다섯 번

3 커다란 종에 모아 나타낸 소망

4 자유로움을 향한 내심의 동경

5 쌍계사, 진감과 최치원이 만난 그 곳

6 타다 남은 역사 모은 일연

7 이색이 노래한 바다 뛰노는 물결

8 영호루 시문의 서로 다른 말

9 김시습이 꿈을 펼친 터전

10 하늘이 울어도 울지 않는 산

11 동래성의 비극을 되새기면서

12 최제우의 깨달음 내력과 의미

내가 써준 제목이 이와 같고, 신문에 나올 때 고쳐진 것과는 차이가 있다. 열둘을 시대 순으로 배열했다. 신라 다섯, 고려 셋, 조선 넷이다. 문장을 조금 손질하고 말을 보탠다. 지면 제한의 구속에서 벗어나 자유로워져 기쁘다.

글을 어떻게 읽어야 할 것인가 하는 문제를 심각하게 다루면서, 숨은 뜻 찾아 뒤집기를 한 것으로 말한 내용이 요약된다. 그러면서 구체적인 방법이나 작전은 각기 다르다. 그 점에 관해 성찰하는 것이 지금부터 할 일이다.

신문에는 좋은 사진이 있었는데 옮겨오지 못한다. 발표한 글을 그대로 이용하는 것도 아니다. 논의의 순서를 바꾸고, 글의 번호는 붙이지 않는다. 지면 제한 때문에 신문에는 쓰지 못한 말을 보태고 새로운 논의를 추가해, 얻은 성과가 학문 연구를 위해 어떤 기여를 할 것인지 따진다.

<부석사 다시 보기 다섯 번>이 총론 격이어서 먼저 든다. 어떻게 보고 어떻게 아는가 하는 방법의 문제를 다룬다. 김만중이 실상의 본보기로 든 금강산을 부석사로 바꾸어 놓고 필요한 논의를 다시 하고자 한다.

부석사에 오래 머문 고승이면 부석사를 가장 잘 아는가? 부석사 밑에서 백 살이나 되도록 살면서 부석사를 매일 보면 알 것을 다 알았는가? 아니다. 본다는 것은 그리 간단한 일이 아니다. 보는 방법을 (1)에서 (5)까지의 번호를 붙여 다섯 차례 논한다.

부석사 다시 보기 다섯 번

(1) 浮石寺는 갈 때마다 느낌이 새롭다. 사과 밭 사이로 난 약간 경사진 길로 가다가 절에 들어선다. 天王門·鼓樓·安養門을 거쳐 無量壽殿으로 올라가면서 그 아름다움을 바라보면서 감탄한다.

감식안이 있고 글을 잘 쓴다고 자부하는 사람들이 그 광경을 그리는 경연대회를 벌였다. 그러나 아무리 잘 써도 말이 실상을 따르지 못한다는 사실을 현장에 가서 보면 분명하게 안다. 부석사를 보는 이 첫째 방법에 관해서 길게 말할 필요가 없다. 내가 더 잘 본다고 자부할 수 없기 때문이다.

(2) 다음 방법은 전설에 귀를 기울이는 것이다. 절을 창건한 義湘 스님이 당나라에서 공부할 때 善妙라고 하는 아리따운 소녀가 마음을 주었다. 의상이 떠나는 것을 알고 의복 선물을 가지고 바닷가로 갔더니 배가 멀어지고 있어, 선묘는 몸을 바다에 던져 커다란 용이

되어 의상이 무사히 신라에 이를 수 있도록 인도했다.

의상이 부석사를 지을 때 방해하는 무리가 있어, 선묘가 용의 모습을 하고 바위를 들어 올려 제압했다. 뜬 돌 浮石이 남아 있어 절 이름의 유래가 된다. 善妙井이라는 우물로 용이 드나들었다고 한다. 善妙閣을 짓고 선묘의 모습을 그려 모셔놓았다. 무량수전 왼쪽에 부석이, 오른쪽에 선묘각이 있어 쉽게 찾을 수 있다.

의상과 선묘의 이야기는 중국에서 만들어졌는지 『宋高僧傳』에 기록되어 전한다. 일본에서 그 사연을 두루마리 그림에다 그린 것을 국보로 삼고 있다. 중국・한국・일본에 전하는 동아시아 공동 전승의 중심에 부석사가 자리 잡고 있다. 소녀와 스님, 사랑과 초탈, 바다와 산, 용신 신앙과 불교의 만남을 오묘하게 엮어낸 상상이 조형물의 아름다움과 만나 창작 의욕을 계속 일깨워준다.

(3) 부석사를 다시 보는 방법은 문헌에 전하는 내력과 견주는 것이다. 의상은 당나라 고승 智儼의 문하에서 공부하고 있던 668년에 <華嚴一乘法界圖>를 지어 탐구해서 밝혀낸 진리의 요체를 간추려 보여주었다. 670년에 귀국하고, 676년에 조정의 뜻을 받들어 부석사를 창건했다. 해인사, 범어사, 화엄사 등 다른 여러 절에서도 설법을 했으나, 부석사에서 가장 많은 영험을 보였다고 한다.

670년에서 676년 사이 어느 해에 소백산 錐洞이라고 하는 곳에서, 풀을 엮어 막사를 짓고 무리 3천명을 모아 약 90일 동안 화엄경을 강의했다. 추동이 지금 어딘지 확인되지 않는다. 소재지가 태백산이라고도 했다. 부석사가 자리 잡은 곳을 말할 때에도 두 산을 다 들었다. 추동이라고 하던 곳 가까이 부석사를 세웠다고 생각된다.

의상의 설법을 들으러온 사람들에 관한 기록도 있다. 智通은 종의 신분으로 태어났다. 일곱 살 때 출가하자마자 異人의 모습을 하고 나타난 보현보살에게서 계를 받아 마음이 훤하게 트였다. 고명한 스님 朗智를 찾아 가르침을 받고자 한다고 했더니, 보현보살에게서 계를 받았으면 자기 스승이라고 했다. 지통은 의상이 추동에서 한 화엄경 강의를 듣고 <錐洞記>를 저술했다. 당나라 法藏의 저술이라면서 대장경에 들어 있는 <華嚴經問答>이 <추동기>임이 밝혀졌다.

眞定은 군인으로 복무하면서 어머니를 봉양하는 미천한 인물이었다. 의상의 설법을 들으러 가고자 했으나 생계 대책이 없는 어머니를 홀로 버려둘 수 없어 고민이었다. 어머니가 그 사정을 알고 집안에 남아 있는 곡식을 다 털어 밥을 싸주면서 자기는 생각하지 말고 떠나가라고 간곡하게 권유해 따르지 않을 수 없었다. 의상 문하에서 출가해 승려가 되는 절차를 거치고 강의를 다 듣자, 어머니가 꿈에 나타나 하늘에 환생했다고 했다.

(4) 부석사를 다시 보는 넷째 방법도 있다. 의상은 모여든 사람들에게 무엇을 말했는가? 무엇을 말한다고 3천명이나 모여들어 풀로 지은 막사에서 90일 동안이나 고생했는가? 생계 대책이 없는 늙은 홀어머니를 버리고 찾아가기까지 한 이유가 무엇인가?

그처럼 많은 청중이 모두 의상이 하는 말을 알아들었다고 생각되지는 않는다. 무슨 말인지 납득하지 못하면서, 설법을 듣는 것 자체로 큰 공덕을 닦는다고 생각한 사람들이 적지 않았을 것이다. 진정의 어머니가 하늘에 환생했다고 한 것 같은 영험을 희구하기도 했을 것이다.

입소문이 널리 퍼져 청중을 계속 늘인 중심에는 식견 있는 사람들이 있었을 것이다. 간절하게 소망하던 말을 의상에게서 듣고 큰 감명을 받았을 것이다. 당나라에서 지엄이 개척한 화엄학을 가져와 신라에 알렸다고 하는 것만으로 설명이 부족하다. 존재하는 모든 것의 근본이치를 밝히면서 삶의 괴로움에서 벗어나는 길을 알리니 놀라웠다고 할 수 있다. 사고수준을 대폭 높여 차원 높은 질서관을 이룩하고, 사회불안을 해소하는 방안을 갖추었다고 보아도 좋다.

무엇을 말했는지 알려면 의상이 남긴 저작을 보아야 한다. <화엄일승법계도>는 이해하기 쉽지 않다. <화엄경문답>도 고도의 지식을 요구하지만, 살펴보지 않을 수 없다. 우리말로 주고받은 내용을 기록해 한문으로 간추린 것을 지금 볼 수 있다, 한 자 한 자 소중하게 여기면서 원래 어떤 말이었는지 생각해보자.

“其法無留處 豈但有語聞”, “聞處令有於聞 不得聞之處中 令有於不聞耳”라고 했다. “법은 머무르는 곳이 없는데, 어찌 말을 듣는 데만 있겠는가?”, “듣는 곳에서는 들음이 있게 하고, 들을 수 없는 곳에서는 듣지 않음이 있게 한다”는 말이다. 말이란 이런 것이다. 듣는 것과 듣지 않는 것이 나누어져 있는 말로 모든 것을 나타낼 수 없다. 말이 치우쳐 있다고 해서 모든 것이 또한 치우쳐 있다고 하지는 말아야 한다.

다시 “語中無殘 法無盡”, “故令證者知耳”라고 했다. “말에는 남은 것이 없어도, 법은 다함이 없다”, “그러므로 증험한 사람이라야 알도록 한다”는 말이다. 무엇을 알아야 한다는 것인가? 모든 것은 다함이 없음을, 모든 것은 말의 치우침을 넘어서 있다는 것을 알아야 한다. 그것은 말로 일러줄 수 없으므로 자기 스스로 증험해야 한다고 했다.

무엇이 진실인가는 언술이 아닌 증험의 소관이다. 말을 듣고 알려고 하지 말고 스스로 증험해야 한다. 이런 말을 들으려고 수많은 사람이 모여들었다. 들으려고 갔다가 들을 것이 없다는 것을 알고 되돌아가야 했다. 예상하지 못한 충격을 주는 것이 의상이 한 일이다.

(5) 아직 부석사를 다 본 것이 아니다. 다섯 번째 방법을 찾아 다시 보아야 한다. 스스로 증험하는 방법은 무엇인가? 이 의문을 풀려면 첫째 방법으로 본 것을 다시 보는 것이 좋다. 육안으로 본 것에다 심안으로 본 것을 보태고, 본 것과 보지 않은 것을 합치자. 부석사를 밑에서 위로 올라가면서, 의상이 한 말을 내가 본 것을 가지고 시비하자.

올라간다는 것은 무엇인가? 다리를 굽혔다 펴고 몸을 위로 옮기면서 눈으로는 높은 곳을 바라보는 것 외의 다른 무엇이 아니다. 체험보다 더 진실한 것은 없다. 下品에서 上品까지 향상의 단계가 있다고 설명하는 말은 헛된 간섭이다. 올라서는 것만큼 시야가 더 열리게 전각이 배치되어 있는 것을 보면 아는데 더 물을 것이 어디 있나.

올라가기만 하면 되는 것은 아니다. 곧게 나아가면 굽어야 한다. 안양문을 거쳐 무량수전으로 올라갈 때에는 방향을 왼쪽으로 틀어야 한다. 길을 찾았다고 해서 그대로 나아가기만 하면 안 된다. 그냥 가기만 하는 길은 담과 다를 바 없다. 방향을 바꾸는 비약이 있어야 담이 다시 길이 된다. 방향을 바꾸는 데 규칙이 있다고 미리 헤아린다면 비약일 수 없다. 비약 예상은 비약 거부만큼 해롭다.

부석사는 화엄의 이치를 구현하는 사찰이다. 무량수전 중앙에 좌정한 부처가 비로자나불이리라. 이런 예상을 깨고 아미타불이 협시 보살 없이 홀로 오른쪽으로 돌아앉아 있다. 고매한 이치는 모르는 뭇 중생을 버리지 않으려고 한 것인가? 고정관념에서 벗어나 모든 것을 다시 생각하게 하는가?

부석사 오르기는 끝나지 않는다. 절이 끝난 곳에 산이 있고, 하늘이 있다. 온 우주를 향해 길이 열려 있다. 올라가는 것이 끝이 아니다. 올라갔다가 다시 내려온다. 아래로는 마을과 길이 있다. 사람들이 살아가는 갖가지 사연이 있다.

부석사는 그 중간의 어느 지점에 지나지 않는다. 모든 것을 한꺼번에 생각할 수는 없다고 염려해 중간 지점에 관측소를 하나 만들어 놓고 몇 마디 어설픈 해설을 한 방해꾼이 의상이라고 하면 말이 지나친가? 자유롭게 오르내리려면 의상을 잊어야 할 것이 아닌가?

어떻게 보았다는 말인가

(1)은 보이는 대로 보아 알기이다. 보이는 대로 보아 알기를 잘 하려면 두 가지 조건을 갖추어야 한다. 하나는 외적 조건이다. 날이 밝아야 하고, 시력이 좋아야 한다. 또 하나는 내적 조건이다. 아름다움을 알아볼 줄 알고, 글로 옮길 수 있는 능력이 있어야 한다. 視에서 見으로 나아가야 한다. 見하려면 (1)에 머무를 수 없고 다음 단계로 나아가야 한다.

(2)는 보고 들어 알기이다. 들어서 아는 의상과 선묘의 이야기는 예상을 넘어서서 상상을 펼쳐 충격을 주어 흥미롭다. 시공의 제한에서 벗어나 생각이 뻗어나게 한다. 보아서 얻은 것 가운데 일부가 분명한 증거를 갖추어, 보지 못하고 상상하기만 하는 것도 가능하고 타당하다고 한다. 그러려면 聽에서 聞으로 나아가야 한다. 聞하려면

(2)를 넘어서서 다음 단계로 나아가야 한다.

(3)은 보기도 하고 읽기도 해서 알기이다. 의상이나 부석사에 관한 기록은 사실을 확인할 수 있게 해서 소중하다. 정확하게 읽어, 허위는 버리고 사실을 가려내야 한다. (1) 보기에서 얻은 바를 시대를 판별해 원래의 것과 후대의 것을 갈라야 한다. 들어서 얻은 (2)의 이야기는 사실일 수 없다고 해야 한다.

(4) 또한 보기도 하고 읽기도 해서 알기이면서 알기의 대상이 저술이다. 의상 자신이 남긴 저술은 사실의 기록 이상의 확실한 증거이다. 의상이 남긴 저술이라는 것이 사실인가는 (3)에서와 같이 판별해 허위가 발견되면 배격해야 한다. 의상이 지었다는 것이 사실이면 적극 이용할 수 있는 가치가 크다.

그러나 저술 내용은 사실과 허위를 기준으로 삼아 판별할 수 없다. 잘된 것과 잘 되지 못한 것이 있겠으나 가려내기 어렵다. 읽기에서는 알 수 있는가 알 수 없는가 하는 구분이 있다. 알 수 없는 것을 알도록 하는 노력이 요망된다. 저술이 깨달음을 제공한다고 하는데, 알 수 없게 읽으면 아무 소용이 없다. 알 수 있게 읽으면 깨달음에 이를 수 있는 것도 아니다.

(5)에서는 앞의 여럿을 합친다. 여럿을 다 받아들이고 또한 넘어서야 합칠 수 있다. 여럿이 각기 다르므로 그냥 합칠 수는 없다. 다 넘어서야 어느 하나에도 걸리지 않아 다 합칠 수 있다. 저술을 알 수 있게 읽어 깨달음을 얻는 것이 최종의 목표이다. 그렇게 하려면 저술의 문면을 넘어서야 한다. (4)에서 저술의 문면을 넘어서는 작업은 단독으로 이루어지지 않는다. (3)의 사실에 구애되지 않고, (2)의 이야기에 빠지지 말고, (1)의 보기를 다시 하면서 보이지 않는 것까

지 보아야 그럴 수 있다.

見하려면 (1)에 머무를 수 없다고 했는데, (2) 이하에서 해결을 제공하지 않았다. 聞하려면 (2)를 넘어서야 한다고 했는데, (3) 이하에서 뜻을 이루지 못했다. (3)에서는 視와 聽의 정확성을 확인하기만 한다. (4)에서 의상의 見하고 聞했다는 것을 읽어도 내 것은 아니다. 내가 見하고 聞하는 것은 (5)에서 한다. (4) · (3) · (2) · (1)까지 다시 해야 (5)를 이룰 수 있다.

다시 제기되는 의문

앞의 네 방법으로 보는 것은 각기 그것대로 의의가 있는가? 다섯째 방법으로 보기 위한 중간단계인가?

다섯째 방법으로 보아 안 것을 글로 쓸 수 있는가? 글로 쓰면 글에 매여 헛되게 되지 않는가? 글로 쓰지 않고 말하지 않고 전할 수 있는가?

보는 방법 다섯이 다른 대상에도 적용되는가? 특별한 조건을 가진 대상에만 적용되는가? 그 조건은 무엇인가?

보는 방법은 모두 다섯인가? 여섯이나 일곱 또는 그 이상의 것들도 있는가?

안다는 것은 무엇인가? 본다, 듣는다, 생각한다, 시비한다, 행동한다는 것 등과 같은 차원에서 머무르지 않고, 그 모두를 아우르고 넘어서서 안다는 것이 있는가?

토 론

❑ 문: 금강산보다 부석사가 더 나은 예증인가?

❑ 답: 나는 금강산에 가보지 못했지만, 부석사에는 자주 들리면서 많은 것을 생각했다. 금강산은 너무 넓고 크고, 부석사는 한 눈에 들어올 것 같다. 한 눈에 들어올 것 같은데 그렇지 않아 안타깝게 하고, 본다는 것이 무엇인지 생각하게 한다. 선묘 이야기까지 전해지고 있어 다섯 가지 보는 방법이 부석사의 경우에는 뚜렷이 구별될 수 있고, 각기 풍부한 내용을 갖추고 있다.

❑ 문: 다른 사찰은 어떤가?

❑ 답: 전라도 운주사도 좋은 본보기로 삼을 수 있다. 운주사가 말해주는 것은 부석사와 거의 반대이다. 부석사는 올라가야 하고, 운주사는 내려가야 한다. 부석사에는 모든 것이 잘 정돈되어 있는데, 운주사는 생각할 수 있는 정도 이상으로 흩어져 있다. 부석사는 의상이 만들었지만, 운주사는 만든 사람이 있다면 민중이다. 화엄종과 선종의 차이를 극명하게 나타내, 실상을 찾는 방향을 다르게 제시하고 있다.

❑ 문: 부석사를 보는 다섯 가지 방법이라고 한 것들은 상충되지 않는가?

❑ 답: 상충되므로 각기 소중하고 서로 필요로 한다.

❑ 문: 순서를 바꾸어도 되는가?

❑ 답: 알기 쉬운 데서 어려운 데로, 단순한 데서 복잡한 데로 나아가는 순서를 택했으므로 순서를 바꿀 수는 없다. 다섯 번째 방법은 가장 어려우면서 첫째 것보다 더 쉽고, 가장 복잡하면서 첫째 것보

다 더 단순하므로 끝에서 처음으로 되돌아간다.

❑ 문: 말은 치우쳐 있다는 것이 무슨 뜻인가?

❑ 답: "둥글다"고 하면 "모나다"를 부정한다. "둥글고 모나다"고 하면 "길고 짧다"는 말은 하지 않은 것이다. 실상은 이런 분별을 넘어서 있어 말로 나타낼 수 없다. 말로 나타낼 수 없다는 것을 말로 하려고 의상이 수고하고 나도 수고한다.

❑ 문: 다시 제기되는 의문에 대답해주기 바란다.

❑ 답: 나도 의문으로 생각하는 사항을 함께 생각해보자고 내놓았다. 대답을 말할 수 있어도 대답이 아닌 경우가 많다.

❑ 문: 하는 말이 모두 알아듣기 어렵다. 논리가 부족하고 비약이 심한 것이 아닌가?

❑ 답: 그렇다. 오늘 말한 내용은 강의나 연구발표에서 다루지 못하는 것이다. 논리가 미비하기 때문이다. 스스로 생각하고 발견한 바를 말하는 것도 관례에 어긋난다. 정년퇴임을 한 다음 자유의 몸이 되어 하고 싶은 허용되지 않는 시도를 한다. 논리가 미비해 깨달음을 향해 길을 열 수 있다는 것을 보여준다. 정형화된 지식 수입으로 질식이 된 학문을 살리는 방향을 제시한다. 지금 하고 있는 예외가 본론이 되게 대학을 개혁해야 한다.

❑ 문: 논리를 제대로 갖추는 것이 나쁜가?

❑ 답: 논리를 제대로 갖추려고 하면 난해한 철학이 된다. 실상으로 나아가야 하는 이유와 방법을 엄밀하게 따질수록 실상과는 더욱

멀어진다. 무어라고 이름 짓지 않고 판단하지 않은 실상을 개념화해서 파악하려고 하는 것은 근본적인 자가당착이다.

현상학에서 '판단중지'나 '본질환원'이라고 하는 것은 판단이 아니고 개념을 벗어나 있는가? 아니다. 그렇다는 논증이 만족스럽게 이루어졌다고 해도 납득할 수 없다. 현상학의 잘못을 철학을 다시 해서 시정할 수 있는가? 아니다. 다른 길을 찾아야 한다.

❑ **문**: 논리에 문제가 있는가? 논리를 부정해야 하는가?

❑ **답**: 아니다. 논리는 부정하지 말고 추구의 대상으로 삼아야 한다. 실상을 향해 나아가는 논리를 마련해야 한다. 그런데 논리적 진술이 사고를 일정한 틀에 가둔다. 새로운 논리를 발견하지 못하게 막는다.

❑ **문**: 난관을 벗어날 수 있는가?

❑ **답**: 기존의 논리를 넘어서서 새로운 논리를 발견해 실상으로 나아가기 위해서는 비약이 필요하다. 허점이나 파탄을 보이고 역설이나 반어를 만들어내는 편법을 사용해야 한다.

❑ **문**: 말을 어떻게 해야 하는가?

❑ **답**: 두 가지 본보기가 있다. 하나는 문학창작이고, 또 하나는 禪問答이다. 둘 다 좋은 대책이지만 위험 요소가 있다. 문학창작을 극단화하면 무슨 말인지 알 수 없는 시를 쓴다. 선문답은 잡담 제하고 막대기로 골통을 때리는 데까지 간다. 허점이나 역설 자체가 목적인 듯이 오해되어 얻은 것이 없을 수 있다.

❑ **문**: 이것저것 다 나무라고 무엇을 한다는 말인가?

❑ **답**: 中道에 길이 있다. 논리적 진술을 가능한 데까지 하면서

선문답 방식의 창작을 함께 해서 서로 호응하고 보완하게 하는 방법을 다양하게 찾는 것이 해결책이다. 시각적인 대상을 택하는 것이 좋은 방법이다. 부석사를 보고 생각한 사연에다 앞뒤의 말을 붙여, 해결책의 본보기를 보이려고 했는데 제대로 되었는지 의문이다.

❑ **문**: 지금 하고 있는 예외가 본론이 되게 대학을 개혁해야 한다고 한 것이 무슨 말인가?

❑ **답**: 대학에서 교수는 가르치고 싶은 것을 가르치고, 학생은 배우고 싶은 것을 배워야 한다. 지금 내가 하고 있는 것과 같은 강의를 교수는 누구나 스스로 지어내서 할 수 있게 해야 한다. 자기가 지어내서 하는 강의라야 내용과 방법에서 창조를 이룩해 학문 발전에 적극 기여할 수 있다. 일정한 수 이상의 학생들이 모여 공동으로 연구하는 계획을 세우고 지도교수를 정해 학교에 제출하면 강의가 개설되고 학점을 취득할 수 있게 하는 것이 또한 좋은 방안이다.

이것은 학문혁명이다. 문화의 위기를 타개하고, 대학을 획기적으로 발전시키고, 국가 경쟁력을 높이는 길이 학문혁명에 있다. 수입학의 유통업이 대학이 할 일이라고 규정하고, 남들의 척도에 얼마나 부합하는가를 평가의 척도로 삼으니 한심하다. 내가 우리말로 발표한 모든 논저가 한국 대학의 등급 평가에서 조금도 고려되지 않는다.

근래 개정된 고등교육법에서 대학 교수의 강의 책임시간이 주당 9시간이라고 명시했다. 입시 업무가 연중 계속되어 잡무가 나날이 늘어난다. 연구비를 받으면 서류 작성이 연구보다 힘들다. 제반 여건이 수입학의 유통업이나 하고 창조학을 하는 생산업에 종사하지 못하게 막는다.

근본적인 변화를 가져올 학문혁명을 누가 해야 하는가? 교수도 힘을 써야 하지만 학생들이 들고 일어나야 한다. 학생운동의 방향을 대학으로, 학문으로 돌려야 한다. 학생들이 자기 할 일은 버리고 농민을 위해 투쟁하는 것은 농민이 맡고 있는 농사는 포기하고 대학을 위해 싸워주려고 나서는 것과 같다.

농민이 농사를 잘 지어 다른 사람들을 먹여 살려야 하듯이, 대학은 학문을 잘 해서 널리 혜택을 주어야 한다. 그런데 농산물은 우리 것을 살려야 한다고 절규하면서 학문은 수입하면 된다고 한다. 우리 농산물을 살리는 근본 대책도 학문의 소관사이다. 대학이 수입학의 유통업에나 종사해서는 할 수 없는 일이다. 학문이 근본적으로 달라져야 한다. 교수들은 알량한 기득권을 지키려고 하더라도 학생들이 학문혁명을 일으켜야 한다.

제10강 산천을 보고 생각한 것

이색이 노래한 바다 뛰노는 물결

경상북도 영덕군 영해면 동쪽 바닷가에 우뚝 솟은 봉우리가 觀魚臺이다. 고기를 바라보는 전망대라는 뜻이라고 풀이할 수 있다. 지금은 그럴 일이 없다고 여기는지 상대산이라고 일컬어 예사 산의 하나가 되었다. 관어대라는 말은 그 아래에 있는 마을 이름으로 쓰인다. 가까이 있는 해수욕장을 찾는 사람들이 그냥 지나치는 곳이다.

6백년쯤 거슬러 올라가보자. 경이로운 일이 있었다. 거기서 고려 말의 문인 李穡이 길이 빛나는 명문 <觀魚臺賦>를 지었다. 그 때로 되돌아가려면 남긴 작품을 읽어보아야 한다. 원문을 만나야 경이에 동참할 수 있다.

"관어대는 영해부에 있다. 동해 가 석벽 아래 노는 고기를 헤아릴 만해서 지은 이름이다. 영해부는 나의 외가이다. 작은 賦를 지어 중원에 전해지기를 바란다." 서두에서 이렇게 말했다. 자기 외가에서 어릴 적부터 본 경치를 그려낸 작품에 대해서 대단한 자부심을 가지고 한문학의 본고장에서 평가받고 싶다고 했다.

관어대 마을보다 더 안쪽에 호주말이 있다. 관어대는 괴시2리이고, 호주말은 괴시1리이다. 이색은 호주말 외가에서 태어나 어린 시절을 보냈다. 충청도 韓山 사람인 아버지 李穀이 그 마을 遂安 金氏 金澤의 사위가 되어 처가에 머물렀다. 無價亭이라는 정자에서 놀던 기억을 길이 간직하면서, 음이 같고 뜻은 다른 글자를 사용해 자기 호를 稼亭이라고 했다. 가정은 농사꾼의 정자라는 뜻이다. 이색은 짐승이나 기르면서 숨어 지낸다는 牧隱을 호로 삼았다. 이곡과 이색 부자는 고려와 元 두 나라 수도를 오가면서 벼슬살이를 하면서 줄곧 시골 생활을 그리워했다.

이색은 외가 마을을 잊지 못한다고 여러 시문에서 자주 말했다. 어릴 적에 가깝게 지낸 외사촌 형이 영해에서 와서 상봉한 것이 기뻐 짓는다는 시에서 "鄕里優遊自少年 干戈漂迫在華顚"라 했다. "고향 마을에서 어려서부터 함께 놀다가, 전란을 만나 떠돌아다니면서 흰 머리 날리네"라는 말이다. 전란이라는 말을 특정 사건을 두고 한 것은 아닐 듯하다. 원하지 않는 선택을 강요하면서 마음을 괴롭힌 제반 사정이 전란과 같다는 뜻이리라.

이색이 별난 사람이어서 외가 곳을 고향이라고 한 것은 아니다. 아버지 집안과 어머니 집안 양쪽을 왕래하면서 성장하고, 부계와 모계를 대등하게 받드는 것이 그때에는 예사여서 오늘날과 달랐다. 고향이 양쪽에 있었다. 이색이 외가 쪽 고향을 자랑하고 그리워한 것은 인정의 얽힘이 더욱 두터웠기 때문만은 아니었을 것이다. 그 쪽이 정신적 성장에 커다란 영향을 끼쳤다고 <관어대부>가 말해준다. 빼어난 산천이 높은 수준의 깨달음을 일깨웠다고 하는 좋은 본보기가 이 작품이다.

"丹陽東岸 日本西涯" 본문이 이렇게 시작된다. 단양은 영해의 별칭이다. 자기가 노래하는 대상이 영해 동쪽 일본 서쪽에 있다고 했다. 바다를 건너가면 일본이라는 사실을 다른 작품에서도 말했다. 자기 고장이 "동쪽으로 큰 바다와 맞닿고 일본과 이웃하고 있어 우리 동국의 극동이다"라고 했다. 일본을 이웃이라고까지 말했다.

일본을 경계해야 한다고 한 것은 아니다. 바다 건너 있는 일본까지 의식하면서 시야를 넓혔다. 서두에서 자기 작품이 "중원에 전해지기를 바란다"고 한 것까지 합치면 세 나라를 다 들었다. 눈앞의 바다를 노래하는 작품이 영해 고을에서 더 나아가 나라 전체에서, 다시 온 천하에서 어떤 의미를 가지는지 생각하라고 일러두었다.

다음 대목에서는 "洪濤淼淼 莫知其他 其動也 如山之頽 其靜也 如鏡之磨"라고 했다. 원문을 바로 들었다고 나무라지 말기 바란다. 번역은 실물을 대신하는 사진 같아 실감이 모자란다. 원문을 눈으로 보면서 풀이하는 말을 들으면 된다. "넓게 일어나는 파도"가 움직이는 모습을 "水" 자를 셋 겹친 "淼"(묘) 자를 거듭 써서 나타냈으니 얼마나 절묘한가. 그 물결을 보고 있노라면 "다른 것은 알 수 없다"고 했다. "움직이면 산이 무너지는 것 같고, 고요하면 거울을 갈아놓은 것 같다"고 했다. 그때 쓰던 청동 거울은 연마해서 깨끗하게 했다.

물결을 조금 더 묘사하다가, 땅이 끝나고 위로는 하늘만, 아래로는 물만 있는 곳까지 나아가 고기를 향해 눈을 돌리고, "俯見群魚 有同有異 圉圉洋洋 各得其志"라고 했다. "내려다보이는 뭇 고기, 같기도 하고 다르기도 하고, 멈칫멈칫 활딱활딱 각기 제 뜻대로다"라는 말이다. 땅 끝까지 가면 오랜 인습이 사라지고, 새로운 가능성이 얼마든지 열린다는 것을 그렇게 말했다고 이해할 수 있다. 그런 고기떼를 웬만한 낚시꾼은 잡지 못한다고 했다. 가능성이 있다고 바로 실현할 수 있는 것은 아니라는 말로 생각된다.

다음 대목에서는 "嗟夫我人 萬物之靈 妄吾形而樂其樂 樂其樂歿吾寧"이라고 했다. 앞의 말은 "아 무릇 우리 사람은 만물의 靈이다"이다. 사람은 만물의 정신에 해당하는 존재라고 했다. 그러므로 "우리 모습을 잊고 만물의 즐거움을 즐기며, 만물의 즐거움을 즐기노라고 우리의 안녕은 모른다"고 했다. "物我一心 古今一理"로 말을 이어, 이것이 바로 "물과 내가 한 마음"인 경지이고, 그 점에서 "고금이 한 이치이다"고 했다.

물과 내가 한 마음임이 고금의 한 이치라는 것은 유학의 가르침이고 군자가 지켜야 할 도리이다. 그 점을 확인하고 공자를 받들자고 하지는 않았으며, "공자가 뗏목을 타고 오면 또한 이것을 즐기시리라"고 했다. 공자는 중국에서 도가 행해지지 않는 것을 보고 뗏목을 타고 바다를 건너 九夷의 땅으로 이주하고 싶다고 한 적 있다. 그 말을 가져와 새 시대를 창조하는 사상을 고려에서 일으킨다고 암시했다.

이색은 <관어대부>를 지으면서 蘇軾의 <赤壁賦>를 염두에 두었을 것이다. 빼어난 경치를 아름답게 그려내는 작업을 다시 하는 데 그치지 않고, 창작의 기풍을 바꾸어 새로운 사상을 찾는 방향으로 나아갔다. 세계 인식의 중심으로 삼은 경치에서 천지만물의 이치를 발견했다. 문인이 할 일이 명문을 쓰는 것만이 아니며 시대를 이끌어나가는 지침을 제시하는 것이 더욱 긴요한 과업임을 알렸다.

작품을 다시 읽고 무엇을 깨우쳐주는지 정리해보자. 멀리까지 나다니다가 다시 보면, 가까운 데 진리가 있다. 자기가 나고 자라고 잘 아는 곳이 천하의 중심이다. 천하의 중심에서 새 시대를 열어나간다. 진실은 책이 아닌 실제 모습에서 찾아야 한다. 사물의 생생한 움직임을 체득하는 것이 도리 각성의 길이다. 바다에서 뛰노는 물결이 우리의 정신이고 기백이 아닌가.

이색은 원나라에서 천하대세를 크게 보고 새 시대의 이념으로 등장하는 성리학을 공부하고 돌아왔다고 알려졌다. 그러나 수입학을 능사로 삼지 않고 창조학을 이룩하고자 했다. 추구해야 할 이치가 가까운 데 있다는 생각을 줄곧 가지고, 주위 사람들이 사는 형편을 살피고, 풍속을 노래하고, 역사를 회고했다. 삶의 현장에서 만나는 모습을 구체적으로 그리는 작품에서 물아일체이고 고금불변인 원리를 구현했다.

힘써 추구한 바가 鄭道傳, 權近 등의 후계자들에게 깊은 영향을 주어 새로운 시대를 만들어내는 원리가 되었다. 자기 자신은 체계적인 사고를 끝까지 밀고 나가거나 강한 결단을 내릴 수 있는 성격이 아니었다. 올바르게 살아가는 자세를 자기대로 추구하고자 했을 따름이다. 정계에서 물러나 자연에 묻히고자 하는 심정을 여러 작품에서 나타냈다. 그런 마음가짐으로 대처하기에는 시대 변화가 너무나도 급박하고 거셌다.

실천에서는 실패했다고 할 수 있고 사상에서는 후진이 앞섰으나, 문학에서 이룬 바는 독보적인 가치가 있다. 金宗直은 관어대에 가서 <관어대부>를 다시 지었다. 자기도 그 경치를 보면서 천지만물의 이치를 깨닫는다 하고, "牧隱翁에게 술잔을 올리면서 웅대한 사설을 외니 맛 좋은 음식으로 실컷 배를 불리는 것 같다"고 했다. 그런 내력을 잊은 후대인은 가서 경치나 보고 대단치는 않다고 한다.

이색이 떠나고 한참 뒤에 호주말 마을은 주인이 바뀌었다. 수안 김씨네는 떠나고, 영양 남씨가 들어가 동성마을을 이루고 대대로 살았다. 문화재급 고가가 즐비하고, 전통마을로 지정되어 위세를 자랑한다. 그런데 크게 내세우는 인물은 이색이다. 마을 입구에 <稼亭牧隱遺墟碑>가 서 있다. 이색이 태어난 날인 5월 9일 무렵에 영덕군에서 목은문화제를 개최하고 있다.

하늘이 울어도 울지 않는 산

두류산이라고도 하는 지리산에 가자. 옛 사람들의 뒤를 따라서. "두류산은 내 고향의 산이다", "남북으로 나다니면서 벼슬살이하고 세상사에 골몰하다가 벌써 마흔 살이 되었으나 아직 이 산을 찾지 못했다." 金宗直은 <遊頭流錄> 첫 머리에 이렇게 썼다.

그러고는 산 정상까지 올라갔다. 천왕봉에 지어놓은 사당 안에 聖母의 석상을 모셨는데, 왜구의 행패 때문에 목에 금이 갔다고 했다. 성모가 누구인가를 두고 하는 말을 시비하고, 仙桃聖母에 관한 신라의 전설을 옮겼다고 생각된다고 했다. 성모에게 빌면 비가 갠다는 말을 듣고 제문을 지어 제사를 지냈다.

그 뒤에 曺植도 지리산에 오르고 같은 제목의 글을 썼으나, 성모에 대해서 아무 말도 하지 않았다. 천왕봉을 밟지 않아 성모상을 보지 못한 것도 이유가 되지만, 허황되다고 판단되는 이야기에는 관심을 가지지 않았다. 함부로 하는 말에 귀를 기울이지 않고, 스스로 관찰하고 판단한 사실만 기록에 남기려고 했다.

지리산은 세상에서 벗어나서 숨는 곳이라고 알려져 있다. 김종직은 지리산이 武陵桃源보다 못할 것이 없는 곳이라고 했다. 조식은 青鶴洞을 세 번이나 찾았으나 속세의 인연을 다 떨치지 못해 뜻을 이루지 못했다고 하고서도, 그런 곳에 들어가 숨어버리는 것이 온당하다고 하지 않았다. 나라가 어지러워질 것을 예견하고 처자식을 이끌고 지리산에 들어가 숨은 사람의 전례를 들고, 은거하는 것이 나라가 어지러워지고 망하려는 형세를 바로잡는 데 도움이 되지 않는다고 했다.

김종직은 지리산이 괴로운 삶의 터전이라고 말했다. 가을이면 잣을 따서 나라에 바쳐야 하는 것이 큰 고통이라고 했다. 그러면서도 백성들이 수탈을 피해 다니는 것은 마땅하지 않다고 했다. 지리산이 "용렬한 사람, 도망친 종, 신분을 숨긴 자, 불법을 배우는 자들의 소굴이 되고 말았다"고 개탄했다.

조식은 백성이 당하는 수탈에 대해서 김종직보다 더 많은 관심을 보이고 마음 아파했다. 마을 사람들을 괴롭히는 부역을 줄여달라고 지방 수령에게 보내는 편지를 써달라고 승려가 부탁해 그렇게 했다고 했다. 그 글 한 대목에서 이렇게 술회했다.

"정책이 번거롭고 세금은 과중하니 백성들이 뿔뿔이 흩어져 아버지와 자식이 함께 살지 못하고 있다. 조정에서 바야흐로 이를 염려하고 있는데 우리들은 그 등 뒤에서 나 몰라라 하면서 한가롭게 노닐고 있다. 이것이 어찌 진정한 즐거움이겠는가?"

김종직은 산이 숭고하고도 빼어나 천자가 하늘에 제사를 지낼 만한 곳이라고 하고, 시를 지어 "高浪雷霆鬪 神峰日月磨 高談與神宇 所得果如何"라고 했다. "높은 물결에서 우뢰와 벼락 다투고, 신령스러운 봉우리는 해와 달을 연마하는데, 고담준론을 일삼으며 절간이나 지어 얻는 바가 과연 무엇인가?"라고 하는 뜻이다. 말을 크게 하고 절간을 야단스럽게 짓는다고 해서 크고 우람한 이치에 미칠 수 있는 것은 아니라고 했다.

五嶽鎭中原	중원을 진압하는 오악을
東岱衆所宗	동쪽 산도 모두 우러른다지만,
豈知渤澥外	어찌 알았으랴, 발해 밖에
乃有頭流雄	웅장한 두류산이 있음을.
崑崙萬萬古	곤륜산이 생긴 만만년 옛적에는
地軸東西通	지축이 동서로 통했구나.
斡維掣首尾	수미를 돌리고 끌어당긴
想像造化功	조화의 공교로움 상상하겠노라.

김종직의 시 <登天王峯>(천왕봉에 올라)이다. 지리산을 두고 지은 많은 시 가운데 가장 빼어나다고 할 수 있다. 이것과 나란히 놓을 수 있는 조식의 시는 다음의 <題德山溪亭柱>(덕산 개울 정자 기둥에 쓴다)이다.

請看千石鍾	천 석 들이 종을 보게나!
非大叩無聲	크게 치지 않으면 소리 없다네.
爭似頭流山	어떻게 하면 두류산처럼
天鳴猶不鳴	하늘이 울어도 울지 않을까?

두 사람 다 지리산이 큰 산이라고 했다. 큰 산이 어떤 산인가에

관해서는 의견이 달랐다. 김종직은 지리산의 크기를 중국의 오악에다 견주어, 중국의 오악만 대단하다고 하면서 조선의 산은 모두 오악을 섬긴다고 하는 것은 잘못이라고 하고, 지리산은 오악과 대등하며 천지가 창조될 때 함께 이루어졌다고 했다. 조식은 지리산이 큰 산임을 하늘과 관련시켜 말하면서, 하늘이 울어도 지리산은 울지 않는다고 했다.

이런 말에는 더 새겨보아야 할 숨은 의미가 있다. 김종직은 중국만 대단하다고 여기는 사고방식이 마땅하지 않고, 조선 또한 그 자체로 중심을 이루고 있어 중국과 대등하다고 하려고 지리산을 들었다. 조식은 지리산에다 견주어 스스로 중심을 잡고 있는 큰 선비의 자세를 말했다.

지리산은 큰 종과 같아 크게 쳐야 소리가 난다고 하고, 지리산은 하늘이 울어도 울지 않는다고 했다. 두 말이 서로 다른 것은 앞에서는 일반적으로 인정되는 사실을, 뒤에서는 바람직한 이상을 말했기 때문이라고 할 수 있다. 하늘이 운다는 것은 생각할 수 있는 가장 큰 충격이다. 그런데도 울지 않은 지리산은 으뜸가는 선비이다. 심지가 굳고 처신이 올발라 어떤 충격에도 흔들리지 않는 자세를 갖추고자 해서 그런 시를 지었다.

두 분의 시는 조선전기의 사대부가 추구하던 이념의 양면성을 나타냈다고 할 수 있다. 김종직은 조선이 스스로 중심을 이루어 중국과 대등하다고 하려고 했다. 그것은 중세보편주의의 독자적인 구현을 추구한 노선이라고 할 수 있다. 그렇게 하려면 어떤 정신을 갖추어야 하는지 조식은 말했다. 보편주의의 가치를 깊이 탐구하고 온전하게 실행해야 뜻하는 바를 이룬다고 했다. 김종직이 서론을 편 데 이어서 조식이 본론을 마련했다고 보면 둘이 연결된다.

김종직의 지리산은 가서 보면 되는 대상이며, 완성되어 있는 형태이다. 조식의 지리산은 자기 자신에게서 찾아야 한다. 찾아가는 과정은 언제나 미완성이다. 지리산을 두고 지은 조식의 다른 시들은 그 과정의 일부 또는 어느 측면을 말해준다.

<德山卜居>(덕산에 머물 곳 정하고서)라고 한 것을 한 편 더 들어보자. 지리산 자락 여러 곳을 옮겨 다니다가 경상남도 산청군 시천면 사리 덕산 마을에 山川齋라는 서실을 짓고 들어앉았을 때 지은 시이다. 다시 다진 마음가짐을 나타냈다.

春山底處無芳草　　봄 산 어딘들 향기로운 풀 없으리오만,
只愛天王近帝居　　하늘나라 가까운 천왕봉만 사랑하노라.
白手歸來何物食　　맨손으로 돌아와 무엇을 먹겠느냐?
銀河十里喫有餘　　은하수 십리나 되어 마셔도 남도다.

무엇을 말하는지 언뜻 알아낼 수 없는 말로 만만치 않은 생각을 나타냈다. 봄 산의 향기로운 풀이라고 한 것은 사람이 살아갈 수 있게 하는 자연의 혜택이다. 자연의 혜택은 말하지 않고 임금의 은혜를 드는 것은 잘못이다. 자연의 혜택은 어디든지 있어 사람이 살아나갈 수 있다. 살기만 하면 된다고 한 것은 아니다. 천왕봉은 바라보면서 높은 이상, 굳건한 자세를 가지는 것이 최상의 삶이다.

앞의 두 줄이 그런 뜻이라면, 뒤의 두 줄은 무엇을 말하는가? 첫 줄을 셋째 줄로, 둘째 줄을 넷째 줄로 받아, 말하고자 하는 바를 더욱 분명하게 했다고 볼 수 있다. 향기로운 풀이 어디든지 있다는

것은 맨손으로 돌아와 무엇을 먹을까 하는 의문에 대한 대답이다. 천왕봉이 주는 것은 은하수 십리나 뻗었다고 하는 폭포 또는 냇물처럼 풍성하다. 자칫 하면 패배자가 될 수 있는 삶을 거룩하게 하는 정신적 각성을 얻었다.

나아가서 세상을 바로잡을 의지가 부족해서 그랬던 것은 아니다. 국왕이 어진 이를 좋아하는 것 같은 거동만 보이지 말고 나아가서 뜻을 펼 수 있게 하라고 촉구했다. 부름에 응하지 않는 이유를 밝힌 상소의 언사가 불손하다는 말을 듣기까지 했다. 은거를 합리화하는 명분을 얻으려고 하지 않고 잘못을 바로잡으려고 했기 때문이다.

물러나 있으면서 마음을 바르게 하는 도리를 온전하게 밝혔다고 자부한 것도 아니다. 목표를 너무 크게 잡아 성사가 빈약하다고 스스로 시인했다. 李滉은 명주를 한 필 다 짜서 그런대로 쓰지만, 자기는 비단을 짜려고 하다가 말아 아쉽다고 했다. 미완성이 새로운 탐구의 과제를 준다. 우리는 다른 말을 할 수 있다.

용어와 논의 방법

이 글 두 편은 말하는 바가 상통한다. 바다와 산을 두고 지은 글을 주위의 상황과 관련시켜 검토하고 다른 글과의 관계를 살폈다. 이러한 사실을 분석하는 데 'pre-text, text, context, intertext, antitext'라는 용어가 유용하다.

'pre-text, text, context, intertext, antitext'를 그대로 쓰는 것은 곤란하다. 발음을 한글로 적으면 될 것도 아니다. 앞에서 'text'를 '언술'이라고 했다. 글로 쓴 것뿐만 아니라 기호로 나타낸 것, 말로 한 것까지 다 포함하기 때문에 '文'이나 '글'일 수 없고, 더욱 포괄적인 용어로 옮겨야 하므로 언술이라고 한다.

'pre-text'는 언술이 이루어지기 전에 이미 있었던 것이다. '언술이전'이라고 하겠다. 'text'는 '언술'이지만, 다른 것들과 구별하기 위해 '언술본문'이라고 하겠다. 'context'는 상황과 관련되어 있는 언술이다. '언술상황'이라고 하겠다. 'intertext'는 다른 것들과 관련되어 있는 언술이다. '언술관련'이라고 하겠다. 'antitext'는 언술을 부정하는 것이다. '언술부정'이라고 하겠다.

언술이전·언술본문·언술상황·언술관련·언술부정이라는 용어가 생겨난 유래는 이와 같다. 이들 용어를 가지고 전개하는 이론은 수입해다 쓰지 않고 내가 만든다. 내가 쓴 글을 예증으로 들어 내 논의를 전개해 내 이론을 만든다.

제5강에서 구조분석의 본보기를 보이면서, '음성적 구조', '순차적 구조' '병립적 구조'를 밝히는 데 그치지 말고 '상황적 구조'까지 파악해야 한다고 했다. 지금 선택한 용어를 사용해서 재론하면, 음성적 구조, 순차적 구조, 병립적 구조는 언술본문의 구조이고, 상황적 구조는 언술상황의 구조이다.

언술본문의 구조를 분석하는 방법은 거기서 자세하게 말했으므로 재론하지 않고 필요한 대로 이용하기만 한다. 언술상황의 구조에 관한 논의는 미진하게 남겨두었으므로 보완하고 발전시켜야 한다. 언술본문과 언술상황만 문제가 되는 것은 아니다. 언술이전·언술본문·언술상황·언술관련·언술부정을 모두 들고 상호관련을 논해야 한다.

우선 언술이전과 언술본문의 관계를 보자. 언술이전의 바다와 산을 어떻게 이해해 옛 사람들이 언술본문을 만들었는가? 옛 사람들의 언술본문을 이해하는 데 언술이전과 다시 만나는 것이 어떤 의의를 가지는가? 언술이전과 언술본문을 모두 언술이전으로 삼아 위에서 제시한 바와 같이 다시 만든 언술본문이 제대로 되었다고 할 수 있는가?

이런 의문에다 언술상황・언술관련・언술부정에 관한 사항까지 보태면 의문은 더욱 복잡하게 얽힌다. 모든 의문을 한꺼번에 다루는 것은 가능하지 않고 필요하지도 않다. 옛 사람들의 언술본문을 어떻게 이해할 것인가 하는 문제를 전후의 사항과 관련시켜 다루어 본보기로 삼는다.

언술이전에서 언술부정까지

앞의 글은 동해의 관어대를, 뒤의 글은 지리산을 다루었다. 관어대나 지리산은 언술이전이다. 이색의 <관어대부>, 지리산을 다룬 김종직과 조식의 시문은 언술본문이다. 언술본문을 언술이전과 관련시켜 다루느라고 현장을 찾았다.

언술이전과 언술본문은 연결되면서 단절되어 있다. 연결되어 있어 그 둘이 언술이전과 언술본문의 관계가 있다고 인정된다. 언술본문을 보고 언술이전을 찾아낼 수 있다. 언술이전과 단절되어 있어 언술본문은 독자적인 의의가 있다.

앞의 글에서는 관어대에서 바라본 동해 바다의 물결이 약동하는 모습이 사람의 정신과 합치된다고 했다. 뒤의 글에서는 지리산의 우람한 자태가 마땅히 지녀야 할 삶의 자세를 말해준다고 했다. 언술이전의 모습을 앞의 글에서는 약동을, 뒤의 글에서는 우람함을 강조하면서 그려, 그런 정신적 의미가 소중하다고 하는 언술본문

만들었다.

왜 그렇게 했는가 하는 의문을 풀려면 언술본문에서 언술상황으로 나아가야 한다. 창작의 동기를 시대 상황과 관련시켜 이해해야 한다. 언술이전의 대상으로 택한 관어대나 지리산이 자기 고장에 있다고 하고, 자기 고장의 자랑거리를 보여주면서 마땅히 지녀야 할 정신이나 삶의 자세를 제시했다. 변방이라고 하는 곳이 이제는 천하의 중심이 되어 역사의 전환을 이룩해야 한다고 했다.

이색은 고려말의 사대부가, 김종직과 조식은 조선전기 사림파가 바라는 바를 작품에서 상징적으로 표현했다. 자기 고장, 고려, 원나라의 세 영역 가운데 가장 초라하다고 생각되는 자기 고장이 새 시대 사상 창조를 선도한다는 지론을 커다란 도리가 사소한 사물에 깃들어 있다는 원리와 함께 제시했다. 서울과 영남, 城市와 산수 가운데 진실을 추구하는 삶의 터전은 서울이 아니고 영남이며, 성시가 아니고 산수라고 하면서, 외형의 격식이 아닌 내질의 정신이 진정으로 소중하다고 지론을 폈다.

언술본문을 언술관련의 견지에서 살펴야 더 많은 것을 알 수 있다. 이색의 <관어대부>는 선행 작품 소식의 <적벽부>, 후행 작품 김종직의 <관어대부>와 관련을 맺고 있다. 이런 사실을 무시하고 작품 자체만 살피고 있을 수는 없다.

소식의 <적벽부>와 이색의 <관어대부>의 관계에서는 경쟁이 두드러졌다. 빼어난 경치를 아름답게 그리는 데 그치지 않고, 천지만물의 이치를 발견해 시대를 이끌어나가는 지표로 삼아야 한다고 했다. 이색보다 먼저 활동한 고려의 문인들이 소식을 따르고자 한 것과 다른 방향으로 나아갔다. 중세전기문학을 중세후기문학으로 바꾸어놓았다고 할 수 있다. 이색과 김종직과의 관계에서는 계승이 두드러지게 나타났다. 김종직은 이색의 가르침을 기리고 따르기 위해 같은 제목의 작품을 같은 곳에 가서 다시 짓는다고 했다. 중세후기문학이 발전하고 내실화되도록 하는 사명을 수행한다고 이해할 수 있다.

지리산을 두고 지은 김종직의 작품과 조식의 작품도 언술관련을 맺고 있다. 공동의 작업에 동참하면서 말하고자 하는 바는 달랐다. 김종직은 지리산의 거대한 외형이 나라의 자랑이라고 했다. 조식은 지리산의 우람한 자태에서 굳건한 정신을 배운다고 했다.

이러한 사실을 들어 언술관련을 맺는 양상의 차이를 말할 수 있다. 이색과 김종직의 <관어대부>는 연속이 두드러진다. 김종직의 지리산 시문과 조식의 지리산 시문은 경쟁하는 관계이다. 소식의 <적벽부>를 부정하고 이색은 <관어대부>를 지었다. 이 경우에는 언술관련이 바로 언술부정이라고 할 수 있다.

조식이 이황과 자기를 견주어 한 말을 보자. 이황은 명주를 한 필 다 짜서 그런대로 쓰지만, 자기는 비단을 짜려고 하다가 말아 아쉽다고 한 것을 들고, 미완성이 새로운 탐구의 과제를 준다고 하고, 우리는 다른 말을 할 수 있다고 했다. 조식의 언술부정이 우리가 다시 하는 언술부정을 위해 길을 열어주었다.

다시 생각하기

위의 예증에서 다룬 바다와 산을 海山이라고 하는 말은 없고 山海는 어색하니 山川이라고 하자. 산천이 자연물을 대표한다. 서두에 내놓은 제목을 <산천을 보고 생각한 것>이라고 한 것이 이 때문이다. 산천을 보고 생각한 것이 무엇인가? 간추려 말하기로 한다.

옛 사람들은 산천을 보고 깨달음을 얻었는데, 우리는 지금도 그대로 있는 그 산천을 보고 무덤덤한 것이 예사이다. 옛 사람들이 산천을 보고 깨달음을 얻어 쓴 글을 읽고 비로소 생각의 발동이 걸려 옛 사람들 마음속으로 들어가 옛 사람들이 보던 산천으로 가려고 한다. 우상 숭배에 길들여져 산천을 직접 보지 못하고, 엉뚱한 곳을 헤맨다.

옛 사람들은 없다. 가고 없는 옛 사람들의 마음속으로 들어갈 수 없다. 옛 사람들이 보던 바로 그 산천을 그대로 다시 찾는 것도 가능하지 않다. 불가능한 목표를 이루려고 희귀한 자료를 뒤지고 궁벽한 사실을 고증하려고 애쓰는 것은 헛되다. 과거의 사실을 최대한 정확하게 밝혀내려고 하는 실증주의 작업은 오늘날의 우리는 못났다고 하는 자괴감이나 절망감을 보탤 따름이다.

눈앞의 산천을 보면서 우리 생각을 하는 것이 마땅하다. 우리가 우리 생각을 하는 데 옛 사람들이 남긴 글이 참고가 되고 자극이 된다. 토론 대상으로 삼아 쓰임새를 키울 수 있다. 눈앞의 산천과 옛 사람들이 남긴 글을 두 가지 원천으로 삼고 견주어 살피면서 우리글을 더 잘 써야 한다.

오늘날의 학문이 눈앞의 산천은 외면하고 옛 사람들이 남긴 글이나 보라고 오도하는 데 말려들지 말자. 산천과의 관계를 회복하자. 이것이 학문을 살리는 길이고 깨달음에 이르는 방법이다. 학문을 살려 깨달음을 얻는 데 옛 사람들보다 한 걸음 더 나아가야 한다.

토 론

❑ 문: 무엇을 말했는지 이해하기 어렵고 정리가 잘 되지 않는다.

❑ 답: 강의를 한 소감도 들은 소감과 같다. 토론을 잘 해서 문제 제기가 선명하고 논의가 적절해지기를 바란다. 학문은 독백이 아니고 대화이고 토론임을 거듭 확인할 필요가 있다. 듣기만 하는 것과 토론의 당사자가 되는 것은 아주 다르다.

강의 전체 계획에서 지금 하고 있는 대목이 토론에 가장 많이 의존한다. 표면에서 내면으로 나아가는 길을 찾는다면서 분명하지 않은 말을 이리저리 하고 있다. 체계가 서지 않고 완성도가 부족하다. 여러분이 공동연구자가 되어 함께 논의해야 착상이나 시도가 유효하게 된다.

다섯 번째 순서로 이번 학기에 하는 작업이 산의 정상이라고 할 수 있는데, 모습을 드러내지 않아 얼마나 높은지, 제대로 올라가고 있는지 알지 못한다. 형체가 없어 함께 체험하는 것을 실체로 한다. 산을 넘어가서 다음 학기에 비교연구의 방법을 다룰 때에는 분명하게 보이는 것들이 있다. 시련이 끝났다고 좋아할 것은 아니다. 정상에 올라 얻은 식견이 골짜기의 생김새를 판별하는 데 유용하게 쓰이리라고 생각한다.

❑ 문: 'text'를 의미하는 재래의 용어는 없었는가?

❑ 답: '文'이나 '말'이 있으나 글로 쓴 것만 의미한다. 말한 것까지 포함하기 위해 '언술'이라고 일컫는다. 그러나 '文'이나 '말'에 관한 생각을 언술 논의에서 이어받아야 한다. <文・말・텍스트>라는 학위 논문을 쓰는 학생이 있었는데 끝내지 못했다. 아쉽고 애석한 일이다.

❑ 문: 지난 시간에 부석사를 보는 다섯 가지 방법을 말한 것과 오늘 언술이전에서 언술부정까지의 관계를 말한 것이 어떻게 연결되는가?

❑ 답: 아주 다른 논의여서 연결되지 않는다. 다섯 가지 보는 방법은 아래에서 위로 올라가는 향상의 단계에 관한 것이다. 언술이전에서 언설부정까지는 같은 차원에 놓여 있으면서 서로 구별된다.

❑ 문: 언술부정은 다섯째 방법과 상통하지 않는가?

❑ 답: 언술부정은 새로운 언술본문으로 나아가기 위한 과정이다. 수평적 전환이기는 해도 수직적 향상은 아니다. 순환이지 비약은 아니다. 이런 의미의 상대적 부정과 구별되는 절대적 부정이 있다고 할 수 있다. 절대적 부정은 언술 거부이다. 언술 거부는 다섯째 방법과 상통한다. 그러나 절대적 언술부정은 언술에 관한 기존의 논의에 포함되지 않는다. 그 자체로 깊이 연구할 만하다. 언술 부정을 언술이 아닌 방법으로 하기도 하지만 언술로 하기도 한다. 언술로 언술을 부정하는 역설이나 반어를 사용한다. 말이 되지 않는 禪問答이나 禪詩도 있다.

❑ 문: 왜 이런 말 저런 말을 해서 혼란을 일으키는가?

❑ 답: 여러 가지 가능성을 탐색하면서 사고를 개발하고 방법을 확대하고자 한다.

❑ 문: 탐색한 것들을 하나로 모아야 할 것이 아닌가?

❑ 답: 모을 수 없다. 모아버리면 새로운 탐구가 중단된다. 학문은 영원한 미완성이다.

❑ 문: 하다 마는 것은 무책임하지 않는가?

❑ 답: 모든 시도가 그 나름대로 의의가 있다. 시도하는 것이 장차

얼마나 쓰일지는 미리 알 수 없다. 지금까지 학문을 하면서 새로운 착상을 많이 제시해 활용하고자 했다. 한 번 말하고 만 것도 있고, 거듭 쓰면서 발전시킨 것도 있다. 한 번 말하고 만 것이 실수는 아니다. 시도로서 소중한 의의가 있다. 많은 탐색을 하면서 더 나은 길을 찾는 것이 학문하는 사람이면 누구나 해야 할 일이다. 시도를 두렵게 여기면 학문을 한다고 할 수 없다.

❑ 문: 언술이전에서 언술부정까지를 논하는 것도 새로운 착상인가?

❑ 답: 수입가공품이라 새로운 착상은 아니지만, 새로운 시도이기는 하다.

❑ 문: 어느 점이 가공인가?

❑ 답: 언술상황이나 언술관련을 특별하게 문제 삼지 않고, 언술이전과 언술부정을 주목하면서 균형을 이룬 것이 일차 가공이다. 언술관련보다 언술부정을 더욱 중요시하면 이차 가공이 이루어진다.

❑ 문: 어째서 새로운 시도인가?

❑ 답: 언술관련을 특별하게 문제 삼는 사람들이 모든 언술은 기존 언술의 짜깁기이거나 혼성모방이라고 하는 것이 마땅하지 않다. 기존의 언술을 받아들여 뒤집는 패러디는 어떻게 이해할 것인가? 패러디를 포함한 언술부정의 여러 방법이 새로운 언술본문을 만들어내는 과정이고 작전임을 밝혀 논할 필요가 있다. 오늘의 시도를 발전시켜 이런 작업을 장차 본격적으로 할 만하다.

❑ 문: 언술이전에서 언술부정까지를 작자와 독자의 관계를 들어

재론할 수 있는가?

❑ 답: 작자와 독자의 관계는 맞물리는 점이 있지만 다른 측면의 논의이다. 작자가 내놓은 언술을 독자가 어떻게 받아들이는가를 '키 크기 시합'이라는 것을 들어 고찰한 적 있다. 『문학연구방법』(지식산업사, 1980)에서 李奎報의 <鏡說>을 근거로 삼아, 작자와 독자는 자기가 키가 더 커서 상대방을 내려다보려고 하면서 글을 읽는다고 했다. 착상을 이론으로 발전시키지 못해 아쉽다.

❑ 문: 山川이란 무엇인가?

❑ 답: 세 가지 의미가 있다. 첫째는 아름다운 경치이다. 둘째는 인공이 가해지지 않은 자연물이다. 셋째는 존재하는 모든 것이다. 첫째 의미의 산천을 보다가 셋째 의미까지 나아간다. 이색이 "物我一心"이라고 한 말에서 物은 景物·自然物·萬物로 이해된다. 우리도 산천을 다시 보면서 아름다운 경치인 景物에서 시작해서, 인공이 가해지지 않은 自然物을 거쳐 존재하는 모든 것인 萬物에 이른다.

❑ 문: 우리가 산천을 다시 보고 무엇을 얻자는 것인가?

❑ 답: 만물이 무엇이고 우리와 어떤 관계에 있는지 새롭게 체험해 알아내자는 것이다.

❑ 문: 너무 막연하지 않는가?

❑ 답: 너무 막연하게 생각되는 일을 어렵지 않게 하려고 발판을 여럿 마련했다. 이색의 발판을 딛고 동해 바다로 가기도 하고, 조식의 발판을 이용해 지리산을 바라보기도 하다가 발판 없이 우리 스스로 서서 산천에서 만물로 관심을 돌리자고 했다.

만물이 무엇이고 우리와 어떤 관계에 있는지 아는 것이 학문의 궁극적인 목표이다. 목표 달성을 한꺼번에 할 수 없어 나는 문학연구를 하면서 인문학문을 하고 인문학문을 거쳐 학문 일반에 다가간다. 이렇게 하는 데 관찰 대상, 기존 지식, 나의 체험이 어떤 관련을 가지는지 따진다.

제11강 불우한 처지에서 가지는 소망

자유로움을 향한 내심의 동경

甘山寺는 경주시 외동읍 괘릉리 서쪽 기슭에 있던 신라의 고찰이다. 괘릉을 옆에 끼고 들어가는 길에는 신식 주택이 여기저기 보인다. 팻말을 보고 찾아가니 같은 이름의 절이 커다랗게 들어서서 부조화를 이루고 있다. 옛 터전을 없애지는 않아 다행이다. 삼층석탑이 남아 있어 경상북도 문화재자료 95라는 팻말을 얻었다. 연꽃 모습을 둥글게 새긴 돌, 석축 같은 것 몇 가지도 흩어져 있다.

놀라운 문화재가 있었던 곳임을 알려면 별도의 고찰이 필요하다. 신라 성덕왕 18년인 719년에 金志誠이라는 사람이 부모의 명복을 빌기 위해 절을 짓고 불상 둘을 봉안했다. 불상은 오늘날까지 전한다. 1915년까지 절터에 방치되어 있다가 경복궁으로 이전되고, 국립중앙박물관으로 자리를 옮겼다. 새 건물 삼층 오른쪽 끝 좋은 자리에 나란히 서 있어 쉽게 만날 수 있다. 과연 그렇구나 하고 감탄하면서 보게 한다.

하나는 감산사 석조미륵보살입상이라고 일컬어지고 국보 81호이다. 높이는 1.83미터이다. 대좌 위에 올라 서 있고, 신체 전체 길이의 광배가 있다. 몸을 약간 오른쪽으로 돌린 자세를 하고 있다. 어깨는 넓고 부드러운 곡선을 이루면서 둥글고 통통한 팔뚝으로 이어진다. 허리와 두 다리의 신체적 특징을 강조하는 옷 주름이 육감적인 느낌을 준다.

또 하나는 감산사 석조아미타불입상이라고 하는 국보 82호이다. 높이는 1.74미터이다. 대좌 위에 올라 서 있으며, 광배가 긴 것도 미륵상과 같다. 풍만한 얼굴이나 몸매가 자비스러우면서 당당하다. 탄력 있고 박진감 넘치는 표현을 갖추고 있다. 위에서 아래까지 바로 이어진 약간 두꺼운 옷이 그런 모습을 두드러지게 나타내 보인다.

불교미술의 역사를 온몸으로 말해준다고 할 수 있다. 인도 굽타시대 불상을 연원으로 하고, 그 수법을 받아들여 중국 당나라에서 만든 걸작품들과 바로 연결된다고 할 수 있다. 외래의 전범을 신라에 맞게 재창조한 안목과 수법이 뛰어나다. 종교적 이상을 사실주의 수법으로 구현한 좋은 본보기이다. 8세기가 동아시아 불교미술의 전성기임을 입증하는 데 적극적인 기여를 한다.

두 불상에 명문이 있다. 누가 어느 부처를 왜 만들었는지 알 수 있게 하는 글이 등에 새겨져 있다. 잘 알려져 있지 않은 것이 불상 자체만큼 소중하다. 모셔둔 곳에 가서 두 불상을 직접 보는 사람들도 뒤로 돌아가지는 않아 명문이 있는 것을 확인하지 않는다. 명문을 들여다보아도 읽기 어렵다. 해독해놓은 책의 도움을 얻어야 알아볼 수 있다.

그렇더라도 불상과 명문을 둘 다 보고 평가해야 한다. 불상 조각이 미술사에서 획기적인 의의를 가지듯이, 명문 또한 문학사에서 커다란 위치를 차지하는 명작이다. 미술과 문학을 함께 존중해 같이 창작한 신라인의 식견을 재인식하고, 오늘날을 반성하게 한다. 미술은 미술이고 문학은 문학이어서 다른 쪽의 사정은 알지 못하는 잘못을 바로잡도록 한다.

명문을 옛 사람도 소중하게 여겨 『삼국유사』의 한 대목 <南月山亦名 甘山寺>라고 한 곳에 실어놓았다. <金堂主彌勒尊像火光後記>라고 하고, <彌陀佛火光後記>라고 했다. 그런데 불행히도 전문이 아니며 오자가 많다. 베낄 때 실수가 있었던 것 같다.

지금도 볼 수 있는 탁본이 더 명확해 연구 자료로 삼으면서 <미타조상기>와 <미륵조상기>라고 일컫는 것이 상례이다. 나는 『한국문학통사』에서 이 둘을 <聖德大王神鐘銘>과 함께 한창 시절 신라문학의 최대 걸작으로 평가했다. 금석문은 돌보지 않고 문헌만 뒤지고서는 문학의 유산이 너무 적게 남아 있다고 한탄하는 것은 마땅하지 않다.

<성덕대왕신종명>은 국가가 필요로 하는 글을 육두품 문인이 맡아서 써서 내용과 필자 양면에서 고찰해야 한다. 그런데 이 둘은 개인의 글이다. 육두품 문인이 쓴 것은 같지만, 글쓰기 전문인의 기능을 보여주지 않고 자기 자신에 관해 말했다. 집안의 내력을 소개하고, 자기 경력을 알린 다음 내심을 술회했다.

김지성은 아버지가 7등급이었고, 자기 자신은 6등급에 이르렀다고 했다. 육두품 가문이라는 말이다. 6등급은 육두품이 올라갈 수 있는 최고 지위이다. 죽은 부모를 위해 불상을 세우고 조상기를 써서 관련되는 사연을 적는다고 했다. 진출에 제약이 있는 육두품이

그렇게 할 수 있는 경제적 여건과 의식의 각성을 얻은 것이 주목할 일이다. 본문에 나타나 있는 사연은 더욱 놀랍다.

부모의 명복을 빌려고 불상을 봉안한다는 것이 말하고자 한 요지이다. 그런 글이라면 자격을 가리지 않고 누구든지 쓸 수 있다. 그런데 거기 보태서 한 말이 더 길다. 부모를 앞세워 자기 말을 하고, 신앙을 표방하고 자유로운 발언을 했다. 본말 전도라고 할 수 있는 파격적인 방법을 써서 자기 자신이 하고 싶은 말을 소상하게 나타냈다. 공식화된 순서에 따라 정해진 사연을 적는 글을 이용해 심정 술회의 작품을 만들었다고 할 수 있다. 내면의식을 있는 그대로 나타내면서 삶을 되돌아보는 문학을 시작하는 획기적인 전환을 보여주었다.

<미륵조상기>를 보자. 태평성대에 나서 영예로운 벼슬을 두루 역임했다고 자랑했다. 지략이라고는 없으면서 시대를 바로잡는 임무를 맡았다가 형벌을 당하는 것을 겨우 면하고 이제는 물러나고자 한다고 했다. 신분과 관련된 의무가 없어 진퇴를 임의로 결정하는 후대의 선비가 할 만한 말을 몇 백 년 앞서서 했다. 연대가 분명한 금석문이 아닌 필사본으로 전한다면 후대인의 위작이라고 하기 알맞은 내용이다.

벼슬을 버리고 전원으로 돌아가 산수 사이에서 노닐며 여생을 보내겠다고 감상에 젖어 있는 문구로 술회했다. 관직의 구속에서 벗어나 산수 속에서 노니는 자유로움에 대한 동경이 상당한 정도로 자라났음을 알 수 있게 한다. 당시 사람들의 내밀한 정신세계를 깊이 들여다볼 수 있게 한다. 그 대목을 들어보자.

> 천성이 산수와 어울려 老莊의 逍遙를 흠모하노라. 뜻이 참된 경지를 존중해 머무르는 데 없는 아득한 적막을 희구하노라. 나이 예순하고도 일곱이라, 맑은 조정에서 임금 섬기는 일을 그만두고 마침내 한가한 들로 돌아가노라. 오천 언 『道德經』을 통독하면서, 이름과 지위를 버리고 아득한 경지에 들어가겠노라.

유학의 능력으로 벼슬을 했을 사람이 불상을 봉안하면서 노장의 소요를 흠모한다고 했다. 유가·불가·도가 사상을 함께 갖추면서 도가를 으뜸으로 여긴다고 했다. 이름과 지위를 잊고 물러나 전원에 은거하면서 적막을 희구하고 아득한 경지에 이르는 것을 목표로 삼는다고 했다.

신라의 육두품은 기능인이었다. 한문으로 글을 쓰는 것이 주된 기능의 하나였다. 하위 관직에 머무르면서 나라에서 시키는 일이나 하고, 자기 삶을 되돌아보고 사람의 도리를 논할 처지는 아니었다. 문학 창작을 힘써 한다는 것이 어울리지 않고, 사상을 이룩할 만한 능력이나 식견은 갖출 필요가 없었다. 그러나 그것은 어디까지나 공식적인 위치이다.

공식적인 위치를 받아들여 살아가는 이면에서 자기 나름대로의 고민을 가지고 이상을 키웠다. 기능 연마를 위해 익힌 한문이 정신 성장의 촉진제 노릇을 해서 사회적 장벽과 함께 종교의 울타리도 벗어나게 했다. 불상 조상기에서 유가사상도 말하고 도가에서 얻는 자유를 더욱 평가한다고 했다.

이 글은 이중의 장벽을 넘어섰다. 성골 귀족이 지배하는 사회의 하위 기능인이 자기 말을 마음껏 하는 작품을 창작했다. 불상을 조성한 경위를 말하면서 종교를 거치지 않고 자유로움을 동경하는 심정을 나타냈다. 그럴 수 있었던 것이 경이로운 일이다.

국립중앙박물관 좋은 자리에 잘 모셔놓아 쉽게 찾아가 불상의 아름다움을 보고 누구나 찬탄할 수 있다. 그러나 불상의 뒷면에 무엇이 있는지 아는 사람은 거의 없다. 주어진 제약을 물리치고 자유로움을 동경하는 내심을 나타낸 사연이 있는 줄 모른다. 유식이 극도에 이른 시대의 무식을 입증하는 단적인 예이다.

감산사에 불상을 봉안할 때에는 뒤의 명문도 함께 소중하게 여겼을 것이다. 앞뒤가 다르면서도 조화를 이루었을 것이다. 이제 그 곳은 폐허가 되고 불상만 더 좋게 보이는 자리에 옮겨놓았다. 조각의 아름다움을 해설하고 감탄하는 사람들이 나날이 늘어나면서 뒷면의 명문은 더욱 무시된다.

김시습이 꿈을 펼치던 터전

茸長寺는 경주 남산 서쪽 기슭에 있었다. 절은 없어지고, 석불좌상, 삼층석탑, 마애여래좌상 등이 산재해 있다고 소개되어 있으나 대단하다고 할 것은 아니다. 경주 남산이 성지이게 하는 수많은 불교 유적지 가운데 하나에 지나지 않아 찾는 사람이 드물고 거의 잊히다시피 곳이다.

용장사가 기억에서 사라지지 않게 하는 것은 金時習이 『金鰲新話』를 지은 덕분이다. 남산의 다른 이름이 금오산이다. 『금오신화』는 “금오산에서 지은 새로운 이야기”라고 일컬은 소설집이다. 지어서 바위 속에 감추어두고 알아줄 사람을 기다린다고 하던 것이다. 망실되었다가 가까스로 전해져 다시 읽을 때마다 놀라움을 안겨준다.

망각과의 싸움으로 진행된 작품의 발견과 평가가 이제는 널리 인정되는 결말에 이르렀다.

그렇지만 창작의 현장을 찾는 것은 쉬운 일이 아니다. 남산 일주 등산로를 한참 걷다가 내려올 수 있으나 지루할 것 같았다. 울산으로 향하는 국도변 용장리에서 시작해 용장골을 더듬어 올라가는 쪽을 택하니 올라갈수록 가파르다. 고난에 찬 삶을 되짚는 길이 험한 것은 당연하다. 시련을 겪지 않고서 김시습이 머물렀던 곳에 다가갈 수는 없다.

김시습은 승려가 되어 전국을 방랑하다가 28세 때인 1462년에 경주에 이르렀다. 용장사에 거처를 정하고 한 동안 마음의 안정을 얻었다. 시 몇 편에서 그때의 심정을 나타냈다. "茸長山洞窈 不見有人來", "용장산 골짜기가 그윽해 오는 사람을 볼 수 없구나"로 시작되는 시에서, 고요함이 마음에 든다고 했다. 라는 말이다. 밖에 나갔다 돌아오면서 "金鰲山峯是吾廬 筍蕨香肥饒野蔬", "금오산 봉우리가 내 오두막인데, 죽순과 미나리 향내 나고 살졌으며 야채가 풍성하다"고 했다. 숨어 지내기 좋은 곳에 거처를 정하고 꿈을 펼쳤다.

김시습은 한미한 무반 집안에서 태어나 지체가 낮았으면서, 어려서부터 재능이 놀라워 기대를 모았다. 문필과 식견에서 높은 경지에 이른 인재가 무반 노릇을 하면서 살아가야 하는 것은 견디기 어려운 부조화였다. 절에 들어가 공부를 하고 있을 때 세조가 왕위를 찬탈했다는 말을 듣고 책을 불살라버리고 세상을 등진 채 방랑의 길에 올라 승려 노릇을 했다.

그 때문에 생육신의 한 사람으로 꼽혔지만, 단종에 대한 충절이 그런 행동을 한 기본 동기라고 할 수는 없다. 왕위찬탈 사건 같은 것이 없었다 하더라도 자기 재능에 상응하는 인정을 받기 어려운 처지여서 갈등을 겪지 않을 수 없었다. 정신적 안정을 찾기 어려운 성격 또한 문제였다. 서울에 들렀다가 아이들의 조롱이나 받는 미친 승려의 처지에서 벗어나지 못하고 다시 떠나가야만 했다.

萬壑千峰外	만 골짜기 천 봉우리 밖에서
孤雲獨鳥還	고독한 구름 외로운 새가 돌아온다.
此年居是寺	올해는 이 절에서 지내지마는
來歲向何山	오는 해에는 어느 산으로 향할까?
風息松窓靜	바람이 자니 송창이 고요하고
香銷禪室閑	향이 스러져 선실도 한가롭다.
此生吾已斷	이번 삶을 나는 이미 단념했기에
棲迹水雲間	발자취를 물과 구름 사이에만 남기리라.

<晩意>라고 한 시이다. 승려의 거동이어서 아무 데도 머무르지 않는다고 했다. 삶에 대한 기대를 버려 애착을 가져야 할 것도 없다. 그래도 방랑하는 신세가 한탄스럽기에 또 한 해를 보내는 심정을 쓸쓸하게 술회했다. 온갖 영화를 누리면서 이따금씩 산수를 찾는 시에서는 찾기 어려운 진실과 밀도를 갖추었다.

시를 지어 불만을 토로하는 데 그치지 않고, 더욱 적극적인 자세를 가지고 무엇이 진실인가 찾아 나섰다. 새로운 이치를 발견하려고 분투하는 탐구자가 되었다. 누대에 걸쳐 벼슬을 하는 官人 문학, 은거해서 유학의 도리를 섬기는 士林 문학과는 다른 方外人 문학의 새로운 세계를 열어야 하는 이유를 분명하게 인식했다.

"방외의 선비가 도리를 독실하게 지키지 않고 뜻을 확고하게 세우지 않다면, 굶주림이 내 목숨을 버리기에 알맞고 궁박함이 이 삶을 망가뜨리기에 족할 뿐이다. 어찌 시냇물을 손으로 움켜 마시면서 임금의 부름을 우습게 알고, 명아주 풀을 뜯어 먹으면서 일생이 즐겁다고 만족하겠는가?"

<山林>이라는 글에서 이렇게 말했다. 방외인은 세상의 법도를 거부하는 데 그치지 않고, 그 대안이 되는 가치관을 분명하게 밝힌다고 했다. 올바른 도리를 깨닫고 실천하려고 가난을 참고 견디면서 임금의 부름을 우습게 여길 수 있다고 했다. 탐구자의 사명과 보람 때문에 다른 모든 것을 거부한다고 했다.

추구하는 도리가 어느 한 가지로 정해져 있었던 것은 아니다. 스스로 身世矛盾이라고 일컬은 갈등을 여러 표현방식을 사용하면서 문제 삼았다. 불교·도교·유교의 글쓰기를 모두 시험했다. 그렇게 해도 감당할 수 없는 욕구를 소설로 표출해 『금오신화』라는 문제작을 남겼다.

『금오신화』에 수록된 글은 다섯 편인데 記·傳·錄·志라고 했다. 이런 용어는 모두 사실을 기록한다고 알리는 것이며, 기록의 내용과 방식에 따라 조금씩 다르게 써왔다. 그런데 김시습은 차이점을 무시하고 이 말 저 말 가져다 쓰면서, 사실이 아닌 허구를 보여주었다. 기존의 글쓰기 방식을 따르는 듯이 하고서 내부에서 뒤집어 전에 볼 수 없던 소설을 만들었다.

첫 작품 <萬福寺樗蒲記>를 보자. 梁生이라는 젊은이가 일찍 부모를 여의고 남원에 있는 절 만복사 동쪽 방에서 홀로 거처하면서 외로움을 하소연하는 시를 지어 읊었다. 멀리 떨어진 곳에 있는 다른 사찰을 무대로 하고, 승려가 아닌 속인 젊은이를 주인공으로 삼아 거리를 두고서, 자기 자신이 느낀 외로움을 투영했다.

김시습은 상상한 바를 작품화하는 데 그쳤지만, 양생은 찾아온 여인이 있어 간절하게 바라던 아름다운 인연을 이루었다. 찾아온 여인은 원통하게 죽어 멀리 떠나가지 못하고 있는 원귀였다. 그것은 이룰 수 없는 사랑이어서 파탄으로 끝나야 했다. 다른 작품에서도 원귀가 된 여인과 사랑을 나누고 간절한 소망을 꿈속에서나 이루었다고 하면서 꺾이지 않을 수 없는 희망을 역설적으로 강조했다. 자아와 세계가 서로 용납할 수 없는 관계를 심각하게 그렸다.

<南炎浮洲志>에서는 경주에 사는 朴生이라는 선비가 꿈에 저승에 가서 閻王을 만난 사건을 다루었다. 염왕은 박생이 "정직하고 항거하는 뜻이 있어 세상에 살면서 굽히지 않는" 줄 알고 만나고 싶었다고 하고, 박생은 염왕에게 제왕이 지녀야 할 마땅한 자세를 역설했다. 염왕이 박생의 지론에 동조해 인간을 심판하는 저승을 부정하고 제왕의 횡포를 함께 비판하고, 박생에게 자기 자리를 물려주었다.

"나라를 지닌 자가 폭력으로 백성을 위협해서는 안 됩니다. 백성이 두려워 복종하는 것 같지만 마음속으로는 반역심을 품어, 날이 쌓이고 달이 이르면 얼음이 어는 것과 같은 화가 일어납니다. 덕이 없는 자가 힘으로 왕위에 오르지 말아야 합니다."

박생은 염왕에게 이렇게 말했다. 현실의 군주를 상대로 해서는 펼 수 없는 주장을 염왕에게 토로했다고 하고 말 것은 아니다. 꿈속에서 뜻을 이루었다고 하는 상투적인 설정을 기발하게 이용해 엄청난 발언을 했다. 염왕이 군주의 횡포를 비판하는 데 동조하고 저승의 심판을 스스로 부정했다는 사건을 만들어내, 세속과 초세속 양쪽의 권위를 모두 거부했다.

김시습은 승려가 되어 세속을 떠났으므로 외롭지만 자유로울 수 있었다. 예사 승려로 살아가지 않고 불교의 교리에 매이지 않아, 염왕이 저승에서 심판한다는 것을 부정하고 올바른 도리가 무엇인지 말했다. 방외인이 온갖 어려움을 견디면서도 굽히지 않는 것은 진실 추구를 삶의 보람으로 삼기 때문임을 분명하게 알렸다.

김시습의 시대에는 사람이 어떻게 살아야 하는지 명확하게 정해져 있었다. 오늘날은 각자 자기 좋은 대로 살아도 되는 자유를 누린다. 그런데 김시습이 떨치고 나선 구속을 일제히 받아들인다. 남들의 시선을 의식하고 처신하느라고 자아를 상실한다. 물질의 지배가 당연하다고 여기고, 거처하는 주택의 시세로 삶의 질을 평가하기까지 한다.

최제우의 깨달음, 내력과 의미

경주시 현곡면 가정리가 崔濟愚의 마을이다. 최제우가 거기서 나고 자라고 득도해 동학을 창건했다. 마을 안쪽 집터에 遺墟碑가 있어 그 사실을 알려준다. 건너편 산에는 무덤이 있다. 구미산 속의 龍潭亭은 공부를 했다는 곳이다.

유허비는 격에 맞지 않고, 무덤과 묘비가 너무 크다. 용담정을 새로 짓고 멀리 있는 입구에서부터 야단스럽게 치장했다. 성역화한다고 지나치게 꾸민 탓에, 구경거리나 살리면서 지나다니는 길손들은 최제우가 벼슬이 높아 존귀한 인물이라고 오해하게 할 염려가 있다.

그러나 현장을 망쳤다고 개탄하면서 물러날 것은 아니다. 그 일대에 사는 사람들이 연원과 현장을 증언한다. 최제우를 잘 알아 전하는 말이 많고, 최제우가 지은 가사를 외고 있다. 石碑를 아무리 잘 만들어도 口碑를 따를 수는 없다는 것을 깨닫게 한다.

최제우 이야기를 들려달라고 하니 아버지 崔鋈(옥)부터 알아야 한다고 했다. 최옥은 별 볼일 없는 시골 양반이었다. 과거 급제를 유일한 희망으로 삼고 서울을 드나들었으나 열두 번 낙방하고 새재를 넘어왔다. 영남 산천을 바라보고 눈물을 흘리니 주막집 할미인가 빨래하는 노파인가 하는 이가 "당신이 눈물을 흘리면 열두 번 낙방한 최옥 같은 사람이야 자결을 하지 않겠느냐"라고 했다. 자기 이름이 그만큼 났으니 과거를 더 볼 것 없다고 단념했다.

알아야 할 사람이 하나 더 있다고 하면서 최옥과 삼종간인 崔琳(림)을 소개했다. 최림은 도술을 익힌 이인이어서 무엇이든지 할 수 있지만 가난하게 지냈다. 먹을 것이 없다고 부인이 걱정하니, 쌀이 마당에 수북하게 쌓이게 했다. 한 되를 퍼다 밥을 지어먹자, 쌀이 다 없어졌다. 들에 떨어져 있어 날짐승들이 먹을 것을 도술로 거두어 왔으니 되돌려주어야 한다고 했다. 욕심을 줄이고 조용하게 지내는 것이 마땅하다고 했다.

최옥이 상처를 하고 지내다가 우연히 찾아온 과부와 인연을 맺고 최제우를 잉태했다. 최제우는 태어날 때 구미산이 세 번 울었다고 했으나, 서자라고 천대받고 어렵게 자라 나이가 들었어도 할 일을 찾지 못했다. 밖으로 나다니며 허송세월하다가 자기 고향으로 돌아가 "오작은 날아들어 조롱을 하는 듯하고", "불효한 이내 마음 비감회심 절로 난다"면서 한탄하다가 어느 날 갑자기 득도를 해서 "만고 없는 무극대도"를 깨닫게 되었다고 <용담가>라는 가사를 지어 노래했다.

“허다한 언문가사 노래마다 이러하며”라고 <권학가>에서 말했다. 세상에 흔히 있는 언문가사를 지어 전에 없던 말을 했다. 가사 아홉 편을 모은 것이 『龍潭遺詞』라는 이름으로 전해진다. 학식이 많지 않은 주위 사람들이나 부녀자들과 소통하는 방식을 가사에서 찾은 것은 적절한 선택이다. 쉽게 다가오게 하고서 놀라운 말을 했다.

득도의 이유와 내용이 무엇인지 납득할 수 있게 하는 것은 쉬운 일이 아니었다. 득도해 다른 사람이 되었다는 것을 주위에서는 인정하지 않고 괴이한 말을 하는 것이 안타깝다고 했다. <안심가>에서는 “용담에는 명인 나서 범도 되고 용도 되고 서학에는 용터라고” 하니 어처구니없다고 했다. <교훈가>에서는 “흉언괴설 남보다도 배나 하며” 다니는 이웃이 원망스럽다고 했다. 비방과 오해를 풀고 무엇을 깨달았는지 알리는 것이 쉬운 일이 아니었다.

최옥이나 최림과는 다른 길을 찾아야 했다. 최옥과 같은 패배자가 되어 일생을 불만스럽게 보내지 말아야 했다. 더욱 불리한 처지가 되었으나 비약이 있어야 했다. 그러나 최림처럼 도술을 얻고도 쓰지 못하는 것은 비약이 아니다. 개인의 능력에 머무르지 않고 시대를 구하는 방책을 제시하는 더 큰 도술이 있어야 했다.

득도의 내력에 관해 전하는 이야기에서는 금강산에서 온 어느 도승이 전해준 天書를 읽었다고 한다. 최제우는 자기가 금강산을 찾아가 가르침을 받았다고 <몽중노소문답가>에서 말했다. 민족 수호신이 자리 잡는 금강산에서 새로운 역사가 시작된다는 가르침을 얻었다고 했다. 그 상징적 의미를 발현하는 방식에 관해서는 다른 말을 했다.

“삼각산 한양 도읍 사백년 지난 후의 하원갑”에 세상인심 살피며 개탄하다가 금강산 상상봉에 올라갔다고 했다. 下元甲의 말세를 맞이해 삼각산으로 상징되는 조선왕조는 운수를 다했음을 알고, 삼각산보다 더 높고 신령스러운 금강산에 올라 上元甲의 이상적인 시대가 시작되는 후천개벽의 계기를 찾고자 한 것이다.

거기서 신선 같은 차림을 한 도사를 만나 깨우쳐주는 말을 들었다고 했다. 도사는 작품의 문면에서 무어라고 풀이하지 않았으나, 천지운행의 도수를 일러주며 민족의 영웅을 일깨우는 금강산 신령임을 쉽사리 알아차릴 수 있다. 금강산 상상봉에 올라 깨달은 바를 다음과 같이 노래했다.

> 십이제국 괴질운수 다시 개벽 아닐런가.
> 태평성세 다시 정해 국태민안 할 것이니,
> 개탄지심 두지 말고 차차차차 지내보자.
> 하원갑 지내거든 상원갑 호시절에
> 만고 없는 무극대도 이 세상에 날 것이니.

십이제국 많은 나라가 괴질에 걸렸다는 말로 위기가 세계사의 범위에서 닥쳐왔다고 했다. 서양의 침략이 그 구체적인 징후였다. 〈권학가〉에서는 "요망한 서양적이 중국을 침범"해서 생긴 사태를 직접 지적했다. 한문으로 쓴 경전 『東經大全』의 〈布德文〉에서는 "서양이 싸워서 이기고 쳐서 빼앗아 이루지 못하는 일이 없으니 천하가 다 망하게 되었다"고 개탄했다. 그런데 천지운행의 질서는 하원갑 다음에 반드시 상원갑 좋은 시절이 오니 희망을 가지자고 했다.

<교훈가>에서는 “빈하고 천한 사람 오는 시절 부귀로세”라고 해서, 국제 관계에서뿐만 아니라 국내의 질서에서도 획기적인 전환이 이루어질 것이라고 했다. 그러면 어떻게 해야 할 것인가? 최제우는 안심하고 기다리며 마음을 바르게 가지라고 한 데 그치지 않고 지지자들을 모아 정치적인 변혁을 꾀하려고 했다고 할 수 있는 증거를 <검결>에서 찾을 수 있다.

> 용천검 드는 칼을 아니 쓰고 무엇 하리?
> 무수장삼 떨쳐입고 이 칼 저 칼 넌짓 들어
> 호호망망 넓은 천지 일신으로 비껴 서서,
> 칼 노래 한 곡조를 시호시호 불러내니.

칼춤을 추면서 부른 노래여서 장황한 설명은 없고 영웅의 기백을 바로 나타냈다. “용천검”은 옛날부터 명검이라 일컫던 칼이다. “無袖長衫”은 소매가 없는 겉옷이다. “時乎時乎”는 때가 이르렀다는 말이다. 산에서 도사를 만나 천지운행의 도수를 알고 자기 사명을 깨달은 영웅이 천하 명검을 빼어들고 춤추며, 어떤 적이라도 다 무찌르려고 달려 나가는 것은 소설에서 흔히 보던 바이니, 여러 말 하지 않아도 쉽사리 이해할 수 있다. 집권층은 이 칼노래에 가장 큰 위험을 느껴 최제우를 잡아 처형했다.

그 무렵 안동김씨 세도정권이 국정을 농단하면서 수탈을 가혹하게 한 탓에 사방에서 민란이 터져 나왔다. 西學이라고 일컬어지던 천주교 때문에 커다란 파문이 일어나더니, 서양에서 온 이상스러운 배가 근해에 출몰해 불안이 더 커졌다. 영국과 프랑스 함대가 북경을 점령해 청나라를 굴복시킨 바로 그 해인 1860년 최제우가 득도를 한 것은 우연이 아니다. 최제우는 사회 내부에서 조성된 위기를 해결하는 방안을 제시하고자 하는 데 그치지 않고, 서학에 대응해 동학을 창건했다.

그것은 커다란 충격이었다. 세상이 어떻게 돌아가는지 모르는 채 의지할 데 없어 허탈에 빠졌던 민중은 최제우가 빈천한 이들을 위한 새 시대를 연다고 하자 누백 년 고대하던 진인이 이제 나타났는가 여기면서 주위에 모여들었다. 경상도 땅을 넘어서까지 신도들이 생겨나 교세가 확장되자, 조정에서 크게 우려해 탄압으로 맞섰다.

최제우를 경주 영문으로 연행해 한 차례 조사를 하고, 선전관을 파견해 체포하고, 경상감영에서 데려가 사형시켰다. 죄명은 惑世誣民이라고 했다. 황탄한 잡술로 민심을 선동하며 난을 꾸미려고 은밀하게 당을 모은 것이 증거라고 했다. 뒤에 동학란이 일어나자 외세를 끌어들여 압살했다. 그런데도 동학은 없어지지 않았다. 거듭되는 시련을 견디며 역사를 움직이는 저류로서 큰 구실을 하면서 오늘에 이르렀다.

최제우의 득도는 시대의 요청이고 민중의 소망이었다. 주도세력이 힘을 잃을 때 주변부에서 시대 전환을 가져오는 창조자가 나타나, 후진이 선진이 되고, 무식이 유식이 되는 이치를 구현하는 것이 당연한 일이었다. 최제우는 할 일이 없어 허송세월하고 있으면서 깊은 연원을 가진 창조적인 지혜를 이어받아 그럴 수 있었다. 궁극의 깨달음을 스스로 밝혀 우리 민족이 세계의 중심에 우뚝 선다고 선포했다.

함께 살피기

위에서 다룬 셋은 경주지방에서 이루어진 글쓰기이다. 첫째 것이 716년에 이루어지고, 743년이 지난 1462년에 둘째 것이 이루어지고, 다시 398년이 지난 1860년에 셋째 것이 이루어졌다. 시간의 간격이 크고 글 종류가 달라 각기 이해되던 것들인데, 나란히 놓고 함께 살피니 모르고 있던 내면이 드러난다.

셋 다 언술본문을 그 자체로만 읽으면 대단할 것 없다. 누가·어떻게·무엇을 말했는가에 주목할 만한 공통점이 있다. (가) 지배세력 주변에 머물러 불만을 가진 쪽에서, (나) 인정될 수 있는 방식으로 글을 써서, (다) 인정될 수 없는 주장을 편 것이 모두 같다.

(가)를 들어 언술상황을 파악해야 언술본문이 제대로 이해된다. 기존의 글쓰기와 (나)에서는 언술관련을 가지는 것 같더니, (다)를 보면 언술부정을 했다. 표면인 (나)에서는 계승이고, 내면인 (다)에서는 반역인 언술본문을 만들어냈다.

(가) 글 쓴 사람은 신라의 六頭品, 조선초기의 武班, 조선후기 鄕班의 庶子이다. (나) 부모를 위해 기원하려고 만든 불상의 명문, 사실을 기록한다는 記·傳·錄·志, 누구나 쉽게 읽을 수 있는 국문가사를 지었다. (다) 구속에서 벗어나 자유롭고자 하는 심정을 나타내고, 없는 일을 지어내 세상이 달라지기를 바라고, 그릇된 역사를 청산하고 새 시대가 시작되어야 한다는 엄청난 주장을 폈다.

(가)에서 든 사람들은 집권층의 말단에 자리를 잡고, 실력에 상응하는 대우를 받지 못해 불만을 가진 점이 같다. 신라 시대 眞骨과 육두품의 차이와 같은 것이 조선시대에는 文班과 무반으로, 다시 京班과 향반, 嫡子와 서자로 나타났다. 차별받는 쪽에서 분발해 실력

을 키우고 불만을 토로하는 글을 썼다.

신라와 조선 사이의 고려 시대에는 그런 대립이 뚜렷하게 나타나지 않았다. 신라 때에는 나라의 중심이었던 경주가 조선 시대에 한적하거나 소외된 변방으로 인식되어 새로운 의미를 가질 때까지 그 중간의 고려 동안에는 소식을 남기지 못했다. 743년의 간격이 398년으로 줄어든 것은 하나가 빠졌기 때문이다.

(나)의 글 종류와 (다)의 주장은 어긋난다. 통상적인 표현 방식을 사용해 받아들여질 수 있게 하고, 혁신적인 주장을 펴는 반역을 했다. 그 양면의 어긋남 때문에 충격을 주는 글이 되었다. (나)와 (다)의 어긋남과 충격을 주는 정도가 차차 심해진 데서 시대 변화의 추이를 확인할 수 있다.

부모를 위한 글에서 자기 말을 하고, 종교적인 기원을 한다면서 구속에서 벗어나 자유롭고자 하는 심정을 나타냈다. 사실을 기록한다고 하고서 없는 일을 지어내, 傳이나 記를 세상이 달라지기를 바라는 소설로 바꾸어놓고 세상이 달라지기를 바라는 마음을 나타냈다. 누구나 쉽게 읽을 수 있는 국문가사를 지어 그릇된 역사를 청산하고 새 시대가 시작되어야 한다는 엄청난 주장을 폈다.

(다)의 차이점 때문에 글의 운명이 달라졌다. 알려지고 평가된 정도에 차이가 있고, 끼친 영향도 같지 않았다. 구체적으로 파악하면 시대 변화의 양상이 다각도로 나타난다. 역사의 전개는 편협한 시각으로 감당하기 어려운 합법칙성을 복잡하고 미묘하게 지닌다.

첫째 것은 무시해도 좋을 개인의 희망인 듯해서, 적극적으로 평가되지 않았다. 불상은 둘 다 국보로 지정되고 박물관 좋은 곳에 자리를 잡아 시선을 끌고 있으나, 뒷면에 새겨놓은 명문은 보기 어려우며 보려고 하는 사람이 거의 없다.

둘째 것은 기존의 질서에 대한 이념적 반론임을 알아보고 문제로 삼는 사람들이 있었다. 저자의 행적과 남긴 작품이 인쇄물로 유포되어 거듭 읽히고 연구된다. 문학사에서 획기적인 위치를 차지하는 작품으로 평가된다.

셋째 것은 큰 호응을 불러일으켜 탄압의 대상이 되었다. 변혁 사상의 원천으로 널리 알려지고 높이 평가된다. 종교로 이어받아 섬기는 교단이 있으며, 교단 밖의 학계에서도 대단한 가치가 있다고 인정한다.

그러나 이 셋은 다 소중하다. 차등의 관점이 아닌 대등의 관점에서 이해해야 한다. 불리한 처지라 불만이 있으면 항변하고 말 것이 아니다. 잘 나가는 사람들은 할 수 없는 획기적인 창조를 하는 것이 마땅하다. 그럴 수 있는 조건을 타고난 것이 행운이다. 불리한 것이 유리하고 유리한 것이 불리하다.

불리한 조건을 행운으로 삼아 획기적인 창조를 어떻게 할 것인가? 위의 세 사례가 보여주는 본보기를 넘어서서 더 많은 창조의 길이 열려 있지만 마구 달려 나갈 것은 아니다. 전례를 연구하면서 작전을 세워야 한다. 기존의 표현방식을 따라 반발을 줄이면서 내부 뒤집기를 하는 것이 외부에서 공략하는 것보다 좋은 작전임을 알아야 한다고 세 사례가 일제히 말해주고 있다.

토 론

❏ 문: 기존의 방식을 따르고서 내부 뒤집기를 하는 작전이 무엇에 소용되는가?

❑ **답**: 모든 일에 사용된다. 학문혁명의 작전이 우리에게 특히 긴요하다. 기존의 학풍을 처음부터 거부하면 안에 들어가지 못해 장외경기를 하고 만다. 지금까지 해오던 방식대로 학문을 하는 것처럼 보이게 하고 평가를 얻어 근거지를 확보하면 내부 뒤집기를 해서 새로운 학문을 하는 것이 마땅하다.

❑ **문**: 학문도 불우한 처지에서 가지는 소망인가?

❑ **답**: 그렇다.

❑ **문**: 선생님은 무엇이 불우한가?

❑ **답**: 나는 경상도 산골 사람이다. 대학에 입학해 서울 가니 "시굴 사람"이라고 해서 충격을 받았다. 서울말은 "시골"이 아니고 "시굴"이다. 우리 한국은 서울까지 포함해 모두 변방이다. 유럽문명권에서 이룩한 근대문명을 일본의 식민지가 된 탓에 제대로 받아들이지 못해 뒤떨어졌다. 이 두 가지 조건 때문에 분발해 커다란 것을 이루었다. 경상도 산골에서 이어받은 전통문화 연구를 발전시켜 세계학문 혁명에까지 이르렀다.

❑ **문**: 내부 뒤집기 작전을 쓰는가?

❑ **답**: 국문학연구의 관습을 충실히 따르고 뒤집었다. 영어로 논문을 써서 발표하는 국제적인 관례를 따르면서 뒤집는 다음 단계의 전투는 시작하는 단계에 있어 안타깝다.

❑ **문**: 현상학에 관한 강연을 듣고 기존의 학문을 따르기 아주 어렵다는 것을 절감했다. 쉽게 설명한다고 하는데 무슨 말인지 알 수 없었다. 설명하는 분도 안다고 자신하는 것 같지 않았다. 이런

고개를 어떻게 넘어가서 해야 할 일을 할 수 있는가?

❑ 답: 넘기 어려운 고개는 넘을 필요가 없다. 현상학에서 말하는 난삽한 논리를 따라야 모든 선입견을 버리고 사물을 바로 볼 수 있는 것은 아니다. 현상학이라는 선입견이 다른 어느 것보다 아주 골칫거리여서 本地風光에 이르지 못하게 막는다. 현상학은 아주 고약해 안에 들어가 뒤집어엎지 못하게 한다. 들어갈 수 없는데 어떻게 뒤집어엎는단 말인가? 밖에서 서성이면서 일생을 허비할 수 있다. 가까이 가지 않는 것이 현명하다.

이 강의 서두에서 거론한 것들 가운데 현상학보다는 해석학이, 해석학보다는 구조주의가, 구조주의보다는 실증주의가 안에 들어가 뒤집어엎기 쉽다. 안 되는 일은 해야 하고 쉬운 일은 하지 말아야 한다고 착각하지 말자. 승산이 있고 유익한 싸움을 해야 한다. 실증주의 뒤집기는 필수이고, 구조주의 뒤집기는 권장할 만한 선택이다. 그러나 안에 들어가기만 하면 뒤집을 수 있는 것은 아니다. 들어갔다가 잡히지 않고 뒤집을 수 있는 힘을 사물을 직접 보고 깨달으면서 길러야 한다. 그 일을 지금 계속해서 하고 있다. 현상학 따위를 공부하는 것보다 얼마나 신이 나는가!

❑ 문: 지난 금요일 11월 17일에 열린 계명대학교 한국학연구원 주최 학술회의에서 종합토론을 하다가 자리를 박차고 일어난 것은 무슨 까닭인가? 학문은 시사평론이 아니라고 한 말을 기억하는데, 그렇게까지 중요한가?

❑ 답: 학문을 한다는 사람들이 대학 연구소의 학술회의에서도 시사평론을 일삼으면서 현정부가 잘못하고 있다고 나무라기나 한

다. 뜻은 있어도 능력이 없어 실패하는 것을 누구나 잘 알고 있는데 대단한 말이라도 하는 듯이 길게 거론하면서 시간을 축낸다. 정치는 잘못하면 안 되고, 학문은 잘못해도 되는가? 정치는 뜻만으로는 모자라니 능력이 있어야 하고, 학문은 뜻만 있으면 되고 능력은 없어도 무방한가?

정치에서 하지 못하는 일을 가로맡아 세상을 바로잡을 뜻이 있다고 함부로 말하지 말고, 학자라면 학문의 능력을 길러야 한다. 정치인들이 무식하다고 흉보려면 읽을 책을 써내야 한다. 현정부는 한두 해 뒤에 물러나지만, 학문은 백년이나 천년 동안 유효할 일을 해야 한다. 학문은 시사평론이 아니고 통찰력을 갖춘 이론이어야 한다.

이 사실을 분명하게 하려고 충격을 주는 방법을 택했다. 가장 가까운 관계에 있는 제자 학자가 발언할 때 자리를 박차고 일어섰으니 개인적인 감정이 있어 돌출행동을 했다고 오해하지는 않을 것이다. 직접 도와주는 최상의 방법을 찾았다.

❑ **문**: 학문에 대한 기대와 평가가 지나치지 않는가?

❑ **답**: 학문이 할 일을 하지 않으면 장래가 암담하다. 우리 현실을 두고 하는 말만은 아니다. 인류 역사의 진행 방향에 대한 진단이다. 뛰어난 통찰력을 가지고 현재의 고민을 해결하고 바람직한 미래를 창조하는 데 앞장서는 사람이 누구인가? 처음에는 초월적인 예지를 가진 종교인에게 기대했다. 종교에 대한 신뢰가 줄어들면서, 정치가를 위대한 지도자로 받들었다. 정치가에 대한 기대는 무너지고 있다. 민주화가 진행되면서 위대하지 않고 범속한 정치가가 등장하는 것이 지금의 상황이다.

그 전은 폭군의 시대였다. 권력을 휘둘러 백성을 해치기나 하는 폭군이 대다수이고, 더러는 평가할 만한 공적을 남기기도 했다. 어느 쪽인지 구별하기 어려워 시비가 엇갈리는 경우가 많다. 폭군을 모두 찬양하고 존경하라고 강요하면서 정치가는 위대하다는 신화를 퍼뜨려 심각한 후유증이 남아 있다. 반발을 불러일으켜 공적에 대해 정당한 평가를 하는 것마저 주저하게 한다.

민주화 시대의 정치인은 폭군일 수 없어 다행이다. 그 대신 자기 능력으로 평가할 만한 공적을 남기는 정치가가 더러 있는 것도 기대하기 어렵다. 민주화의 실현 방법인 선거는 인기를 평가의 척도로 삼는다. 정치인이라면 누구나 인기를 키우는 경쟁을 하느라고 부지런히 돌아다닌다. 무엇이 문제인지 깊이 생각하고 힘들여 연구할 겨를은 없다. 이 사람 저 사람이 서로 다르게 하는 말을 알아듣고 의견 조정자 노릇을 할 수 있으면 크게 기여한다고 할 수 있다.

다음에는 달라질 것인가? 현정부는 무능하지만 다음 정부는 유능할 것인가? 정도의 차이나 있을 것이다. 정도의 차이를 잘 가려 투표를 해야 하지만, 위대한 정치가에 대한 환상을 버려야 한다. 큰 기대를 했다가 실망하고 욕이나 하는 것은 잘못이다. 위대한 정치가에 대한 부당한 환상이 다음 시대로 이어지지 않도록 교과서를 고치고 교육 내용을 바꾸어야 한다.

이 시대의 문제를 진단하고 해결하면서 미래로 나아가는 방향을 제시하는 과업을 이제는 종교인이나 정치가는 감당할 수 없어 학자가 맡아야 한다. 전에는 학자종교인, 학자정치인도 있었으나, 지금은 학자이기만 한 학자만 남았다. 오늘날의 상황은 너무 복잡해 진단하고 해결하려면 고도의 전문적인 지식이 필요하고 많은 시간을 소비하는 연구를 해야 한다. 학자에게 이 임무를 맡겨 밥 먹고 살도록 했다.

학자가 연구해놓은 결과가 있어야 하고, 널리 활용해야 한다. 정치가는 학자에게 배우고, 학자의 도움을 받아 할 일을 해야 한다. 어느 학자를 찾아야 할 것인가를 알면 많이 아는 것이다. 그런데 학자라는 사람들이 정치가 나무라기를 일삼으면서 맡은 임무를 저버리면 어떻게 되는가? 이것이 우리 사회의 최대 위기 상황이다. 위기 상황을 진단하고 해결하는 학문의 길을 열기 위해 나는 분투하고 있다.

❑ **문**: 가장 자유로울 것 같은 오늘날 사람들이 구속되어 살고 있다고 한 것이 무슨 말인가?

❑ **답**: 오늘날 사람들은 재물·지위·명성에 구속되어 산다. 이 셋에서 벗어나는 것이 가능한가? 가능하다는 것을 김시습이 보여주었다. 김시습은 그 셋을 다 버리고 진실을 추구한 놀라운 사람이다. 이 셋과 조금도 얽히지 않고 진실을 추구하는 저술을 했다.

❑ **문**: 오늘날 사람들도 김시습처럼 벗어날 수 있는가?

❑ **답**: 재물·지위·명성에서 벗어나야 학문을 제대로 할 수 있다. 말은 쉬워도 실행은 어렵다. 그릇된 풍조를 개탄하면서 세상을 나무랄 것은 아니다. 나는 어떻게 하는가? 이것이 가장 중요한 질문이다. 진실한 대답을 해야 한다. 나는 재물·지위·명성에서 벗어나지 못하고 있다. 그러나 마음에 두고 지내지 않아 구속을 줄이려고 한다. 김시습을 생각하면 참으로 부끄러운 수준이지만 실천을 하면 다행이다.

학문의 정도에서 벗어난 일은 돈이 생겨도 하지 말자. 대단한 학자라고 거만을 떨지 말고 누구와도 대등한 위치에서 토론하자. 행적을 숨기고 숨어 지내면서 학문의 동지들과 소통하기만 하자. 이 세 가지 계율이라도 지키려고 한다.

가수 조용필은 어느 해부터 상을 받지 않기로 했다고 한다. 상을 생각하면 음악이 제대로 되지 않고, 상을 거듭 받아 다른 가수들에게 미안하기 때문이라고 했다. 조용필이여, 나는 그대를 존경하면서 아직 따르지 못하고 있다.

제12강 말이 달라 벌어지는 논란

영호루 시문의 서로 다른 말

映湖樓는 안동 낙동강 가의 누각이다. 안동 사람들은 자기 고장 자랑이 전국 으뜸이다. 자랑 거리에서 영호루가 한 몫 단단히 했다. 영호루는 고려 시대에 만들어 연조가 아주 높고, 안동에 왔던 공민왕이 써서 보낸 금자 현판을 달고 있어 지체 또한 최상이라고 했다.

영광에 불운이 따르는 것이 정한 이치인지, 홍수 피해를 자주 입어 다시 짓기를 몇 번이나 거듭했다. 1934년에는 주춧돌만 남고 완전히 떠내려갔다. 1992년에 세운 <映湖樓遺墟碑>가 원래의 자리를 말해준다. 1970년에 다시 지었으나 볼썽사나운 모조품에 지나지 않는다. 낙동강 북쪽에서 남쪽으로 위치를 이동했다. 올라가서 강 건너 안동 시내를 바라보도록 했다. 철근 콘크리트를 사용했다. 졸필 한글 현판을 달아놓았다.

그래도 영호루를 외면하지 말고 있는 가치를 되찾아야 한다. 유래나 건물보다 시문이 더욱 소중하다. 『신증동국여지승람』에 수록된 조선초기까지의 것들만 해도 산문이 4편이고, 시는 14편이다.

다시 읽으면 선인들의 정신세계에 깊이 들어갈 수 있다 하겠는데, 말하고자 하는 바가 한결같지 않고 대립되는 견해를 가지고 논란을 벌인다.

海山當日往來多　바다며 산이며 지금까지 많이도 오갔지만
物外精神到此加　벗어나고자 하는 마음 여기 오니 한층 더하네.
初謂夢遊雲雨峽　처음에는 운우의 골짜기에서 노는가 했더니,
漸疑身入畵圖家　몸이 점차 그림 속으로 들어가는가 의심되네.
南江秋夜千峰月　남쪽 강 가을밤에 천 봉우리에 달이 돋고,
北里春風萬樹花　북쪽 마을 봄바람에 일만 꽃이 피어나네.
雖是無情閑道者　제 아무리 무정하고 한가하다는 도인이라도
登臨不得似枯槎　여기 오르면 마음이 마른 뗏목 같지 않으리.

蔡洪哲이 지은 이 시에서는, 영호루 일대의 경치가 으뜸이라고 칭송하면서 자기가 누리고자 하는 "物外精神"과 부합된다고 했다. "벗어나고자 하는 마음"이라고 번역한 그 말이 세속의 물욕을 버리고 고결한 도리를 추구하자는 것은 아니고 그 반대이다. 선경과 같이 아름다운 곳을 찾아 호사스럽고 화려한 삶을 누리는 향락을 바랐다. 도인이라고 자처하는 위인이야 말라비틀어진 뗏목 같아 아름다움을 즐기면 마음이 달라질 것이라고 조롱했다.

채홍철은 고려 말에 국권을 장악하고 부귀를 누리던 권문세족 가운데 문학과 음악에서 이름을 남긴 거의 유일한 인물이다. 송악산 자하동 선경과 같은 곳에 화려하기가 극치에 이른 대저택을 마련하고 나라의 원로라는 사람들을 모아 잔치를 벌이며 천년 장수를 할

술을 마신다고 자랑했다. 바로 그런 연유로 국력은 피폐하고 백성은 굶주리지 않을 수 없었기에, 어찌 그럴 수 있느냐고 항변하면서 나선 비판세력이 신흥사대부였다.

사대부는 원래 지방의 향리였다. 무신란 이후에 중앙정계로 진출하기 시작하고 원나라에 복속된 기간에 실력을 다지다가, 고려가 자주를 되찾게 되자 권문세족과 대결을 벌여 마침내 조선왕조를 건국했다. 불리한 처지를 사상과 문학의 역량으로 극복해 역사 창조의 방향과 논리를 휘어잡을 수 있어 승리를 거두었다. 그 선두주자인 禹倬은 아버지 대에 처음 벼슬했다. 과거에 급제해 지방관이 되어 민간신앙을 타파하는 데 힘썼다. 성리학이 수입되자 깊이 탐구해 교육했다. 영호루에 올라 이렇게 읊었다.

嶺南游蕩閱多年	영남을 여러 해 동안 두루 돌아다니면서
最愛湖山景氣加	이 물가와 산의 경치를 가장 사랑했네.
芳草波頭分客路	향기로운 풀 끝머리에서 나그네 길 갈라지고,
綠楊堤畔有農家	버들 푸른 둑 곁에 농가가 있구나.
風恬鏡面橫煙黛	바람 잔 거울 위로 안개 낀 산 비껴 있고,
歲久墻頭長土花	오랜 세월 담 머리에 이끼가 자랐구나.
雨歇四郊歌擊壤	비 갠 뒤 사방의 들에서 격양가 노래하고,
坐看林杪漲寒槎	수풀 끝에 밀려 있는 뗏목 앉아서도 보인다.

유람객 노릇을 하며 가서 그 고장 사람 같은 의식을 가지고자 했다. 누각에서 바라본 경치를 애정 어린 눈으로 섬세하게 묘사하면서 농민 생활에 대해서도 관심을 가졌다. 격양가를 노래하고 뗏목을

젓고 다니는 광경을 흐뭇하게 여겼다. 경치와 생활, 오랜 세월과 지금의 상태가 아무 갈등 없이 잘 어울려 더 바랄 것이 없다고 했다. "槎"라고 한 "뗏목"이 앞에서 든 채홍철의 시, 다음에 드는 권근의 시에서와 함께 등장하는데, 뜻이 다르다. 뗏목이 채홍철의 시에서는 마른 나무일 따름이고, 권근의 시에서는 자기가 타고 물을 건너가는 데 소용되는 도구이다. 우탁이 보고 묘사한 뗏목은 지방 하층민의 생활도구이다. 뗏목을 수풀 끝에 밀어놓은 것은 강을 건너 그쪽으로 가서 다른 일을 하고 있다는 뜻이다.

權近은 위의 두 사람이 세상을 떠난 뒤에 태어난 새로운 시대 사대부의 중심인물이다. 고려 말에 이미 상당한 활약을 하면서 시련을 겪다가 조선왕조 창건에 가담해 핵심 과업을 담당했다. 위에서 든 두 편과 말하고자 한 바가 많이 다른 시를 남겼다.

客裏登樓感歎多	나그네 처지로 누대에 오르니 감탄이 많고,
倦遊羸得鬢絲加	게으르게 놀고 있어 귀밑머리 더 희어진다.
海天流落空懷國	멀리 밀려났으면서 공연히 서울 생각이며,
鄕郡歸來未有家	고향에 돌아왔으나 집이라고는 없구나.
百尺危欄浮碧落	백 척 위태로운 난간 푸른 공중에서 떨어지고,
九重宸翰耀金花	구중궁궐 임금의 글씨 금빛 꽃으로 빛난다.
長川廻與銀河接	긴 내가 돌아가면서 은하와 맞닿았으니
直欲迢迢泛一槎	지금 당장 뗏목 띄워 멀리 가고 싶네.

권근은 원래 안동 사람이다. 고향을 찾았어도 집이 없다고 하면서 머무를 처지가 아님을 말했다. 멀리 밀려나 서울을 생각한다고 한

것을 보면 귀양 가는 나그네인 것 같다. 영호루의 높고 위태로운 모습이나 금으로 쓴 임금의 글씨가 자기와는 거리가 있어 반감을 느꼈다고 할 수 있다. 그 때문에 더욱 초라하진 신세라도 좌절하지 않으면서 굴욕에서 벗어나고자 하는 꿈을 버리지 않고 있다고 마지막 두 줄에서 말했다고 보아야 앞뒤가 연결된다. "百尺危欄浮碧落 九重宸翰耀金花"라는 대목이 권근의 문집 『陽村集』에는 "碧瓦凌風膚起栗 金書照日眼迷花"로 적혀 있다. "푸른 기와에 바람이 일어 소름 돋고, 금 글씨 해에 비치어 눈이 부시도다"라는 뜻이다. 소름이 돋고 눈이 부신다고 하는 섬뜩한 말로 반감을 직감적으로 표현했다. 그래서는 자랑거리가 손상된다고 여기고 안동 사랑의 정신을 발동해 개작한 것을 새겨서 내걸어 『신증동국여지승람』에 올랐다고 생각된다.

권근은 일시적인 고난을 겪고 있어 영호루를 원망스러운 눈으로 바라보았다고 생각된다. 근처에 사는 백성들은 언제나 그런 처지에서 살아가야 했을 것이다. 주위의 산수와 잘 어울려 영호루는 분명 아름답지만, 함부로 올라서지 못하게 하는 위세를 뽐내 반감이 생겼을 것이다. 찾아와 잔치를 벌이는 고관대작 등쌀에 편하게 살 수 없었을 것이다.

세 사람의 영호루 시는 운자가 같고 글자도 몇 자 같으면서 각기 다른 방향으로 나아갔다. 시가 무엇이고 무엇을 말할 수 있는가를 상이하게 보여줄 수 있게 하는 것이 영호루가 대단한 문화재라고 해야 할 깊은 이유이다. 역사의 방향을 두고 논란을 벌인 현장임을 알아차려야 가치가 커진다.

안동은 한국정신문화의 수도라고 자처하고 있다. 허장성세가 아니게 하려면 문화유산을 제대로 돌보아야 한다. 영호루를 원래의 위치에 옛적 모습으로 다시 지어야 하는 것이 긴요한 과제의 하나이다. 옛 사람들의 시문을 현판에다 새겨 거는 데 그치지 않고, 진정한 가치를 알아차릴 수 있게 해설하기까지 하면 더 좋을 것이다.

동래성의 비극을 되새기면서

부산광역시는 현대화된 대도시이지만, 과거 역사와 깊이 연결되어 있다. 임진왜란의 첫 격전지였음을 말해주는 유적이 곳곳에 전한다. 전투의 현장이었던 성벽 일부가 남아 있고, 여러 기념물이 비극을 증언한다. 묻고 뒤지면서 그 자취를 더듬기로 한다.

동구 좌천동의 鄭公壇에는 부산첨사 鄭撥, 동래구 복천동의 宋公壇에는 동래부사 宋象賢, 순절한 두 지휘관의 혼령을 모셨다. 지금은 동래구 안락동 忠烈祠에서 여러 전몰자에게 일제히 제사를 지낸다. 흩어진 시신을 수습해 묻은 곳에 壬辰戰亡遺骸之塚을 만들었다가 동래구 온천동 금강공원으로 이전했다.

무슨 일이 있었던지 왕조실록을 보자. 1592년(선조 25) 4월 13일자에 사건 기록이 있다. "倭寇가 왔다. 적은 바다에 자취를 숨기고 왔다. 부산첨사 정발이 마침 絶影島에서 사냥을 하고 있다가, 조공하러 오는 倭인 줄 알고 방비하지 않았다. 鎭에 미처 도착하기 전에 적이 이미 성에 올랐다. 撥은 亂兵 가운데서 죽었다. 다음날 동래부가 함락되었다. 부사 송상현이 죽었다. 첩도 죽었다." 너무 간략하고 미비하다.

釜山鎭殉節圖와 東來府殉節圖라는 그림이 있어 둘 다 보물로 지정되었다. 부산진순절도는 첨사 정발이 성루에 올라 전투를 지휘하고,

일본군은 기세가 대단하지만 아직 성을 넘어오지는 않은 모습을 보여준다. 동래부순절도에서는 송상현 부사가 정좌하고 있는 모습을 중심에 두고, 안에서 방어하는 군사들과 밖에서 공격하는 일본군을 그렸다. 도망치는 장졸도 보인다. 두 그림 모두 지휘관을 주인공으로 삼아 충절의 자세를 보여주는 데 치중해 전투의 실상을 알리기에는 모자란다.

진상이 어떤지 다른 여러 자료를 종합해 밝히려고 오늘날의 학자들이 계속 노력한다. 그 성과를 국립진주박물관에서 정리해 『새롭게 다시 보는 임진왜란』을 내놓았다. 국립진주박물관은 임진왜란 전문 박물관이다. 최초의 전투에 관해 서술한 내용을 보자. 많은 자료를 모아 다각도로 고찰한 결과의 요약이라고 생각된다.

"4월 13일 일본군은 절영도 앞 바다에 닻을 내리고 경상도의 관문인 부신진성 부근의 경계 상황을 정찰했다. 부산진성에서는 정발이 천여 명에 불과한 병력을 거느리고 있었다. 정발은 근처의 선박을 모두 불 지르고, 군민들과 함께 성 안에 들어가 방어태세를 정비했다. 4월 14일 일본군이 성으로 쳐들어와 치열한 백병전이 벌어졌으며, 정발은 적탄에 맞아 전사했다. 남은 군민이 끝까지 분전하다가 장렬한 최후를 맞이했다. 일본군은 이어서 西平浦와 多大浦의 방어진지를 유린했다.

4월 15일에는 일본군이 동래성을 공격했다. 동래부사 송상현, 수하 장수 洪允寬, 양산군수 趙英珪, 울산군수 李彦誠 등이 군민을 거느리고 항전했다. 일본군은 포위망을 구축하고 "戰則戰 不戰則假道"(싸우려면 싸우고 싸우지 않으려면 길을 빌려달라)고 쓴 깃발을 내걸었다. 송상현은 "戰死易 假道難"(전사하기는 쉬워도 길을 빌려주기는 어렵다)고 응답했다. 일본군의 일제 공격이 시작되자 군민이 일제히 방어했으나 성벽이 무너지고 성이 함락되었다. 송상현 부사, 조영규 군수와 함께 군민 대부분이 전사했다."

정발이 사냥을 나갔다가 정세를 잘못 판단하고, 진에 돌아가니 적이 이미 성에 올랐다는 것은 사실이 아니다. 누가 잘못 알고 보고한 말이 실록에 올랐다. 하루 여유가 있어 이탈자 방지책을 먼저 강구하고 군민과 함께 성안에 들어가 최선을 다해 방어하다가 전사했다. 공적이 제대로 기록되지 않은 것은 원통한 일이다.

동래성이 함락된 날이 4월 14일이라고 알도록 했는데, 사실은 4월 15일이다. 그날 송상현은 다른 관원들과 함께 군민을 거느리고 항전하다가 일제히 전사했다. 그런 사실의 전모를 기록하지 않고 첩과 함께 죽었다고만 했다. 첩이 있었으면 함께 죽은 것이 당연하니 특기할 사항은 아니다. 날짜가 틀리고 사실 기록이 미비하다. 국가의 공식 기록을 잘못 해서 역사 이해가 그릇되게 했다. 나라를 지키다가 죽은 사람들을 이중으로 원통하게 했다.

오늘날의 학자들이 사실을 밝혀 역사를 다시 쓰니 염려하지 말라고 할 것은 아니다. 송상현과 함께 순국한 다른 관원들을 찾아낸 것은 다행이지만, 다시 쓰는 역사에서도 "軍民"이라고만 하는 하급의 군인, 일반 백성에 관해서는 알려주는 것이 별반 없다. 성도 이름도 없고 숫자마저 파악되지 않으니, 실증사학에서는 거론할 길이 없어 덮어두어야 하는가? 문학으로 눈을 돌리면 사정이 달라진다. 내면 역사 증언에서 문학작품이 언제나 커다란 구실을 한다. 알려지고 연구된 것들만 해도 적지 않으나 둘만 들어 본보기로 삼기로 한다.

李安訥이 동래부사로 가서 1607년(선조 41)에 지은 <東萊四月十五

日>라는 장시를 보자. 4월 15일이 되자 집집마다 처량한 울음소리가 들려 무슨 까닭인가 하고 늙은 아전에게 물었다. 늙은 아전이 대답하기를 그날 왜적이 동래에 쳐들어왔을 때 관민이 함께 막으려다가 장렬하게 전사했기 때문이라고 했다. 그런 내력을 서두로 삼고 그 뒤를 잇는 말이 다음과 같이 이어졌다.

闖境寇入城　경계를 넘어 도적이 성 안에 들어오자,
同時化爲血　한꺼번에 모두들 핏덩이가 되었다.
投身積屍底　몸을 날려 시체로 쌓일 적에
千百遺一二　천 명 백 명 중 한둘만 남았다오.
所以逢是日　그런 연유가 있어 이 날을 맞이하면,
設奠哭其死　제사를 차리고 죽음을 서러워한답니다.
父或哭其子　아비가 아들을 위해 곡하기도 하고
子或哭其父　아들은 아비를 위해 곡하기도 한다오.

아들이 아비를 위해 제사를 차리는 것은 당연한 일이다. 아비가 아들을 위해 제사를 차리고 곡을 하는 것은 천륜에 어긋난다. 싸워서 누가 이기고 누가 졌으며, 어느 장수는 공을 세우고 어느 장수는 배신했는가 하는 것이 역사라고 하지 말자. 공을 세울 자격조차 지니지 못하고 죽어간 미천한 백성들에게 전쟁의 상처가 깊이 남아 통곡하게 하는 현장에서 다시 통곡하지 않을 수 없다.

동래성의 비극을 두고 시를 지은 시는 그 뒤에도 있었다. 辛啓榮의 <東萊有感>을 하다 더 들어보자. 1624년(인조 2)에 일본으로 가는 사신의 임무를 띠고 동래에 이르러, 전란의 상처를 안고 황폐해진 모습을 다음과 같이 읊었다.

蕭條殘郭是萊城	쓸쓸하게 무너진 성이 동래라고 하니,
憶着當年意未平	그 날 일을 생각하니 마음 편치 못하다.
廢堞不修衰草合	버려진 성가퀴 시든 풀 속에 묻혀 있고,
荒墟無主夕陽明	황폐한 터전 주인 없는 채 석양만 밝다.
青山尙帶凄凉色	푸른 산은 아직도 처량한 빛을 띠고,
流水長含嗚咽聲	흐르는 물이 흐느낌을 길게 머금었다.
義魄相應餘憤在	의로운 혼백 얽히고 울분이 남았는데,
却慚今日海東行	부끄럽게도 오늘 바다 동쪽으로 간다.

앞에서는 눈에 보이는 광경을 그리고, 뒤에서는 멀리까지 돌아보면서 깊은 생각을 했다. 동래성이 폐허가 될 때의 원통한 사정을 두고두고 잊을 수 없어, 의로운 혼백들의 풀지 못한 울분을 이어받아야 한다고 했다. 국교를 다시 트는 일을 맡아 일본으로 가는 것이 부끄럽지만 또한 어쩔 수 없는 일이라고 하는 말로 끝을 맺었다.

부산광역시는 지금 번영을 누리고 있어 자랑스럽다고 하고 말 것은 아니고, 지난날을 잊지 말아야 한다. 일본과 사이좋게 지내야 하는 것은 당연한 일이지만, 비극의 현장을 함께 돌아보아야 진정으로 가까워질 수 있다. 내밀한 사연을 증언하는 한시는 일본인들도 읽을 수 있어 다행인데 우리가 잊을 수 없다.

커다란 종에 모아 나타낸 소망

奉德寺는 경주 북천 남쪽의 남천리에 있었다고 한다. 성덕왕이 증조부 무열왕을 위해 창건하기로 한 절인데, 아들 효성왕이 738년에 완공했다. 효성왕의 아우인 그 다음의 경덕왕은 성덕왕을 위해 큰 종을 만들기로 했으며, 아들 혜공왕이 771년에 공사를 끝내고 聖德大王神鍾이라고 일컬었다.

봉덕사는 북천이 넘쳐 묻히고 말아 폐사되어 흔적조차 찾을 수 없다. 1460년경에 金時習이 시를 남겨 종의 소식만 가까스로 전한다. 관가에서 걸어두고 군사들을 모을 때 치는 종이 되었지만, 모습과 소리, 새겨놓은 銘文이 큰 감동을 준다고 했다. "巨物神造撝 千古不可得 雄雄巨壑響 隱隱吟蛟鯨", "我來讀其銘 可想千古情 撫之一太息 工媸非所評"이라고 했다. "신이 도와서 만든 크나큰 것 천고에 다시 얻지 못하리라. 웅웅거리면서 큰 골짜기까지 울리고 은은한 고래 소리를 내네.", "내가 가서 그 명문을 읽고, 천고의 정을 생각할 수 있도다. 만져보고 숨을 한 번 크게 내쉬기만 하지, 잘 썼다느니 못 썼다느니 평할 것이 아니다"는 말이다.

종은 그 뒤에도 피난살이를 면하지 못했다. 1506년에 종각을 다시 만든 것 같다. 1915년에는 당시의 경주박물관으로, 1975년에는 현재의 국립경주박물관에 가져다 놓았다. 별도의 시설을 만들어 밖에 내다가 달아놓아 누구나 쉽게 볼 수 있다. 높이 3.33미터, 지름 2.27미터나 되는 거대하고 아름다운 모습이다. 손상을 막기 위해 종을 치지 않지만 종소리 녹음을 들려준다. 맑고 낮은 소리가 길게 울려나오게 만들었다. 놀라운 수준의 과학이고 기술이다. 전체적인 모습, 飛天이 새겨져 있는 조각, 세부의 조형까지 눈으로 볼 수 있는 모든 것이 뛰어난 미술품이다.

종에 새겨놓은 명문이 또 하나의 소중한 문화재이고 최고의 문학

작품인데, 오랜 세월을 견디지 못해 흐려져 거의 알아볼 수 없다. 자세히 보면 그 흔적만 두 면에서 확인할 수 있을 따름이다. 한쪽에는 산문으로 쓴 '序'를, 다른 쪽에는 네 자씩 짝을 맞추어 율문을 만든 '銘'을 배치했다. 그 둘을 다 갖추는 것이 금석문을 쓰는 격식이다. 그 둘을 각기 새겨놓은 것은 종의 특성을 고려한 특별한 방법이다. 마멸이 심하지 않을 때 만들어둔 탁본이 있어 무어라고 썼는지 알 수는 있어 다행이다.

종각 곁에 나지막한 안내판을 세워 한문 원문과 번역을 한 대목씩 번갈아 써놓았는데, '서'만 있고, '명'은 없다. 그 둘이 어떤 관계를 가지고 어떻게 배치되어 있는지 설명하지도 않았다. '서'에는 이 글 첫머리에서 든 사실이 기록되어 있다. 그래서 소중한 사료가 된다고 여기는 것은 얄팍한 생각이다. '서'를 시작하면서 종을 울리면 소리가 멀리 퍼져나가서 모두 한 가지 생각을 갖게 한다면서 그 소리가 무엇인지 말한 데 놀라운 철학이 있다.

> 무릇 지극한 도는 형상 밖을 둘러싸고 있어서 눈으로 보아서는 그 근원을 알아볼 수 없다. 큰 소리는 천지 사이에서 진동해 귀로 들어서는 그 울림을 알아들을 수 없다. 그러므로 가설을 세우는 데 의지해 세 가지 진실의 오묘한 경지를 보듯이 신종을 매달아놓고 一乘의 圓音을 깨닫는다.

눈으로 볼 수 있고 귀로 들을 수 있는 것들의 한계를 넘어서서 있는 궁극의 진리를 깨닫게 하려고 종소리를 듣게 한다고 했다. 불교의 이치를 일러주었다고 하고 말 것은 아니다. 보이고 들리는 세계에서는 설사 대립과 갈등이 심각하다고 해도 그 이상의 질서는 온전하다고 하면서 국가적인 단합의 이상을 제시했다고 이해할 수 있다.

東海之上　동해 바다 위에 있고
衆仙所藏　뭇 신선이 사는 이 곳.
地居桃壑　땅은 복숭아 골짜기에 있고,
界接扶桑　경계는 해 뜨는 곳과 닿았네.
爰有我國　여기서 우리나라는
合爲一鄕　합쳐서 한 고장을 이루었네.
元元聖德　높고 높아 성스러운 덕
曠代彌新　대가 뻗을수록 새로워라.
妙妙淸化　오묘하다 청명한 교화여.
遐而克臻　먼 곳일수록 더 잘 이르네.

'명'에서는 이런 말로 신라를 예찬했다. 자랑스럽기 이를 데 없는 나라가 "合爲一鄕"해서 더욱 빛난다고 했다. 신라가 백제와 고구려를 아우른 것이 정복이 아니고 통일임을 분명하게 했다. 통일된 조국의 미래를 위해 필요한 각오와 다짐을 말했다. 나라 구석까지 성스러운 교화를 펴 모든 것이 새롭게 뻗어나가게 하고, 다시는 흔들리지 않을 질서를 기반으로 만대의 번영을 누리자고 했다.

글을 지은 사람은 金弼奧이다. 벼슬이 翰林朗이고, 직급은 級飡이라고 했으니, 육두품이다. 최대의 포부를 갖추어 국가 이념을 다시 선포하는 문장을 최고관직의 진골이 아닌 하위직의 전문가가 맡아 짓도록 했다. 그런데도 이름을 새겨놓아 시대가 달라진 것을 보여준다.

종의 내력에 관한 전설도 있다. 종을 만드니 시주하라고 다니는 승려에게, 혼자 사는 가난한 여인이 아무 것도 없으니 자기 딸 봉덕이나 줄까 하고 농담했다. 종을 몇 번 만들어도 울리지 않아 그 탓이라고 했다. 부처님을 속이지 말고 훌륭한 공덕을 닦으라고 하다가, 말을 듣지 않아 왕명으로 딸을 데려가 쇳물 가마에 넣고 다시 만들었더니 소리가 났다고 한다. 다른 전승에서는 그 여인이 종을 만드는 장인의 누이였다고 한다. 종을 만들어도 소리가 나지 않아 장인은 고민이었다. 시주하라고 다니는 승려가 그 여인에게 딸을 희생시켜야 소리가 난다고 했다. 여인은 고민하다가 오빠를 위해 딸을 내놓기로 했다고 한다.

그 다음 설명은 양쪽 공통이다. 희생당한 여자 아이 이름을 절 이름으로 해서 봉덕사종이라고 한다. 지금도 종을 칠 때마다 그 딸이 어머니를 부르는 소리가 "에밀레"라고 나는 것이 그 때문이라고 한다. 나라에서 만든 거대한 종에 가련하기 이를 데 없는 사연이 얽혀 있다. 지나친 부조화를 어떻게 이해할 것인가?

전설은 근거가 없다고 부인할 수 있다. 종을 만들어도 소리가 나지 않는 일이 있었다고 하더라도 그 이유가 여인의 농담 때문일 수는 없다. 봉덕사라는 절 이름이 아이 때문에 생긴 것은 아니다. 소리가 "에밀레"라고 들리는 것은 어느 종이나 마찬가지이다. 그래도 전설은 없어지지는 않는다. 오래 전승이 알고 있는 모든 사람 마음속에 각인되고, 그 나름대로 의미가 있기 때문이다. 의미를 캐는 것이 적극적인 자세이다. 동원할 만한 방증이 따로 없어 전설

자체를 증거로 삼아 추리를 하기로 한다.

전설이 종을 만드는 데 하층민도 관여한 사실을 말했다고 보면 어떨까? 국가의 힘을 배경으로 봉덕사에서 강제로 일반 백성이 가진 것들을 바치게 하고서 부처님이 알아주는 공덕을 쌓았다고 말했을 수 있다. 그래서 빚어진 수난을 한 번만 들어도 결코 잊어버릴 수 없는 이야기에 담아, 종소리가 원망 소리로 들리도록 만들었다. 강압형과 자진형을 갖추어 양면 작전을 폈다. 이것 또한 대단한 작품이고 문화재이다.

종의 명문을 육두품 문인이 맡아 쓴 사실이 전설에서 하층의 소리를 전하는 것과 연관된다고 할 수 있다. 신라가 "높고 높아 성스러운 덕 대가 뻗을수록 새로워라"라고 할 수 있었던 것은 삼국의 분열을 극복하고 "합쳐서 한 고장을 이루었"기 때문만은 아니었다. 국가에서 만든 종, 육두품 문인이 쓴 문장, 민중이 지어낸 전설이 각기 그것대로 소중한 의의를 지니고 상극하면서 상생하는 관계를 가져 그럴 수 있었다. 사회 저변에서 올라오는 힘을 누리지 않고 발전의 동력으로 삼을 때 신라는 위대했다가 상층이 특권을 지키고자 하면서 망조가 들기 시작한다.

언술관련의 양상 분석

언술관련의 양상을 분석하는 기준을 세우자. (가) 작자가 언술을 마련할 때, (가+)언술관련을 의식했는가, (가-) 의식하지 않았는가? (나) 독자가 언술을 이해할 때, (나+) 언술관련 파악이 필수인가, (나-) 선택인가?

이에 따라 판정하면 세 자료의 차이가 명백하게 드러난다. 영호루 언술은 (가+)이고 (나+)이다. 동래성 싸움 언술은 (가-)이고 (나+)이다. 봉덕사 종 언술은 (가-)이고 (나-)이다. 단계적인 차이에 따라 논의 순서를 정했다.

영호루 언술이 (가+)인 증거가 次韻을 하고 동일한 글자를 다시 사용한 데 나타나 있다. 독자는 (나+)의 방법을 택해 서로 비교해 이해해야 한다. 언술이전의 것이 다르지 않고, 시 형식과 운자가 동일하며, 글자마저 같은 것을 쓰면서 서로 다른 생각을 나타낸 것을 주목해야 한다. 누구나 하는 일이니 새삼스럽게 강조할 필요는 없다.

동래성 싸움 언술은 (가-)이다. 각기 그것대로 이루어졌다. 그러나 각기 그것대로의 존재 의의가 있는 것이다. 언술이전인 전투가 어떻게 전개되어 무슨 일이 일어났는지 파악하는 자료로서 서로 경쟁하는 관계에 있다. 서로 견주어 이해하고 평가해야 하니 (나+)이다. 자료를 다루는 사람들이 으레 하는 일이고 잘 하고 있다고 하겠으나, 자료의 범위를 확대해야 한다. 표면뿐만 아니라 내면도 밝혀야 한다.

봉덕사 종 언술은 (가-)이다. 종의 명문을 쓰는 사람과 종의 유래에 관한 전설을 만들어 전하는 사람이 상대방이 하는 일을 알지 못했다. 그 둘은 별개의 것이어서 (나-)라고 할 수 있다. 둘을 관련시켜 이해하는 작업은 여기서 처음 시도했다. (나-)를 (나+)로 바꾸어놓으니 모르고 있던 사실이 드러난다. 상하층의 대립과 논란이 문제된다.

종의 명문과 종에 관한 전설 사이에만 상하층의 논란이 있는 것은 아니다. 언술이전의 것인 종을 만들고 명문을 쓰도록 한 국왕의 처사가 언술본문인 종의 명문과 가지는 관계도 생각하지 않을 수 없다. 국왕・육두품・민중의 상・중・하층 관계가 언술이전의 명령, 명문으로 쓴 언술본문, 전설로 전하는 언술본문으로 나타나 있다.

지위와 전달력은 역비례한다. 상위의 명령은 언술이전이고 명문으로 쓴 언술본문에 의거해 추측할 수 있을 따름이다. 중위의 명문은 이해하는 사람이 점차 줄어들고 마멸되어 보이지 않게 되었다. 하위의 전설은 누구나 알 수 있게 생생하게 전하고 있다. 강했던 것은 약해지고, 약했던 것은 강해진다.

이런 생각은 위의 글에 나타나 있지 않다. (나-)를 (나+)로 바꾸어 놓은 것이 발견의 방법이어서 예상하지 못한 성과를 거두었다. 언술 관련을 나타나 있는 것만 다룰 것은 아니다. 나타나 있지 않고 존재하지도 않는 것 같은 경우에 새롭게 찾아내야 할 진실이 있다.

토 론

❑ **문**: 성덕대왕신종의 銘과 전설을 함께 논한 전례가 없는가?

❑ **답**: 국립경주박물관에서 『성덕대왕신종』(1999)이라는 큰 책을 낸 데 둘을 각기 다룬 글이 있다. 명을 맡은 논자는 자기 나름대로 철저한 분이라 역주만 충실하게 하고 말았으며 내용 검토마저 배제했다. 전설에 관해서는 사실과의 관련은 문제 삼지 않고 논자가 남다르게 생각한 바를 쉽게 이해되지 않은 어법으로 나타냈다. 하나는 자구 주해에 고착된 실증주의, 또 하나는 발상의 자유를 누리는 해석학으로 일관하면서 상대방을 전혀 의식하지 않았다. 학문의 양극화가 심각하게 나타나 있으나, 당사자들은 심각하게 여기지 않는다.

가능하지 않을 대화를 가능하게 해서 양쪽을 합쳐야 한다고 작정하면서 위에서 든 글을 썼다. 명에서도 의미를, 전설에서도 사실을 발견해 둘이 논란을 벌이는 관계를 고찰했다. 자구 주해에 고착된 실증주의와 발상의 자유를 누리는 해석학을 넘어서서 학문의 양극화를 시정하는 작업을 시작했다.

❑ 문: 관련을 의식하지 않고 이루어진 두 언술을 관련시켜 이해하기에 알맞은 다른 사례에 어떤 것이 있는가?

❑ 답: 분야와 취향이 다른 두 교수가 각기 하는 강의가 아주 생생하고 유용한 자료이다. 두 교수는 관련을 조금도 의식하지 않고 별개의 강의를 하지만, 둘 다 수강하는 학생은 관련을 생각하는 것이 당연하다. 관련을 적극적으로 생각해, 왜 그렇게 다른지, 다르면서 같은 것은 없는지, 둘을 합칠 수는 있는지 궁리하면 큰 소득이 있다. 두 교수의 강의보다 심화된 학문을 할 수 있다. 두 강의 사이의 거리와 심화의 정도가 비례할 수 있다. 쉬운 일에서 큰 성과를 얻는다. 당장 해볼 일이다.

❑ 문: 강의가 어디로 가고 있는가?

❑ 답: 선입견을 버리고 사물을 있는 그대로 받아들이는 이치를 정교하게 따지려고 하면 이해하기 어려워 길이 막힌다. 부처가 무엇이냐고 물으니 산은 산이고 물은 물이라고 대답하는 선문답은 너무 넓어 길을 잃게 만든다. 두 극단을 모두 부정해 넘어서면서 크게 합치려고 한다.

❑ 문: 양쪽은 표현이 달라도 목표가 같지 않는가? 같다는 것을

밝혀 논하면 길이 적절한 크기로 열리지 않는가?

❑ **답**: 고형곤 교수라는 분이 그렇게 했다. "禪과 Existenz"라는 강의를 하고 책을 썼다. 양쪽에서 하는 말을 서로 조명해 결국 같은 생각을 한다고 밝혀 논했다. 그러면 막힌 생각을 깨는 충격을 주지 못하고 막힌 채로 그대로 둔다. 문제가 없어져서 해결책을 찾을 필요가 없다. 가지 않으려고 하면서 길이 넓고 좁은 것을 논하는 것은 어리석다.

상극이 없는 상생은 상생이지도 못한다. 禪의 체험이라는 것은 뜬 구름 같다고 논리로 나무라고, 논리에 집착하는 것은 어리석은 짓이라고 禪의 체험으로 몽둥이질해서 상극을 최대한 벌여야 수습 방안을 아주 새로운 상생에서 찾는다. 체험이든 논리이든 그 자체에 머물러 역사적 변화와 사회적 실천을 외면하도록 하는 것은 잘못이라고 싸잡아 공격하면서 더욱 놀라운 상생을 찾는 데까지 나아가야 한다.

제13강 감추어진 만남과 합치되기

진감과 최치원이 만난 쌍계사

雙磎寺로 가려면 花開를 거친다. 꽃이 많이 피는 곳이어서 화개라고 한다. 섬진강 가의 그 마을에서 경상도 사람들과 전라도 사람들이 만난다. 주위를 돌아보면 강가의 평야와 뒤를 두른 산이 어우러져 경치가 빼어나다. 조금 내려가면 강과 바다가 겹친다. 그 일대는 온통 만남의 장소이다.

화계 일대에 벚꽃이 피어 골짜기를 다 덮는 철이면 구경하는 사람들이 전국에서 모여든다. 나도 동참하면서 꽃에 취하고 사람에 취했다. 가까스로 정신을 차려 절이 어디 있는지 찾아 들어가다 보니 "雙磎"라고 커다랗게 돌에 새겨놓았다. "磎"는 돌 사이로 흐르는 개울을 뜻하는 말이다. 두 개울이 만나 쌍을 이룬다는 말로 절 이름을 삼았으니 예사로운 일이 아니다.

만나서 쌍을 이룬다는 것이 무엇인가? 이런 생각을 하면서 절에 이르면, 더 큰 만남이 기다리고 있다. 眞鑑禪師大空搭碑라고 하는 돌비가 절 마당에 서서 방문객을 맞이한다. 파손된 곳이 있고 보호가 필요해 쇠테를 두르기는 했지만 보존 상태가 좋은 편이다. 단아하면서도 생동하는 필체로 촘촘히 박아 쓴 많은 글자를 거의 다 알아볼 수 있다.

천년 이상의 시간이 멈춘 것 같은 자세를 하고 우리를 꾸짖는다. 얼마 되지 않는 글자를 기계로 판 오늘날의 비문은 쉽게 망가지는데, 신라 시대의 선인들은 놀랄 만한 장문을 한 자 한 자 정성들여 손으로 새겨 결코 흐트러지지 않는 모습을 못난 후손에게 보여주고 있다. 비의 주인공 眞鑑과 비문을 짓고 글씨를 쓴 崔致遠의 만남에 누구나 동참할 수 있게 한다.

진감은 호이고 법명은 慧昭인 고승이 804년에 당나라에 갔다. 830년에 귀국해 쌍계사에서 선종을 일으키다가 850년에 세상을 떠났다. 최치원은 868년에 당나라에 가서 874년에 과거에 급제하고 문명을 떨치다가 885년에 돌아왔다. 887년에 왕명을 받아 이 비문을 짓고 글씨도 썼다. 불교 관계 비문 넷 이른바 四山碑銘 가운데 첫 작품이다. 2천 5백여 자나 되지만 다른 셋보다는 분량이 적으며, 수식은 덜하고 내용이 알찬 편이다.

진감과 최치원은 80년 정도의 시간차가 있어 직접 만나지 못했다. 신라 말에 당나라에 가서 공부하고 돌아온 최고 지식인인 점이 같으면서, 불문의 승려와 세속의 문인은 격이 달라 상당히 다른 대접을 받았다. 진감이 널리 숭앙을 모으다가 세상을 떠나자 국가에서 계속 받들어 모셨다. 최치원은 글 쓰는 직분을 맡았는데 기대하던 지위는 아니었다.

비문 말미에서 자기 자신에 관해 말했다. 비문을 지으라는 왕명을 받고 물러나 생각해보니, 도달한 경지가 많이 모자란다. 아름다운 글이나 쓰려고 하고 성인의 도리에는 이르지 못해 진흙 속에서 허우적거린다. 진감이 보여준 불교의 이치는 글을 써서 나타낼 수 없어, "기어이 말 하려고 하면 수래 채를 북으로 두고 남쪽 초나라로 가려는 셈이다." 이런 말을 써서 불만을 나타냈다.

글 쓰고 문장 다듬는 직분을 수행하는 능력이 뛰어나 당나라에서 이름을 얻고, 귀국해서도 관직에 참여하고 일거리를 얻었다. 말을 골라 짝을 맞추고 아름답게 수식하면서 오묘한 표현을 아로새기는 재주를 기회 있을 때마다 마음껏 자랑했다. 한문 실력이 더 나아졌다는 후대의 대가들마저 읽기 어렵다고 자백하는 글을 썼으니, 당대에는 얼마나 경이로웠겠는가?

비문을 읽고 이해하는 것은 쉽지 않다. 전문적인 연구서가 거듭 나와도 난해함을 감당하지 못하는데, 간추려 쓸 수밖에 없는 이 글에서 진수를 맛보게 하는 것은 난감한 일이라고 하지 않을 수 없다. 요긴한 대목 몇 개를 들어, 실상과 멀어지는 것을 각오하고 가능한 범위 안에서 풀이하기로 한다.

절의 내력을 말한 대목부터 보자. 진감이 지리산 자락에서 맹수와 함께 거처하다가 "花開谷"에 이르러 廢寺를 하나 발견하고 수리해 들어앉았다고 했다. 화개라는 지명을 신라 때부터 계속 사용해온 것을 확인할 수 있다. 고금이 하나로 연결되어 있다.

진감이 중국에 가서 공부한 것에 관해서는 "夫道不遠人 人無異國 是以東人之子 爲釋爲儒必也 西浮大洋 重譯從學"이라고 했다. 한 대목씩 옮겨보자. "무릇 도는 사람에서 멀리 있지 않다", "사람에게는 다른 나라가 없다"고 했다. "이런 까닭에 동쪽 사람들의 아들이 불교도 하고 유교도 하는 것이 필연이므로, 서쪽 큰 바다를 건너 통역을 거듭하면서 배움에 종사했다"고 했다.

불교나 유학은 나라의 차이를 넘어선 보편적 진실을 갖추었으므로 바다를 건너가 언어 차이를 무릅쓰고 배워야 한다고 했다. 진감과 최치원은 그렇게 하기로 하고, 각기 불교와 유교를 공부했다. 진감의 불교는 심오한 사상이지만, 최치원의 유교는 문장 쓰는 기술에 지나지 않는 것이 당시의 사정이었다.

진감이 당나라에서 도를 닦을 때 "當四達之道 織芒屩而廣施"하는 일이 있었다고 했다. "사방으로 뻗은 거리에 앉아, 짚신을 삼아 널리 나누어주었다"는 말이다. 그 일을 삼년 동안 했다고 했다. 진감은 자기를 버리고 남들을 위해 봉사했는데, 최치원은 입신양명을 위해 노력했다. 문장 수련에 힘써 과거에 급제하고 이름을 널리 알렸다. 당나라에서 얻은 관직을 자랑스럽게 여겨 글을 쓸 때마다 길게 적었다.

국왕이 부처에게 소원을 발원해달라고 청하자, 진감은 "在勤修善政 何用願爲"이라고 했다고 밝혀 적었다. "선정을 하는 데 힘써야 하는 위치에 있으면서 개인적인 발원은 해서 무엇을 하겠는가"라고 한 말이다. 국왕더러 헛된 욕심을 버리고 직분에 충실하라고 일렀으니 놀랍다. 국왕이 서울로 오라고 거듭 불러도 진감은 응하지 않았다. 권력 때문에 진실이 손상되지 않게 하려고 하는 고결한 처신의 본보기를 보여주었다. 최치원은 국왕이 크게 인정해 중용하기를 간절하게 바랐는데 뜻을 이루지 못했다.

진감은 범패를 잘 해서 구슬프고 상쾌한 곡조를 내니 천상의 신이나 부처도 모두 기뻐하는 것 같았다고 했다. 그 기능이 전수되어 오늘에 이르렀다. 최치원은 문장을 잘 써서 국내외에서 높이 평가된 것도 후대를 위해 기여한 바가 적지 않다. 최치원이 전수한 글쓰기 능력이 한문학의 수준을 크게 높였다.

진감은 세상을 떠나면서 "萬法皆空"이니 "無以搭藏形 無以銘紀跡"이라고 했다. "모든 것이 헛되니, 탑을 만들어 형체를 감추어놓지 말고, 비명을 지어 행적을 기록하는 것도 바라지 않는다"고 한 말이다. 그런데 따르는 사람들이 당부를 저버리고 탑과 비를 세웠다. 최치원의 글 솜씨로 진감의 행적이 더욱 돋보이게 했다.

老子는 "知者不言 言者不知"라고 했다. "아는 사람은 말이 없고, 말하는 사람은 알지 못한다"는 뜻이다. 앞 구절은 진감에게, 뒤 구절은 최치원에게 해당한다고 할 수 있다. 진감은 깨달아 안 바를 말이 아닌 행동으로 보여주었다. 최치원은 알았다 할 것이 없으면서 말이 많은 글을 썼다.

그러나 진감만 대단하게 여기고 최치원은 낮추는 것은 잘못이다. 최치원이 말을 남기지 않았으면 진감이 누구며 무엇을 했는지 알 길이 없다. 알았다는 것이 아무 소용이 없다. 진감은 최치원 덕분에 지금도 살아 있다. 진감과 만난 최치원은 표현이 뛰어난 데 그치지 않고 내용에서도 감동을 주는 명문을 남겼다.

알고 말하는 사람, 알고 말하지 않는 사람, 모르고 말하는 사람, 모르고 말하지 않는 사람이 있다고 할 수 있다. 노자 자신은 알고 말한 사람이면서, 알고 말하지 않는 것이 더욱 바람직하다고 했다. 알든 모르든 말을 해야 한다. 진위는 듣는 사람이 가리므로 미리 염려하지 않아도 된다.

봄기운에 들떠 꽃구경을 하려고 쌍계사에 갔다가 진감과 최치원 두 분의 만남에 동참해 고금의 만남을 이룩하니 얼마나 행복한가.

조상을 잘 두었다는 것이 이 때 할 말이다. 후손이 보태야 할 것이 있어야 하겠기에, 당대의 만남과 후대의 만남, 아는 것과 말하는 것의 관계를 생각하면서 되돌아온다.

타고 남은 역사 모아들인 일연

麟角寺는 경상북도 군위군 고로면 화북리에 있는 절이다. 華山 동네 어귀 석벽이 깎아지른 듯하다. 옛날에 기린이 뿔을 걸었다는 말이 전하고 있어 절 이름으로 삼았다. 꽃과 버들이 제대로 풍광을 이루고, 세속 티끌에서 벗어나 있어 깨끗하다. 『신증동국여지승람』에 있는 말을 옮기면 이와 같다.

지금은 석벽 앞에 도로가 나 있어 차에서 내리면 바로 절이다. 툭 트인 논밭 사이에 그리 크지 않은 전각이 자리 잡고 있어 조금 어색하게 보인다. 어느 모로 보아도 명승지는 아니지만, 普覺國師碑라고 약칭되는 비석이 있어 찾지 않을 수 없다. 보각국사는 一然이다. 만년에 인각사 주지로 있으면서 『三國遺事』를 완성했다. 본문 한 대목에 "인각사 주지 일연"이 지었다고 하는 말이 있다.

비문은 글자를 알아보기 어려울 정도로 훼손되었다. 중국 명필 왕희지의 글씨를 모아 새겨 만들어 글씨 때문에 탁본을 하는 사람들이 많아 수난을 겪고, 임진왜란 때 일본군이 망쳤다고도 한다. 파괴된 조각이 마루 밑에 들어 있는 것을 찾아내 세우고 비각을 만들었다. 다행히 원래의 모습을 보여주는 탁본이 있어 해독이 가능하다. 중국에 전해진 탁본이 발견되어 뒷면의 陰記도 알아볼 수 있게 되었다. 비 복원 작업이 진행되어 2006년 가을에 제막식이 있을 예정이라고 했다. 올해가 일연 탄생 800년 되는 해여서 국제학술회의를 비롯한 다른 행사를 미리 한다.

비는 제명을 다 들면 <高麗國華山曹溪宗麟覺寺迦智山下普覺國尊碑銘幷序>라고 했다. 나라 이름 "고려국" 다음에 "화산"을 들었다. 절 뒤 멀리 있는 화산으로 당시에는 마을 이름을 삼은 것 같다. 상위의 행정구역을 적지 않은 것은 일연이 있었던 절이면 천하가 다 알아야 여긴 때문이 아닌가 한다. "조계종"은 지금까지 이어지는 불교 종단이다. "가지산하"는 전라도 장흥 가지산 寶林寺에서 생긴 교파이다. "보각"은 사후에 나라에서 내린 시호이다. "국존"은 國師와 같은 뜻이며, 최고 위치의 승려이다. "비명병서"는 말은 산문 서를 앞에 갖추고 율문 명을 본문으로 한 비문이라는 말이다.

이름 난 문인 閔漬가 글을 썼다. 서두에서 맑은 거울과 탁한 금속은 두 가지 물건이 아니고, 부처와 중생은 본성이 같다고 하는 이치의 근본을 말했다. 본론에서 일연 스님의 생애에 관해 알리고, 끝으로 사람됨을 총평하고 저술을 들었다. 명에서는 평가하고 칭송하는 말을 했다. 필요한 내용을 다 갖추었다.

그런데 저술을 열거하면서 『삼국유사』는 들지 않아 무슨 까닭인지 생각하지 않을 수 없다. 글을 쓴 해가 1295년이니 『삼국유사』가 간행되지 않고 알려지지 못했기 때문일 수 있다. 완성되지 않았고 제자들이 보완해야 할 작업이 남아 있어 자료로 제공하지 않았으리라고 추측할 수도 있다. 본문에 "無極 記"라고 한 곳이 둘 있어 제자가 가필한 내력을 알려준다.

생애에 관한 서술은 『삼국유사』 이해에 도움이 된다. 스님은 章山郡이라고 하던 지금의 경산시에서 태어났다. 9세 때 광주 無量寺에서 출가하고, 전국 여러 사찰로 거처를 옮겨 다녔으며, 고향 가까운 곳을 자주 찾아 비슬산 寶幢庵, 湧泉寺, 포항 吾魚寺, 달성 仁興寺, 청도 雲門寺 등에 머물렀다. 78세에 인각사에 와서 주지로 있다가 84세에 세상을 떠났다.

경주와 가까운 곳이 고향이라 신라의 유산에 대해 깊은 관심을 가질 만했다. 여러 사찰을 찾아다니고 머문 경력이 자료 수집을 광범위한 지역에서 오랜 기간에 걸쳐 했음을 짐작하게 한다. 오어사나 운문사와 관련된 기록이 현지조사임을 확인할 수 있다.

의식 각성의 과정을 말해주는 내용은 더욱 주목할 필요가 있다. 34세 때 몽고군이 침공해 난리를 피하게 해달라고 기원하다가 "生界不減 佛界不增"으로 깨달음을 삼았다고 했다. "생계는 없어지지 않고, 불계가 늘어나지도 않는다"는 말이다. '생계'는 현실의 세계이고, '불계'는 초월의 세계이다. 처참한 재난이 닥쳐도 생계는 없어지지 않고, 불계가 늘어나는 것도 아닌 줄 심각하게 겪어보고 알았다. 불계의 이치보다 생계의 역사를 더욱 소중한 탐구의 대상으로 삼아, 초월로 치닫지 않고 현실에서 희망을 얻고자 했다. 그때의 각오를 시발점으로 삼아, 50년 가까운 기간 동안 노력해 『삼국유사』를 이룩했다.

사람됨을 총평하는 대목에서 말했다. "語無戲謔 性無緣飾 以眞情遇物", "處衆若獨 居尊若卑", 於學不由於師 自然通曉"라고 했다, "말할 때 우스개가 없고, 꾸며대지 않는 성품이며, 참된 마음으로 사물을 대했다", "여럿이 함께 있어도 홀로인 것 같았으며, 높은 위치에서도 낮게 처신했다", "스승에게서 배워 공부하지 않고, 저절로 환하게 알았다."는 말이다. 銘에서 한 말도 들어보자. "學窮內外 機應万差", "曉了諸家 搜玄索妙", "剖釋重疑 如鏡斯照"라고 했다. "안팎을 모두 공부하고, 만 가지 다른 경우에 호응했다", "제가의 학설을 모두 꿰뚫고, 아득하고 기묘한 것을 찾아냈다", "많은 의문 파헤치고 풀이해 거울로 비추는 듯했다"는 말이다.

순서를 바꾸어서 재구성하면서 말을 보태자. 잃어버린 역사를 찾아야 한다는 각오와 그 방법이 스승과는 무관하게 스스로 알아서 한 일이다. 남들이 하지 않는 과업을 홀로 감당했다. 역사 서술은 국가사업으로 하며 유학하는 문인이 담당한다는 통념을 깨고 승려가 맡아 나서서 역사서가 아닌 역사서, 고승전이고 설화집이기도 한 역사서를 만드는 새로운 작업을 했다.

이치를 그 자체로 추구하려고 하지 않고 세속에 대한 이해를 함께 갖추어, 사람이 살아가면서 생기는 광범위한 문제를 다루었다. 각 항목 말미의 讚을 보면 일연은 뛰어난 시인이다. 기존의 저작을 널리 참고하고, 그런 데서 빠뜨려 알 수 없게 된 기묘한 사연을 힘써 찾아냈다. 서로 다른 자료를 함께 수록해 비교해 검토했다. 세상사나 인생살이에 관한 갖가지 의문을 풀어주는 통찰력을 보였다.

역사는 위대한 행적만이 아니다. 사소한 대상이라도 가볍게 여기지 않고 진지하게 다루었다. 공식 기록에 오르지 못한 鄕傳을 적극 찾아 수록했다. 구전되고 있는 자료를 받아들인 것이 적지 않다. 불교의 이치를 민중의 지혜와 합쳐, 높은 것이 낮고, 존귀한 것은 미천하다고 하는 깨달음을 일깨워주었다.

『삼국유사』가 실제로 어떤지 <眞身供養>이라는 대목을 본보기로 들어 살펴보자. 어떤 내용을 다루고 무엇을 말했는지 알아볼 수 있는 좋은 본보기이다. 효소왕 때의 일을 기록했으므로 『삼국사기』의 기사를 먼저 들어 비교하는 자료로 삼자. 『삼국사기』에서는 효소왕이 당나라의 책봉을 받은 사실만 기록했다. 궁중에서 신하들을 위해 잔치를 베풀었다고 했다. 『삼국유사』는 빠진 기록을 보충하면서 그 이상의 일을 했다.

<진신공양>에서는 신라 효소왕이 692년에 望德寺를 창건해 당나라를 위해 복을 빌고자 했다고 했다. 후일 경덕왕 755년에 망덕사탑이 흔들리더니 安史의 난이 일어났다. 절을 다 지어 낙성연을 열 때 차림이 누추한 승려가 나타나 동참을 허락해달라고 했다. 효소왕은 비웃는 말로 거처를 묻고 "국왕이 친히 공양하는 재에 참석했고 말하지 말라"고 했다. 그 승려는 "眞身 釋迦를 공양했다고 말하지 말기 바랍니다"라고 하면서 몸을 솟구쳐 공중에 떠서 갔다. 왕이 사람을 시켜 찾게 하니 지팡이와 바리때만 발견되었다. 그 승려가 거처한다는 곳, 그리고 지팡이와 바리때가 발견된 곳에 각기 절을 세웠다.

이어서 『智論』이라는 경전에 있는 이야기를 들었다. 계빈(카슈미르)이라는 나라에서 있었던 일이라고 했다. 고매한 승려가 큰 모임이 열리는 절에 들어가려고 하니 의복이 남루하다고 거절당했다. 좋은 옷으로 바꾸어 입고 참석을 허락받고는, 옷 덕분에 받은 음식이니 옷에게 먼저 드려야 한다고 했다. 유사한 사례를 들었는데 상당한 차이가 있다.

서두에서 당나라에 의존하려고 한 것은 어리석다, 당나라가 흔들리는데 어떻게 한단 말인가 하고 말했다. 국왕이 멸시하는 누추한 승려가 진신 석가여래라고 하는 충격적인 역설로 이중의 무지를 깨우쳤다. 승려는 국왕에게 부하가 아니고 스승이다. 누추하고 미천한 백성이 가장 훌륭하다. 불교 경전에서 비슷한 것을 찾아내, 기록한 이야기가 독자적인 창조물임을 알게 했다. 중국 당나라, 인도 카슈미르까지 연관시켜 이해하는 넓은 시야를 갖추고, 신라가 어째서 자랑스러운지 밝혀냈다.

주인공, 글 쓴 사람, 그리고 오늘날의 우리

위의 두 대목에서 진감의 비문을 최치원이, 일연의 비문을 민지가 쓴 것을 들어 고찰했다. 언술본문인 비문이 남아 있어 소중한 자료가 된다. 최치원의 비문을 근거로 진감에 대해서, 민지의 비문을 근거로 일연에 대해서 알고자 했다. 진감과 일연의 삶은 언술이전이다. 언술본문을 근거로 언술이전에 대한 추론을 전개하는 것은 언제나 하는 일이다. 언제나 하는 일을 남들처럼 하는 데 그치지 않고 한층 깊이 있는 논의를 전개하고자 했다.

앞에서는 진감과 최치원을 비교했다. 두 사람의 삶이 어떤 차이점이 있으며, 차이점을 어떻게 평가해야 하는지 문제 삼았다. 최치원은 자기 자신에 대해서 술회하는 말을 비문에 남겨 논의의 단서가 직접 나타나 있다. 진감의 언동을 언술이전으로 삼아 최치원의 언술본문이 이루어졌다고 보고 말 것은 아니다. 진감의 언동과 최치원의 비문 사이의 언술관련이 더욱 긴요한 관심사이다.

진감은 깨달아 안 바를 말이 아닌 행동으로 보여주었는데, 최치원은 특별하게 알았다 할 것이 없으면서 말을 많이 하는 글을 썼다. 최치원이 말해서 남겨 진감이 누구며 무엇을 했는지 알 수 있지만, 제대로 말했는지는 알기 어렵다. 각기 극단에 치우친 두 사람이 만나 상극이 상생이게 하는 과제가 미완인 채로 남아 있어 오늘날의 우리가 감당해야 한다.

뒤에서는 민지가 일연의 삶에 관해 말한 바를 가지고 일연의 저작 『삼국유사』에 대한 의문을 풀고자 했다. 민지의 비문에 『삼국유사』에 관한 언급은 전혀 없어 연결의 고리를 발견할 수 없다. 그러나 양쪽의 언술본문, 민지의 비문과 일연의 『삼국유사』가 분명하게 남아 있으므로 연결이 가능하다. 『삼국유사』와 비문을 언술관련의 관점에서 다루어 이해를 심화할 수 있다.

일연은 잃어버린 역사를 찾아야 한다고 스스로 판단해서 했다. 남들이 하지 않는 과업을 홀로 감당해 역사서가 아닌 역사서를 이룩했다. 이치를 그 자체로 탐구하려고 하지 않고, 세상사나 인생살이에 관한 갖가지 의문을 풀어주는 통찰력을 보였다. 사소한 대상이라도 가볍게 여기지 않고 진지하게 다루었다. 불교의 이치를 민중의 지혜와 합쳐, 낮은 것이 높고, 미천한 쪽이 존귀하다는 깨달음을 일깨워주었다.

민지가 비문에서 어려운 말을 써서 설명하려고 한 것이 『삼국유사』 본문에는 아주 쉽게 이해할 수 있는 방식으로 나타나 있다. 남들과는 다른 특단의 노력을 한 결과 예사로운 삶으로 복귀했다. 낮고 미천하다고 여겨 비관에 사로잡힌 오늘날의 우리가 각성의 주체라고 일깨워준다. 조각 난 글, 오래 된 문자에 매이지 않고 스스로 판단하고 행동하는 결단을 내려야 그럴 수 있다.

글쓰기의 두 방법

최치원과 일연은 함께 고찰하지 않았다. 두 사람에 관한 글을 각기 따로 썼으므로 비교할 수 없었다. 이제 두 글을 함께 다루면서 양쪽에서 한 말을 합쳐보자. 최치원의 시문 전부, 『삼국유사』 전문을 증거로 삼으면 더 많은 것을 알아낼 수 있다. 그러나 자료가 많으면 길을 잃기 쉽다. 의혹의 구름을 걷어내고 핵심을 파악해야 한다.

최치원은 글을 잘 쓰려고 했다. 글이 진실을 보장해준다고는 할 수 없으니 글을 잘 쓰는 것을 차선책으로 삼아야 한다고 여겼다. 언술이전의 진실을 언술본문에다 옮겨놓을 수는 없어 언술본문이 따로 놀면서 그 자체의 가치를 구현해야 한다고 했다. 말을 잘 다듬고 글을 어렵게 써서 문장가의 실력을 과시하고 평가를 얻으려고 했다.

일연도 글이 진실을 보장해준다고 생각하지는 않았다. 그래서 글을 명문으로 써야 하는 것은 아니다. 쉽게 읽히는 어수룩한 글을 써야 진실에 이르지 못하게 방해하는 작용을 줄일 수 있다고 여겼다. 모자라는 부분을 남겨두어 독자가 발견하고 메우도록 하는 것이 마땅하다고 했다.

토 론

❑ 문: 일연의 학문은 어떤 특징이 있는가?

❑ 답: 진감 · 최치원과 견주어 말할 자료가 준비되어 있다. 진감의 학문은 깨달음을 얻는 수련이다. 최치원의 학문은 광범위한 지식과 뛰어난 능력의 습득이다. 일연의 학문은 현실의 삶을 이해하고 옹호하는 것을 깨달음으로 삼았다. 오늘날에도 세 가지 학문이 있다. 셋 가운데 일연의 학문이 가장 좋다.

❑ 문: 일연이 "안팎을 모두 공부하고, 만 가지 다른 경우에 호응했다"고 한 것은 무슨 말인가?

❑ **답**: "안팎 공부"는 불교 공부와 불교 밖의 공부이다. "만 가지 경우"는 사람이 살아가는 현실의 갖가지 모습이다. 진감은 불교 안의 공부에 몰두하고 외부에 대한 관심을 그 연장선상에서 가졌다. 최치원은 세상에서 널리 소용되는 공부를 힘써 하고 불교 공부도 그 가운데 하나로 삼았다. 학문이라는 말을 써서 다시 말해보자. 진감은 내향의 학문을, 최치원은 외향의 학문을, 일연은 내외 관통의 학문을 했다. 일연을 따르려고 노력하고자 한다.

❑ **문**: 잘 쓴 글이 잘 못 쓴 글인가?

❑ **답**: 글뿐만 아니라 그림도 그렇다. 잘 그리기만 하고 허점이 없으면 보는 사람이 따라다니기만 하다가 숨이 막힌다. 대상을 보여주기만 하고 그림 그리는 사람 자기 자신에 대해서는 말하지 않는 그림에 그런 것이 많다. 그림이 어수룩해야 보는 사람이 숨을 돌리는 여유를 가지고 허점을 메우려고 하면서 자기 마음속에서 다시 그리는 즐거움을 누린다. 잘못 그린 그림이 잘 그린 그림이다.

피카소는 말했다. "나는 어린아이처럼 그리려고 평생을 노력했다." 어린아이를 흉내 내는 장난을 하는 데 그치고, 어린아이가 되지는 못했다. 그리 대단치 않은 장난이 지나친 평가를 받고 있다. 그림 수련만 하고 마음 수련은 하지 않은 탓이다. 마음 수련이 무엇인지 모르는 사람들이 피카소를 우상으로 만든다.

❑ **문**: 마음 수련이란 무엇인가?

❑ **답**: 최치원이 전하는 진감의 행적을 다시 보자. 네거리에 나앉아 신을 삼아 행인들에게 나누어주기를 일삼았다고 했다. 그런 과정

을 거쳐 마음을 비운 덕분에 임금이 발원해주기를 부탁하자 헛된 생각 말고 백성을 잘 돌보기나 하라고 응답할 수 있었다. 명리를 바라고 살아가는 예사 사람과는 아주 다른 경지이다.

❑ 문: 윤동주는 <쉽게 씌어진 시>에서 시가 쉽게 씌어진 것은 부끄러운 일이라고 했다. 글을 쉽게 써야 한다는 것과 어긋나지 않는가?

❑ 답: 읽기 쉬운 시를 썼다면 부끄러울 것이 없다. 쓰기 쉬운 시를 썼으니 부끄럽다고 했다. 써도 좋다고 허용되어 쓰기 쉬운 말만 쓰는 것은 시인이 할 일이 아니다. 허용될 수 없는 말을 쓰지 않고도 나타내 독자는 알아볼 수 있게 하려면 깊이 고심해야 한다. <서시> 같은 시는 이런 경지에 이르렀다. 있는 말을 쉽게 읽어 내려가다가 없는 말이 숨어 있는 것을 알아차리고 감동을 받는다. 허용되지 않은 말까지 다 썼으면 감동이 줄어든다.

❑ 문 다른 강의에서 교수님이 텍스트 이해 능력이 부족하다고 학생들을 나무랐다. 어떻게 하면 능력을 키울 수 있는가?

❑ 답: 텍스트를 언술이라고 하자고 했다. 언술 이해의 방법을 단계를 나누어 말해보기로 한다. 첫 단계는 문맥 파악이다. 까다롭게 쓴 글을 만나면 여기서부터 어려움을 겪는다. 까다롭다는 것은 문체를 두고 하는 말이다. 문체의 특징을 파악해야 다가갈 수 있다. 다음 단계는 전모 알아보기이다. 전체를 크게 보아 개요를 간추릴 수 있어야 이해가 진전된다. 말하지 않고 나타낸 것을 알아내면 그 다음 단계로 나아간다. 옛 사람은 "行間을 읽는다", "紙背를 徹한다"는

말로 이에 관해 설명했다. 방금 설명하고 있던 사항이다.

여기까지 이르면 일차 이해는 이루어졌으니 이차 이해로 들어서야 한다. 쟁점을 찾아 토론하고, 말하지 않은 것까지 보완해 대안을 마련하는 것이 이차 이해이다. 따지면서 읽기를 하고서 쓰면서 읽기로 나아가자는 말이다. 언술본문을 그 자체로 다루는데 그치지 않고, 언술이전 · 언술상황 · 언술관련을 고찰해야 가능하다. 이 강의에서 계속 다루고 있는 과제이고 방법이다.

❑ 문: 학문이라는 말이 예전에도 오늘날과 같은 뜻으로 사용되었는가?

❑ 답: 李珥는 "非學問 無所爲人"이라고 했다. "학문을 하지 않으면 사람 된 바가 없다"는 말이다. 배우고 묻는 행위로 사람이 되려고 수련하는 것을 학문이라고 했다. 오늘날은 새로운 진실을 탐구해야 학문이라고 하고, 학문을 교육과 구별하지만, 배우고 묻는 행위로 사람됨을 위해 수련한다는 기본적인 의미를 그대로 지니고 있다.

❑ 문: 상생이 상극이고 상극이 상생이라는 생극론의 명제가 자연현상에서도 타당성을 가지는가?

❑ 답: 물론이다. 너무나도 당연하기 때문에 강조해서 말하지 않았다. 전등을 보자. 음전기와 양전기가 상극이면서 상생이기 때문에 빛을 낸다. 상극이 없으면 상생도 없다. 물질세계의 생극을 연구해 밝혀낸 원리는 문화의 생극에 관한 이론과 기본적으로 일치한다.

❑ 문: 서울대학교 논술고사에서 『삼국사기』의 한 대목, 好童왕자

의 죽음에 관한 논평을 제시하고 현대적인 관점에서 재론하라고 했다. 어떻게 평가하는가?

❑ **답**: 좋은 문제이다. 그 논평이 어떤 의미를 가지는지 나는 『한국문학통사』에서 길게 논했다. 앞의 나온 解明태자의 죽음에 관한 논평과 거의 같아 함께 다루었다. 해당 대목을 들겠다.

> <삼국사기>에서는 이 두 기사 뒤에 각기 논평을 달아 아버지와 아들을 함께 나무랐다. 아버지는 아버지의 도리를 저버렸으며, 아들이 취한 행동 또한 마땅하지 않다고 했다. 고대신화를 근거로 삼은 질서관이 무너지고 중세의 윤리는 아직 이루어지지 않아 그 어느 쪽에서도 이해하기 어려운 기이한 혼란상이 나타난 것이 사태의 본질이다.
>
> 부왕과 아들 사이의 동질적인 관계를 아버지가 깨면 아들이 나서서 회복해 새로운 지배질서를 이룩하는 것이 고대인의 행동 양상이다. 두 왕자는 자살을 택해 고대영웅에 대한 기대를 배신했다. 부자관계를 바르게 하는 효가 백행의 근본이라고 하는 중세의 윤리관에서는, 부왕이 올바르지 못한 명령을 내리더라도 아들은 그대로 따르지 말고 충간해 바로잡아야 한다. 그런데 아버지의 처사가 부당하다는 것을 더욱 부각시키기나 했다.
>
> 신화적 질서가 흔들려 납득할 수 없는 무질서가 나타났다. 부왕의 부당한 명령을 그대로 받아들여 죽으면서까지 상례에 벗어난 용맹을 자랑한 해명의 행위는 아주 괴이하다. 호동 또한 누명을 쓰고 자살한 것도 말이 되지 않는다. 서로 당착된 삽화들이 인정할 수 있는 증거와 관련을 가져, 창원이라는 지명의 유래,

> 낙랑국의 멸망 같은 사실을 설명하는 구실을 하는 점에서 최소한의 합리성을 얻었다.
>
> 그것이 전설의 특징이다. 자아와 세계의 신화적 동질성이 흔들리자, 세계의 전설적 횡포가 전면에 부각되었다. 전설은 자아와 세계의 대결을 세계의 우위에 입각해서 다루어 자아의 패배를 귀결로 삼으며, 합리성을 추구하다가 감당할 수 없이 커다란 불합리에 부딪히고 마는 이야기이다. 탁월한 능력을 가지면 무엇이든지 이룰 수 있는 시대는 갔다. 영웅의 능력을 가져도 원통하게 죽고 마는 사태가 벌어졌다. 고대에서 중세로의 이행기 가치관의 혼란이 중세인의 도덕관을 마련해 사람의 행실을 합당하게 규제할 때까지 계속되었다. (『한국문학통사』 1, 지식산업사, 제4판 2005, 102-103면)

이런 논의는 출제자가 요구하지 않았을 것이며, 응시자가 할 수 있는 것도 아니다. 그러나 문제의 상황임은 틀림없다. 오늘날의 사고방식으로 재론하라면, 호동의 자살을 나무라는 것이 가장 긴요한 과제이다. 자기는 잘못하지 않았음을 밝혀 아버지가 부당한 횡포를 자행하지 않도록 해야 한다. 고대의 영웅처럼 아버지를 제거할 수는 없지만, 중세의 효자에게 요구되던 덕목을 따르고 있을 수는 없다. 아버지가 수긍하지 않고 계속 나무라면 독립을 선언하고 독자적인 삶을 이룩하는 것이 마땅하다. 자살은 어느 경우에든 정당화될 수 없다. 자살할 수 있는 용기로 아버지가 바라는 수준을 크게 능가하는 생애를 창조하는 것이 마땅하다.

출제를 잘 해서 몇 가지 소득이 있다. 헛소문을 없애고 바르게 판단하게 하는 바가 적지 않다. 하나씩 정리해보자. 논술고사를 서양철학 전공자들의 밥거리로 삼으려고 강화하는 것은 아니다. 논리와 함께 윤리가 소중하다. 창조는 일탈을 의미하지 않고 윤리 문제에 대한 독자적인 판단을 중요한 과제로 한다. 신문 사설 나부랭이나 들추고 있지 말고 고전을 힘써 읽으면서 근원을 캐야 한다. 교과 학습과 논술 준비가 별개의 것이 아니다.

제14강 깨달음을 얻는 비약

원효가 깨달은 현장

吾魚寺라는 절은 포항 남쪽 오천읍 항사리에 있다. 쉽게 끝나지 않을 것 같은 좁은 길을 휘돌면서 기대를 잔뜩 하고 찾아가면 조금 실망스럽다. 평지에 자리 잡고 있으며, 주차장 바로 옆이 절이다. 마당이 좁고 집은 크지 않다.

물이 절을 휘감아 흐르는 주위에 산이 높아 형상이 기이하다. 1960년대 초에 저수지를 만들어 물이 지금처럼 불어났다. 慈藏庵, 惠空庵, 元曉庵, 義湘庵, 이 네 암자가 있었다고 하는데 지금은 둘만 남았다. 자장암은 높이 매달린 것 같이 보이고, 골짜기를 더듬어 한참 가면 원효암을 찾을 수 있다.

절 이름에 있는 말 "吾魚"는 "내 고기"라는 뜻이다. 무슨 연유가 있는지 궁금하지 않을 수 없는데, 『삼국유사』 권5 <二惠同塵>에 전하는 말이 있다. 혜공 스님이 만년에 그 절에 머무르고 있을 때 원효가 여러 경전을 풀이하다가 거듭 찾아가 의심나는 곳을 물었다고 했다. 경전 문답에 대해서는 그 이상 말이 없고, 납득하기 어려운 이야기를 하나 적어 놓았다.

두 사람이 시냇가에서 물고기와 새우를 잡아먹고 돌바닥 위에 대변을 보았다. 혜공이 그것을 보고서 "네가 눈 똥이 내가 잡은 고기이다"라고 했다. 그 말을 원효가 했다고도 하는데 잘못이라고 했다. 이렇게 말한 연유가 있어 원래 恒沙寺였던 절 이름이 "내 고기 절" "吾魚寺"로 바뀌었다고 했다. 항사란 간지스강의 모래이다. 마을 이름은 지금도 항사리이다. 간지스강의 모래처럼 많은 법문을 일러준다고 하다가 고기 한 마리로 대신했다. 그래서 무엇을 얻었다는 말인가?

의문을 풀려면 먼저 혜공이 어떤 사람인지 알아야 한다. 혜공은 天眞公이라는 유력인사에게서 고용살이하는 노파의 아들이라 하고, 아버지에 관한 말은 없다. 그런데도 어릴 때 이미 비범함을 보였다. 사경을 헤매게 하는 종기를 낫게 하고, 잃어버려 애통해 하는 매를 찾아주는 이적을 보이자, 천진공이 놀라 난폭한 말과 무례한 짓을 사과하고 스승으로 모시겠다고 했다.

출가해 승려가 되고서는 미친 듯이 취해 삼태기를 지고 거리에서 노래하고 춤추었다. 삼태기를 뜻하는 방언이 '부개'이다. 사람들이 부개화상이라고 부르고, 절은 부개사라고 했다. 절의 우물에 들어가 몇 달씩 있다가, 푸른 옷을 입은 신동을 앞세우고 나오곤 했는데 옷이 조금도 젖지 않았다. 어떤 사람이 산에 갔다가 혜공이 죽어 넘어진 것을 보았다. 시체가 부어터지고 살이 썩어 구더기가 나와 오랫동안 탄식하게 했다. 그런데 성 안으로 들어가자 혜공의 모습이 보였다. 술에 몹시 취해 노래하고 춤을 추고 있었다고 했다.

그런 혜공이 원효의 스승 노릇을 했다. 대단한 학자라는 원효가 모르는 것을 물어야 했다. 학자는 모름지기 모르는 것이 많아야 하고, 모르는 것을 알아내는 방법을 알아야 한다. 모르는 것이 없으면 학문을 할 이유가 없고, 모르는 것을 알아내는 방법을 모르면 학문을 할 수 없다.

드러난 행적을 보아 대수롭지 않은 것 같은 사람이 원효보다 식견이 높았다고 <蛇福不言> 대목에서도 말했다. 사복은 과부인 어머니가 남편 없이 낳았다. 사복이란 뱀처럼 기어 다니는 아이라는 뜻이다. 열 살이 되도록 일어서지 못하고 말도 못했다. 그런데 원효가 "나지 말라, 죽는 것이 괴롭다. 죽지 말라, 나는 것이 괴롭다"고 하자, 사복이 말이 많다고 나무라고 "죽고 사는 것이 괴롭다"고 했다.

낮으면 높고, 높으면 낮다. 무식이 유식이고, 유식이 무식이다. 최고라고 자부하거나 인정되는 사람이라도 상위자를 만나게 되면 자기가 모자란다는 것을 알게 마련이다. 상위에는 그 상위가 또 있어 끝이 없다. 상위가 동질적인 것은 아니다. 지식의 상위는 무식이다. 논리의 상위는 비논리이다. 이론의 상위는 행동이다.

혜공이 경전 공부를 많이 했다는 말은 없다. 그럴 겨를이 있었다고 생각되지 않는다. 그런데 원효가 경전을 풀이하다가 모르는 것을 혜공에게 물었다는 것은 무슨 까닭인가? 일생 동안 기이한 행동을 하면서 민중이 말로 이룩하고 전하는 구비철학을 농축해서 더욱 놀라운 것으로 만들었다고 할 수 있다. 원효는 그렇게 하는 데 한 수 아래여서 혜공에게 배워야 했다.

원효는 줄곧 경전 공부에 힘쓰면서 뜻을 풀이하려고 했다. 경전의 뜻은 경전을 넘어서서 풀이해야 한다. 글을 아무리 들여다보아도 무슨 말인지 모르면 글을 버려야 한다. 경전을 넘어서고 글을 버려야 알 수 있는 것을 들어 혜공이 원효를 깨우쳐주었다. 상당한 정도의 충격요법을 써야 그럴 수 있었다.

물고기와 새우를 잡아먹고 돌바닥 위에 대변을 본 것만 해도 충격을 준다. 승려가 살생을 하고, 공중도덕을 어겼다. "네가 눈 똥이 내가 잡은 고기이다"라고 한 것이 무슨 소리인가? 네 것이 내 것이고, 죽은 것이 산 것이고, 다른 것이 같은 것이라고 하는 억지소리이다. 구비철학을 응축해 고성능의 폭탄을 만들어, 유식이라고 착각하는 무지를 일거에 날려버리고 분별을 넘어선 궁극의 이치가 드러나게 했다.

"네가 눈 똥이 내가 잡은 고기이다"라는 말을 원효가 했다고도 하는데 잘못이라고 했다. 원효는 그 경지에 이르지 못했으므로 혜공을 스승으로 삼았다. 그러나 원효는 혜공이 한 말을 잘 알아듣고 글로 적었다. 대단한 분량의 저술을 남겨 높이 평가된다. 참고 견디면서 다 읽어야 하는가? 아니다. 다 읽어도 하나도 모를 수 있고, 한 구절만 보고 모두 알 수도 있다.

『大乘起信論別記本』의 한 대목을 보자. "染淨諸法 其性無二"라고 했다. "더럽고 깨끗한 여러 법이 그 본성은 둘이 아니다"는 말이다. 글만 들여다보면 무슨 뜻인지 알 수 있는 것은 아니다. 돌에다 누어놓은 똥과 청정한 물에 노는 고기가 둘이 아니라고 깨달은 바를 옮겨 적은 줄 알아야 한다.

다음 대목에서는 "眞如門中 攝理而不攝理事 生滅門中 攝事而不攝理 而今二門互相融通 際限無分"라고 했다. "'진여'의 문에서는 '이'만 포섭하고 '사'는 포섭하지 않고, '생멸'의 문에서는 '사'만 포섭하고 '이'는 포섭하지 않으므로, 두 문은 서로 융통하고 경계가 나누어져 있지 않다"는 말이다. 용어가 생소하며 말이 길고 복잡해 머리가 아프다. 그러나 어렵게 생각할 것은 아니다.

다른 것이 같은 것이라는 궁극의 이치가 '진여'이다. 고기를 잡아 먹고 똥을 누었다는 것을 들어 말한, 죽고 살고 있고 없다는 사실이 '생멸'이다. '진여'에서는 사실은 버리고 이치를 택하고, '생멸'에서는 이치는 버리고 사실을 택하는 것이 불공평해서 잘못되었다는 상식을 넘어서야 한다. 사실과 이치는 하나이고 둘이 아니다.

이런 방식으로 접근해도 원효의 저작은 너무 많고 난해하다. 논리를 엄정하게 하려다가 말을 많이 해서 장애물이라고 생각되는 것들을 겹겹으로 만들었다. 섣불리 들어서다가는 길을 잃고 정신마저 몽롱해진다. 책을 덮고 일어나면 살 길이 있다. 오어사를 다시 찾아 깨달음의 본바닥 신선한 바람에 온몸을 내맡기면 의문이 풀리기 시작한다. 장애물이 디딤돌임을 알게 된다.

『삼국유사』를 지은 一然 또한 훌륭한 스승이다. 혜공은 원효를 이끌어주고, 일연은 혜공과 원효의 만남을 기록에 올려 우리가 원효를 이해할 수 있게 했다. 가르침을 받는 쪽이 더 나아가야 가르침이 한층 훌륭하다. 원효는 저술을 남겼는데, 우리는 무엇을 할 것인가? 우선 오어사에 전하는 이야기를 새롭게 해서 은혜에 보답하자.

일연의 글을 다시 보자. 똥이 고기가 되어 헤엄쳐 가더라는 말이 있을 만한데 없다. 듣지 못해서, 듣고서도 실수해서, 상상력이 모자라 빠뜨렸는가? 추리하는 것은 부질없다. 내가 보탤 말이 남아 있어 얼마나 다행인가. 고기 한 마리가 두 마리로 늘어났다고 해도 좋다. 원효와의 만남에서 일연보다 한 걸음 더 나아가니 기쁘다. 내친 김에 원효보다도 앞설 수 있겠다.

元曉寺니 元曉庵이니 하는 곳이 전국 도처에 많이 있다. 원효의 이름을 내세우지 않고서도 원효가 창건했다고 하는 사찰도 흔하다. 원효가 분신술이라도 썼단 말인가 하고 어리석게 생각하지 말자. 오늘날 원효를 내세워 번다하게 모임을 만들고 행사를 열며, 관련 논저가 산더미같이 늘어난 것과 그리 다르지 않다.

원효는 막힌 것을 터준다. 불법은 불법이 아님을 일깨워주어 자유로울 수 있게 한다. 그런데 원효를 너무 받들다가 착상이 빈약해지고 행보가 어려워진다. 원효는 원효가 아니어야 원효일 수 있다. 남긴 저술을 구비철학의 원천과 합쳐 다시 생동하게 해야, 원효는 원효가 아니게 하는 부정, 원효는 원효이게 하는 긍정을 함께 관철시킨다. 그것이 우리가 다시 하는 창조 작업의 시발점이다.

다시 보기

앞의 글을 쉽게 쓰려고 했지만 난해하다. 하나하나 따지지 않고 한꺼번에 많은 말을 하려고 하고, 글을 잘 쓰려고 하는 유혹에 빠졌다. 정신을 차리고 다시 생각하자. 언술이전에서 언술부정까지의 용어를 사용해 필요한 논의를 한 단계씩 다시 전개하자.

오어사라는 절, 그 주위의 물을 언술이전의 것으로 삼아 "네가 눈 똥이 내가 잡은 고기이다"라는 언술본문이 전한다. 전문과 본문이 바로 연결되지 않아 설명과 추리가 필요하다. 그 점에 관해 옛사람이 한 작업을 받아들이고 내 생각을 보태야 한다.

"네가 눈 똥이 내가 잡은 고기이다"라는 언술본문은 무슨 말인지 이해하기 어렵지 않다. 한국인 또는 한국어를 익힌 외국인이라면 모를 단어가 없고, 구문이 복잡해 오판할 여지도 없다. 그러나 언술본문을 해독하면 안다고 할 수 없다.

왜 그런 말을 했는가 하는 의문을 풀어야 한다. 언술본문에서 언술상황으로 나아가 어떤 상황에서 한 말인지 알아야 뜻한 바를 짐작할 수 있다. 원효가 경전을 풀이하다가 막혀 혜공을 찾아가 만난 두 사람이 냇가에서 고기를 잡아먹고, 혜공이 그 말을 원효에게 했다고 한다. 그래도 알 수 없다. 말한 사람과 말한 상황은 알아도 말한 의도를 알지 못하니 무슨 말인지 알지 못한다.

여전히 남은 의문을 풀려면 언술상황에서 언술관련으로 나아가야 한다. 다른 어떤 말과 관련을 가지고 그런 말을 했는지 알아야 한다. 다른 말이란 불교의 경전이다. 불교의 경전에서 하는 말을 다르게 나타냈다. 원효가 쓴 글도 그 말과 언술관련을 맺는다. 깨끗하고 더러운 것, 죽음과 삶, 너와 내가 둘이 아니라고 경전에서도 말하고 원효의 글에서도 말했다. 그것을 한층 명확하게 큰 충격을 줄 수 있게 한 말이 "네가 눈 똥이 내가 잡은 고기이다"라는 것이다.

언술관련을 이해하는 것이 논의의 도달점일 수 없다. 언술부정의 관계가 더욱 소중하다. 경전에서 사용하는 고고하고 난해한 한문 글쓰기를 못마땅하게 여기고 쉽고 상스러운 우리말로 반론을 제기해 "네가 눈 똥이 내가 잡은 고기이다"라고 했다. 그 말이 뜻하는 바를 원효가 한문 글쓰기로 옮긴 것도 언술부정인데, 있는 그대로 읽으면 언술본문으로 고착되고 고립된다. 우리가 언술부정 만들기를 다시 해야 비로소 살아난다.

언술이전·언술본문·언술상황·언술관련·언술부정이 따로 놀아 순차적인 연결을 거부한다. 뒤의 것으로 앞의 것을 부정하는 작업을 역동적으로 전개하도록 한다. 앞의 것이 부정되어 없어지지는 않고, 뒤의 것 속에 살아 있다. 죽어서 살아 있는 원리를 구현하고 있다.

이것이 바로 깨달음이다. 깨달음은 일상적인 것의 부정이면서 긍정이다. 역동적인 움직임을 고요한 마음가짐에서 이룩해 둘이 하나이게 한다. 가장 높고 넓은 통찰을 가장 낮고 좁은 곳에서 갖추어, 높고 낮음이 없고, 넓고 좁음을 가리는 것도 잘못이라고 한다.

원효를 연구한다는 사람들이 원효가 남긴 글 언술본문을 그것대로 들여다보니 이해가 되지 않는다. 본문을 간추리거나 말을 덧보태 옮겨놓는다. 동어반복에 지나지 않는 글을 써내고서 논문이라고 한다.

좀 더 부지런하고 박식한 사람들은 본문으로 만족하지 않는다. 원효가 어떤 시대에 어떻게 살면서 그런 글을 썼는지 고찰하는 언술상황을 고증을 한다. 경전과 대조하고 다른 사람들의 논의와 비교해 언술관련을 알아내는 작업을 한다. 그래서 연구업적이 많이 늘어난다. 목록을 만들기도 어렵게 되었다.

그렇게 하면 언술본문이 살아나는가? 아니다. 참고할 사실이 늘어나면 더 헷갈린다. 지도에 잔금을 많이 그려 넣어 알아보기 어렵게 만들면 도움이 되지 않는다. 지도가 자세하면 길을 잘 갈 수 있는 것은 아니다. 길을 가겠다는 의지가 무엇보다 소중하다.

지난날의 원효를 오늘날의 원효라야 제대로 이해할 수 있다. 이해는 언술부정에서 이루어진다. 원효는 이해되어 요긴하게 쓰이고서 자취를 감추어야 한다. 죽어서 사는 원리를 구현하는 것이 최대의 효용이다. 언술부정으로 새로운 글을 쓰는 것이 최상의 대안이다. 크나큰 비약을 이룩해야 그럴 수 있다.

"네가 눈 똥이 내가 잡은 고기이다"라는 말이 비약이 어느 정도여야 하는지 일깨워준다. 글 한 줄 남기지 않은 혜공이 대저술가 원효의 스승이었음을 잊지 말아야 한다. 원효를 혜공 같은 존재로 만들어야 내가 원효일 수 있다.

실증주의 넘어서기에서 시작한 논의가 여기까지 왔다. 학문의 길은 넓다는 것을 알고, 커다란 전환의 필요성과 당위성을 제시했다. 그러나 실증을 버리고, 중간 단계의 여러 작업을 가소롭게 여기자는 것은 아니다. 높고 낮음이 없고, 넓고 좁음을 가리지 않는 것이 깨달은 경지이다.

높으면 낮을 수 없고, 낮으면 높지 않다고 하는 잘못을 바로잡으려면 아주 높아야 한다. 낮아서는 그럴 수 없다. 넓으려면 좁지 않아야 하고, 좁으려면 넓을 수 없다고 하는 고집을 버리려면 크게 넓어야 한다. 좁아서는 그렇지 못하다. 높고 넓은 경지를 이루면서 넘어서서 융통 자재한 학문을 해야 한다.

선승과의 문답

어느 때 문경 봉암사에 갔다. 그 절은 처음 승려가 된 사람들의 참선 수련장이어서 일반인의 출입을 금한다. 특별한 절차를 얻어 교수와 학생 답사단 일행이 찾아갈 수 있었다. 다른 사람들은 근처 다른 곳에 더 들르고, 나는 일이 있어 먼저 돌아왔다.

차를 몰고 문으로 나오는데 스님 한 사람이 태워주기를 원했다. 어디까지 가느냐고 하니 아랫마을까지 간다고 했다. 아랫마을에서 차를 멈추고 어디까지 가느냐고 물으니, 시외버스 타는 곳까지 간다고 했다. 시외버스 타는 곳에서 목적지가 어디냐고 물으니 서울이라고 했다. 나도 서울 가니 동행하자고 했다.

몇 차례 문답이 오간 다음 기대하기 어려운 인연을 맺었다. 서울까지의 여정에서 여러 시간 동행하면서 많은 이야기를 주고받았다. 그 내용을 적어놓지는 않았으며 기억에 의해 되살린다. 내 생각대로 윤색한 곳도 있을 것이다.

실감을 돋우기 위해 문답체로 적는다. "문"은 내가 물은 말이고, "답"은 그 스님이 대답한 말이다. "논평"이라고 하고 것은 마음속으로 생각하고 있다가 붙인 말이다. 불교의 수행과 각성에 관해 문답한 말을 학문의 길로 받아들이고 논평한다.

문: 스님은 봉암사에 계십니까?

답: 아닙니다. 이리저리 다니다가 들렀습니다.

문: 왜 한 곳에 머무르지 않고 이리저리 다닙니까?

답: 한 곳에 머무르면 나태해집니다.

(**논평**: 한 곳에 머무르고 더 가지 않으면 길이 막히는 것이 당연하다.)

문: 이리저리 돌아다니면 힘들지 않습니까?

답: 아닙니다. 즐겁습니다. 힘들지 않고 즐거울 수는 없지요.

(**논평**: 탐구의 즐거움은 고난에서 온다.)

문: 봉정사는 무엇을 하는 곳이어서 일반인의 출입을 금합니까?

답: 참선 수행을 지도하는 곳이지요.

문: 참선을 잘 하고 있던가요?

답: 걱정입니다.

문: 무엇이 걱정입니까?

답: 나이 30은 되어서 참선을 시작합니다. 자기 고집이 생길 대로 생겨 무너뜨리기 어렵습니다. 그런데 바로잡아 줄 사람이 없습니다.

문: 일찍 시작해야 합니까?

답: 일찍 시작할수록 좋습니다.

문: 바로잡아 줄 사람이 없다는 것은 무슨 말입니까?

답: 참선을 지도할 수 있는 스승을 만나지 못하고 헛고생만 하는 것은 안타까운 일입니다.

문: 혼자 수행할 수는 없습니까?

답: 가야 할 길이 여럿으로 갈라집니다. 두 길 정도면 이 길로 가다가 안 되면 저 길로 가면 됩니다. 여럿으로 나누어진 길 가운데 가야 할 길을 스스로 판단할 수는 없습니다. 스승이 있어 잘 가고 있는지 잘못 가고 있는지 알려주어야 합니다.

(**논평**: 스승이 있어야 한다는 것은 예사 수준의 일반론이다. 스승에게서 제자로 전해진다는 傳燈의 빛은 점차 흐려진다. 傳燈이 대단한 줄 알다가 뒤떨어진다. 새로운 방법으로 불을 다시 켜는 일을 스스로 해서 스승을 넘어서야 한다.)

문: 대단한 존경을 모으는 고승들이 있지 않습니까?

답: 허명을 누리고 있지요. 공부를 제대로 하려면 전력을 바쳐야 하는데 세상에 이름이 나면 그럴 수 없습니다. 참선하면서 도를 닦는 사람도 40대 후반에서 50대 초까지가 절정이고 그 뒤에는 답보상태에 빠지는 것이 예사입니다. 한물 간 뒤에 이름이 나지요. 기이한 행동 때문에 이름이 더 크게 나기도 합니다.

(**논평**: 한물 간 뒤에 이름이 나는 것은 마찬가지이다. 과대평가는 파멸의 길이다. 평가하는 쪽의 착각이 평가의 대상에 심각한 타격을 미친다. 과대평가를 기대하고 별별 잡스러운 짓을 다 하는 어설픈 광대가 학문의 세계에 얼마든지 있다. 과소평가라야 제대로 된 평가

이다. 멀리 있어 제대로 알지 못하는 구경꾼들은 물론 가까이 다가가 정통하게 이해하는 최상의 전문가도 모두 알아차리지는 못하고 하는 과소평가가 기대 가능한 최상의 평가라고 할 수 있다.)

문: 깨달음으로 이끌어줄 참된 스승이 없단 말입니까?

답: 산중에 더러 있지만 참된 스승인 줄 알아보지 못합니다. 깨닫는 길에 들어선 사람이라야 앞선 사람을 알아볼 수 있습니다.

문: 그 분들은 몸을 숨기고 있습니까?

답: 제자를 찾고 있습니다. 스승은 제자를 만나기를, 제자는 스승을 만나기를 피차 간절하게 바라지만 만남이 이루어지기 어렵습니다. 스승은 깨달은 바를 전수할 제자를 만나지 못해 헛되이 생애를 마치고, 제자는 깨달음의 길로 인도해줄 스승을 찾아 방황하다가 마는 안타까운 일이 늘 벌어집니다.

(**논평**: 강단에 서서 학생들을 가르치는 사람은 제자 복이 지나칠 정도로 많다고 할 수 있지만, 참된 제자를 만나기 어려운 것은 마찬가지이다. 풍요 속의 빈곤이어서 빈곤인 줄 모른다. 제자는 스승이 얼마든지 있다고 여기고 참된 스승에 대해서 생각하지 않는 것이 예사이다. 스승을 넘어서려고 하지 않고 피해 가려고 한다. 가르침이 생업이 되어 가르침을 망친다. 학문이 생업이 되어 그릇되게 한다. 그만두고 물러나면 될 일은 아니다. 혼탁한 것을 마다하지 않으면서 깨끗함을 지녀야 한다. 수많은 제자 가운데 진정한 제자가, 흔한 스승 가운데 참된 스승이 있어야 한다.)

문: 스님의 경우는 어쨌습니까?

답: 나는 다행이 훌륭한 스승을 만났으나 너무 늦었습니다. 세상에 머물면서 쓸 데 없는 공부로 세월을 보내다가 늦게야 수행의

길에 들어서서 훌륭한 스승을 만났어도 오래 지도받지 못했습니다. 선생님을 여읜 뒤로 혼자 수행을 하니 잘 되지 않아 나이 60이 넘었는데도 이룬 바가 없습니다. 다음 생에 다시 수행하리라고 다짐하고 간절하게 소망합니다. 가난한 집에 태어나 조실부모하고 일찍 불문에 들게 해달라고. 선생님은 그랬던 분입니다. 그 전의 여러 선생님도 이 소원을 이루었습니다.

(**논평**: 부유한 집에서 태어나고 부모가 오래 돌보아주는 혜택을 누리기를 바라는 것과 아주 다른 말을 한다. 학문을 해서 깨달음을 얻는 길도 부귀에 관한 기대를 버리고 고난을 겪어야 열린다. 다른 일에 마음 빼앗기지 않고 전념할 수 있어야 크게 이룰 수 있다. 윤회전생을 믿는 승려는 이번 생에서 다 하지 못한 일을 다음 생에서 이루겠다고 하지만, 생이 하나만이라고 여기는 학자는 주어진 조건을 스스로 개선해야 한다. 겉은 그대로 두더라도 속을 개조해야 한다.)

문: 선승과 학승을 겸할 수 있습니까?

답: 선승은 학승을 겸할 수 있어도 학승은 선승을 겸할 수 없습니다.

(**논평**: 많이 알면 깨달을 수 있는 것이 아니다. 지식이 방해가 되어 진실에서 더욱 멀어진다. 하는 말을 들어보면 너무 어려워 알 수 없다. 깨닫는 길에 들어선 탐구자가 깨닫는다는 것이 무엇인지 실감나게 전하기 위해 지식을 활용할 수는 있다. 남들이 이미 한 말이라도 적절하게 선택하고 풀이하면 마음을 움직인다. 선택과 풀이를 자기 깨달음에서 하므로 남의 말이 자기 말이 된다. 하는 말이 듣는 사람의 말이 된다.)

이런 이야기를 나누고 헤어질 때 우리 두 사람은 성명을 묻지도 않고 말하지도 않았다. 그래서 신빙성이 없는 말을 했다고 할 것은 아니다. 특정한 사람들이 특정한 시간과 장소에서 할 수 있는 말이 아니기 때문이다. 만나고 헤어지는 것은 무상하고 그 이치는 시공을 넘어선다.

즐거워서 하는 학문

나는 왜 학문을 하는가? 이 물음에 한 마디로 대답할 수 있다. 즐거우니까. 학문보다 더 즐거운 것을 생각하기 어렵다. 다른 것들도 얼마간 즐거울 수 있으나, 같은 과정을 되풀이하니 즐거움이 줄어든다. 학문은 그렇지 않아 수십 년 동안 계속해서 해도 줄곧 즐겁다. 하면 할수록 더 좋아 그만둘 수 없다.

학문에서는 같은 것을 되풀이하지 않고 전에 없던 경지로 나아간다. 새로운 것을 남들에게서 받아들이다가 스스로 찾아내는 감격을 매번 다르게 경험한다. 받아들이기만 해도 흥겨운데 찾아내기까지 하니 더욱 신명난다. 이 세상에 아무도 모르고 있던 사실을 알아내고 그 원리를 발견하는 것이 학문에서 얻는 보람의 극치이다.

좋은 책을 읽으면 목마를 때 시원한 물을 마시는 것과 같다. 좋은 책을 찾아 도서관을 뒤지고 서점으로 간다. 여러 나라를 돌아다닌다. 아직 읽지 않은 책으로 가득 차 있는 서점에 들어서면 가슴이 두근거린다. 많은 시간 머무르면서 꼭 읽어야 할 책을 한 아름 찾아낼 때의 자랑스러움을 다른 무엇과도 바꿀 수 없다.

지도에서나 보던 먼 나라, 처음에는 생소한 도시에 가서 품격 높은 서점을 모두 뒤져 최상의 책을 찾는다. 꿈이 있으면 실현할 수 있다. 파리, 런던, 도쿄, 교토, 나하, 함부르크, 베를린, 레이덴, 암스테르담, 룬드, 스톡홀름, 루벤, 브뤼셀, 코펜하겐, 오슬로, 뉴델리, 베이

징, 타이베이, 보스턴, 뉴욕, 방콕, 프레토리아, 싱가포르, 쿠알라룸푸르, 시드니. 책 사냥을 한 도시이다. 서점의 질로 순번을 정하고, 한 나라 도시는 나란히 들어 만든 명단이다.

특기할 만한 사항을 추가한다. 파리에서는 그 쪽 책만 구하지 않고, 아프리카, 인도, 동남아, 월남 등지의 문학을 전문적으로 취급하는 서점도 거듭 찾았다. 도쿄가 자랑하는 고서점가의 모든 점포를 돌아보았다. 유럽의 작은 나라 오래된 도시는 고서 박물관 같은 곳들임을 알고 놀랐다. 뉴델리 한 모퉁이 허름한 건물 지하에 있는 문학아카데미에 들러 널리 보급하지 않고 쌓아둔 출간물을 뒤져 필요한 것을 다 샀다.

좋은 책을 만나, 저자는 알고 나는 미처 모르던 것을 받아들이면서 시간 가는 줄 모른다. 빠지면서 읽는 것만은 아니다. 빠지면서 읽기에서 따지면서 읽기로 나아가는 독서를 하면 더 즐겁다. 따지면서 읽는다는 것은 저자와 토론을 한다는 말이다. 토론을 하면서 내 생각을 가다듬는다. 따지면서 읽기를 하다가 다음 단계인 쓰면서 읽기로 나아간다.

독서를 하는 과정의 토론에서 내가 한 걸음 더 나간다는 것을 확인하고, 비판과 반론을 전개해 새로운 책을 쓰는 작업을 오랫동안 해서 많은 성과를 이룩했다. 『한국문학통사』를 쓰고 거듭 고치느라고 관련된 모든 논저를 보아야 하는 중노동이 사는 보람을 가중시켰다. 『철학사와 문학사 둘인가 하나인가』, 『세계문학사의 전개』 등에 관한 작업은 멀리 나다니면서 책 사냥에 욕심을 낸 결과이다. 여러 학문에 관한 업적을 많은 나라에서 만나면서 토대를 넓히고 구상을 키웠다. 그 덕분에 50여 종의 책을 냈다.

그러나 지식을 많이 얻으면 학문을 잘 하는 것은 아니다. 남들이 이미 해놓은 일에 묻혀 헤어나지 못한다면 즐거움은 사라진다. 정신을 차리고 일어나면서 스스로 깨달아야 한다. 깨달은 바를 입증하고 널리 펴기 위해, 이미 이루어진 지식을 증거로 삼고 부품으로 이용해야 한다. 학문 저작은 몇 만 개의 부품을 필요로 하는 자동차나 비행기보다 더욱 정교하다. 부품이 따로 놀지 않고 각기 맡은 기능을 제대로 수행할 수 있게 하는 총괄 설계가 생명이다.

밑변과 꼭짓점을 들어 양쪽의 관계를 설명할 수 있다. 많은 부품 또는 기존의 지식으로 밑변을 늘여야 총괄 설계를 탁월하게 해서 꼭짓점을 높일 수 있다. 밑변을 넓히는 데만 힘쓰고 꼭짓점을 올리지 못하면 움직이지 못하고 보이는 것이 없다. 밑변이 좁은 것을 무시하고 꼭짓점을 무리하게 높이는 구조물은 쉽사리 허물어진다. 밑변과 꼭짓점은 반대가 되는 위치에 있으면서 서로 필요로 하는 생극의 관계를 가진다. 상극과 상생을 각기 체험하고 한데 합치는 과정에 긴장된 즐거움이 있다.

밑변 넓히기와 꼭짓점 올리기는 불교의 교종과 선종에서 하는 학문과 상통한다. 경전을 널리 학습하는 교종의 학문을 잘 하는 사람은 학승이다. 참선을 해서 깨달은 경지에 이르면 선승이라고 한다. 양쪽을 함께 하는 것이 학문의 이상이다. 많이 알면서 깊이 깨달아야 지식이 자기 것이 되고, 깨달은 바를 널리 펼 수 있다.

그런데 양쪽의 일은 선후와 우열이 있다. 선승은 학승을 겸할 수 있어도, 학승은 선승을 겸할 수 없다고 한다. 깨달은 바가 없으면 지식이 무용하다. 지식이 많으면 더욱 거추장스럽다. 나중에는 운신하지도 못한다.

학자 길로 나서고 이렇다 할 저작이 없는 사람이 적지 않다. 천성이 게을러서 그럴 수 있다. 의욕을 잃을 만한 사정이 생긴 탓일 수도 있다. 학문 이외의 일에 너무 많은 시간과 노력을 바쳐 본업을 소홀하게 하는 경우도 있다. 주체하기 어려울 정도로 많이 알기 때문일 수도 있다. 이것이 가장 심각한 이유이다.

많이 알면 함부로 말하지 못한다. 연구할 만한 것을 남들이 이미 다 찾아내 해결한 탓에 새로운 과제는 없다고 하게 된다. 적당하게 무식한 덕분에 아무 말이나 겁 없이 하는 사람들을 보면 부럽기도 하고 가련하기도 하다고 한다. 지식을 제공하는 강의는 즐겁지 않더라도 생업이니까 피할 수 없지만, 논문을 쓰고 책을 지어 자기가 무엇을 새로 알았다고 하는 거짓말은 되도록 피한다. 학문이 즐겁다는 위선을 경계한다.

그것은 어리석은 짓이다. 아는 것을 새롭게 휘어잡아 올라서는 길이 있다는 사실을 모르고 밑에 쳐져 있으니 유식이 무식이다. 몰라도 그리 큰 지장이 없는 것들은 너무 많이 알고, 꼭 알아야 하는 단 하나의 이치는 모른다. 휘어잡아 올라가려면 스스로 깨달아야 한다. 그렇게 하는 데는 스승도 소용없고, 어떤 명저도 도움이 되지 않는다.

머리를 비워야 한다. 일자무식이라야 최상의 성인이 될 수 있다고 인도에서는 말한다. 불행히도 글을 배웠더라도, 일자무식의 정신으로 이치를 깨달아야 한다. 지금까지 글로 씌어 있는 모든 것을 멀리 하고, 궁극적인 문제를 다시 제기하고 해답을 스스로 찾아내야 한다.

종교의 성인은 한번 깨달으면 모든 의문을 다 풀어줄 수 있다고 하지만, 학문을 하는 과정에서는 거듭 다시 깨달아야 한다. 출가해 입산수도하는 것을 일상생활로 해야 한다. 책을 덮고 책상 앞을 떠나는 것이 출가이다. 산에까지 가지 못하고 교정이나 길거리를 거닐면서 생각에 잠기는 것이 입산수도이다.

나는 학문하는 자리를 어디서 펴든 나다니기를 좋아했다. 영남대학교의 넓은 교정을 거닐면서, 한국학대학원 시절에는 주변의 산을 오르내리면서, 전철역에서 내려 서울대학교까지 걸어가면서, 지금은 성서 계명대학교의 아름다움을 완상하면서 내 나름대로 학문의 도를 닦는 방법을 터득했다. 산천초목이 책을 대신하는 곳에서 막힌 생각을 풀고, 숨은 원리를 깨닫는다. 머릿속에서 먼저 쓴 글을 나중에 종이에 옮겨 적는다.

깨달음이란 애쓴다고 되는 것이 아니다. 어딘가 숨어 있다가 나도 모르게 나타난다. 갑자기 한 소식 올 때의 놀라움. 짙은 구름이 걷히고, 새 천지가 열린다. 서로 무관하던 것들이 하나로 꿰어진다. 겉만 보이던 것들이 속을 드러낸다. 천고의 비밀이 처음으로 공개된다.

아 여기가 정상이구나. 산에 오르려고 한 것도 아닌데 나도 모르게 정상에 이르렀다. 쳐다보아도 보이지 않던 정상이 이렇게 가깝단 말인가? 산의 정상에 올랐다가 하산하는 것과 같은 과정이 그 뒤에 이어진다. 정상에서 느낀 감격이 하산의 지루함을 감내할 수 있게 하는 이유이다.

자료를 모으고, 논증을 진행하고, 집필을 마치고, 출판을 하는 과정은 지루하고 힘들다. 그러나 깨달음의 즐거움이 모든 작업의 시발점이고 추진력이라 무엇이든 감내하면서 신명나게 내달릴 수 있다. 노력의 결과가 논저로 나타나 손에 쥐어졌을 때 애초의 깨달음을 되새기고 그 뒤의 진행을 되돌아보면서 놀란다. 이렇게 높은 산을 나도 모르게 올랐구나.

왜 그렇게 열심히 학문하는가 하는 질문을 자주 받는다. 즐거우니까 한다. 이렇게 대답해도 납득하지 못하면, 학문은 일종의 미친 짓이라고 한다. 누구는 놀음에, 어떤 사람은 낚시에 미치는 것과 같다. 미친 짓 치고는 괜찮은 것이 아닌가.

토 론

❑ **문**: 무언가 어수선하다. 글 셋이 어떻게 연결되는가?

❑ **답**: 모두 열 학기 동안 하는 강의의 정상에 오늘 올랐다. 학문은 깨달음이라고 하는 것이 정상 등반이다. 깨달음은 특정 내용을 지니지 않는다. 비어 있어야 정상이다. 아래마저 비어 있으면 다가갈 수 없으므로 최소한의 논거를 셋 마련해 디딤돌로 삼았다.

원효가, 어느 선승이, 내가 깨달음에 다가간 내력을 말했다. 멀리서 시작해 가까운 데에 이르는 순서이다. 처음 한 원효 이야기에 할 말이 다 들어 있다. 그러나 원효가 어쨌다는 것이 무슨 소용이 있는가? 옛날이야기일 따름이다. 이렇게 말할 수 있어, 지금 수행하고 있는 선승과의 문답을 들었다. 깨닫는다는 것은 불교에서나 하는 일이라고 미룰 염려가 있어, 면구스러움을 무릅쓰고 내 자신의 체험을 말했다.

❑ **문**: 지금의 강의가 정상이면 다음 학기 이후의 강의는 시시하다는 말인가?

❑ **답**: 꼭짓점 올리기는 더 하지 않고 밑변을 돌보고자 하기 때문

에 내려간다고 할 수 있다. 다음 학기 강의 비교연구의 방법에서는 시간마다 세계 일주를 하다시피 한다. 그것대로 흥미로울 것이다. 그 다음의 일반이론 정립에서는 깨달음을 논리화된 구조를 갖추어 나타낸다. 학자의 생애, 학문의 정책과 제도, 학문하는 보람으로 이어지는 후속 강의는 하산후의 뒷마무리이다. 세속 잡사를 많이 이야기해 관심거리가 될 수 있다.

❏ 문: 원효가 오어사에 가서 혜공과 만나 이상한 수작을 나누었다는 이야기를 믿을 만한가? 후대인이 함부로 지어낸 헛말이 아닌가?

❏ 답: 이 이야기는 원천이 무엇이고, 언제 생겼으며, 어떻게 전승되었는가? 이런 의문을 해결하는 실증주의적인 연구가 있을 만한데 보이지 않는다. 방증으로 삼을 만한 자료가 없기 때문이다. 이야기 자체를 논의의 대상으로 삼아, 말이 되지 않은 내용은 와전이라고 여기고 바로잡고자 하는 시도는 더러 있으나 논문이 되지 못하고 속설 수준에 머무른다. 두 가지 연구의 실패는 이 이야기가 후대의 조작이나 와전이 아니고, 원효가 깨달은 내력을 제대로 알아 전하는 증거이다.

❏ 문: 원효 전공자들이 하지 않은 말을 연구를 제대로 해보지 않은 문외한이 함부로 해도 되는가?

❏ 답: 이창호의 바둑에 대해서 아주 많이 알아, 듣고 있으면 귀에 쏙쏙 들어오게 칭송을 하는 뛰어난 해설자 박치문을 들어 말하겠다. 유창한 말솜씨로 박식을 자랑하다가 이따금 "이런 절묘한 수를 어

떻게 생각해냈는지 알지 못하겠다" 하고 고백한다. 그렇기 때문에 이창호는 이창호이다. 이창호 해설자 노릇을 하지 않고 대국하는 상대 기사가 되어 이기려면 찬탄은 금물이다. 바로 그런 수를 꿰뚫어보고 더 높은 수준의 대응을 해야 한다.

❑ **문**: 깨달으려면 돌아다녀야 하는가?

❑ **답**: 책을 덮어야 깨달을 수 있다. 가까운 곳을 산책을 하는 데서 더 나아가, 빼어난 산천을 찾고, 멀리까지 여행을 해야 깨닫는 계기를 만든다. 선승이라고 해서 참선만 했겠는가? 원효가 경전 주해를 중단하고 오어사까지 걸어간 것이 훌륭한 수행이다. 길에서 이미 많은 것을 얻었을 것이다. 승려는 雲水 행각을 한다면서 이곳저곳 돌아다녔다. 원효가 머물렀다는 절이 많은 것이 당연하다. 후대 사람들이 말을 너무 많이 보태, 시비를 조금 했을 따름이다.

더구나 해외여행은 승려의 특권이었다. 송금이 불가능하고, 귀금속을 여비로 가져가면 도적 좋은 일이나 하고 마는 시절이 오래 계속되었다. 빈 몸으로 나서도 승려는 숙소로 삼을 절이 있는 곳이라면 어디까지든지 갈 수 있었다. 처자가 없으니 수십 년 돌아오지 않아도 그만이었다. 그래서 높은 수준의 학문을 했다. 후대의 승려는 선방에 머물러 있고, 돌아다닌다고 해도 다른 사람들보다 행동반경이 좁고 견문이 모자라 뒤떨어지지 않는가 한다.

❑ **문**: 학문의 즐거움은 파격을 요구하는가?

❑ **답**: 그렇다. 파격이 있어야 즐겁다. 기존의 학문에서 벗어나는 일차적인 파격에 그치지 않고 새로운 학문을 만들어내는 이차적인

파격을 이룩해야 더욱 즐겁다.

❑ **문**: 계속 만들어내기만 하면 어쩐단 말인가? 무얼 믿고 따르라는 말인가?

❑ **답**: 천지만물은 항상 새롭게 형성되니 학문 또한 그렇다. 학문을 계속 새로 만들어야 천지만물을 따를 수 있다. 학문이 고정되어 있기를 기대하지 말고 변화와 생성에 동참해야 한다.

❑ **문**: 말이 너무 거창하다. 새로운 학문을 만들어낸다는 것이 구체적으로 무엇인가?

❑ **답**: 이번 학기의 강의, 특히 오늘의 강의가 좋은 본보기이다. 무어라고 이름 지어야 할 것인가? 분류하면 어디 소속될 학문인가? 전에 없던 새로운 학문이다. 학문과 학문 아닌 것의 경계에서 예상하지 못하던 수작을 벌인다. 학문이면서 학문이 아니고, 학문이 아니면서 학문이다.

새로운 학문을 만들어내는 일은 유럽문명권에서도 한다. 현상학 만들기를 몇 번 거론했다. 우리는 학문을 만들어내지 말고 받아들여 받들면 된다는 것이 크게 잘못된 생각이다. 우리도 만들어야 한다. 우리라고 할 것도 없다. 나도 만들어야 한다. 만들어야 즐겁고, 학문하는 보람이 있다. 까다로운 개념과 복잡한 논리를 갖추어 새로운 학문을 만들어야 하는 것은 아니다. 만드는 방법도 창조해야 한다. 파격적인 창조를 해야 한다.

❑ **문**: 새로운 학문도 학문이 아닌가?

❑ **답**: 새로운 학문도 학문이므로 파괴의 대상이 된다.

❑ **문**: 개별학문도 파괴하고 다시 만들어야 하는가?

❑ 답: 그렇다. 교육학을 들어보자. 교육학과에 들어가면 교육을 공부하지 않고 교육학을 공부한다. 편하기는 하지만 실망스럽다. 교육학이 아닌 교육을 공부해 기존의 교육학을 파괴하고 새로운 교육학을 만들어야 한다. 새로운 교육학도 같은 과정을 거쳐 파괴된다.

❑ 문: 학문은 즐겁기만 하고 괴롭지는 않는가?

❑ 답: 괴로울 것까지는 없어도 품이 많이 들어 힘겹다. 힘겨워야 즐겁다. 힘겨운 것 자체가 즐거움이다. 인내는 쓰지만 그 열매는 달다는 것은 잘못된 말이다. 인내를 다 하고나면 단 열매가 있는 것은 아니다. 인내 자체가 달다.

❑ 문: 학문을 즐겁게 하지 못하도록 하는 제도의 구속에 어떻게 대처해야 하는가?

❑ 답: 바람직한 제도가 무엇인지 연구해 시행하도록 촉구해야 한다. 이 작업을 장차 할 작정이다. 각국의 제도를 비교하고, 바람직한 제도를 구상한다. 시행이 되지 않아도 제도를 연구하는 것은 즐겁다. 제도의 구속 때문에 좌절하지 말고 고치려고 싸우는 것을 즐거움으로 삼아야 한다. 구속을 감수하면서도 진정한 학문을 하려고 노력하는 것을 또한 즐거움으로 삼을 수 있다.

저자 조 동 일

1939년 8월 9일생. 경북 영양군 출신.

1962년 서울대학교 불어불문학과를, 1966년 동 대학 국어국문학과를 졸업했다. 1976년 동 대학원 국어국문학과에서 문학박사 학위를 얻었다. 계명대학교, 영남대학교, 한국정신문화연구원, 서울대학교 교수를 역임하고, 2004년 9월부터 계명대학교 석좌교수로 재직 중이다.

주요 저서로 『서사민요연구』, 『한국문학통사』(전6권), 『한국문학과 세계문학』, 『우리 학문의 길』, 『인문학문의 사명』 등이 있다.

홈페이지 : http://chodongil.x-y.net

세계 · 지방화시대의 한국학 5

표면에서 내면으로

인쇄 | 2007년 2월 15일
발행 | 2007년 2월 20일

저 자 | 조동일
펴낸이 | 이진우
펴낸곳 | 계명대학교출판부
대구 달서구 신당동 1000번지
전화 053-580-6233
팩스 053-583-5213
등록 | 1970. 9. 1. (신고번호 제347-1998-1호)

ISBN 978-89-7585-378-4 03910

값 18,000원